企业操作 实务方略

商务谈判与沟通技巧

SHANGWU
TANPAN YU
GOUTONG JIQIAO

《企业操作实务方略》编委会 / 编著

内蒙古人民出版社

图书在版编目(CIP)数据

企业操作实务方略：商务谈判与沟通技巧／《企业操作实务方略》编委会编著. —呼和浩特：内蒙古人民出版社，2020.8

ISBN 978-7-204-16352-6

Ⅰ.①企… Ⅱ.①企… Ⅲ.①企业管理-商务谈判 Ⅳ.①F272

中国版本图书馆 CIP 数据核字（2020）第 118386 号

企业操作实务方略：商务谈判与沟通技巧

作　　者	《企业操作实务方略》编委会
图书策划	石金莲
责任编辑	晓　峰　李月琪
封面设计	宋双成
出版发行	内蒙古人民出版社
地　　址	呼和浩特市新城区中山东路 8 号波士名人国际 B 座 5 层
印　　刷	内蒙古爱信达教育印务有限责任公司
开　　本	710mm×1000mm　1/16
印　　张	18
字　　数	300 千
版　　次	2020 年 9 月第 1 版
印　　次	2020 年 9 月第 1 次印刷
印　　数	1—3000 册
书　　号	ISBN 978-7-204-16352-6
定　　价	38.00 元

如发现印装质量问题，请与我社联系。联系电话：(0471)3946173　3946120

前　言

　　谈判既是一种抗争行为又是一种高度合作的行为，参与谈判的各方如果没有一个良好的沟通桥梁，任何谈判都不会顺利进行。谈判的过程就是一个寻求共同利益的过程，以寻求共同利益为桥梁，谈判各方才能坐到同一张谈判桌前。然而如何安排这张寻求共同利益的谈判桌以及如何安排谈判者的座次，是一个颇值得探讨的问题。

　　任何谈判都要在一定的时空、氛围、环境之中进行。所谓谈判情境就是直接与谈判相关的时间、场地、环境与气氛综合体的总称。从谈判控制的角度看，谈判情境的选择与运用、谈判信息的收集与分析、谈判语言的表达与交流，这三者共同构成了谈判决策输入之后的实际谈判运作内容，直接与谈判的终局相联系，是承前启后、在谈判整个过程中发生影响的重要一环。

　　无论是在体育竞技场还是在浴血战场，抑或是谈判现场，环境和氛围的选择都是十分重要的。用兵打仗需要了解战场的地形、地貌，体育竞赛需要熟悉赛场的情况，而谈判也需要讲究谈判的环境和气氛。一个富有丰富谈判经验的谈判者，十分重视选择恰当的谈判情境。

　　有一个不争的事实是，在日常生活中，大部分的人都缺乏沟通技巧。还有一个事实是：几乎所有人在沟通技巧上都有很大的进步空间。

　　而提高人们的说话能力与沟通技巧，是本书的目的所在。

　　新时期、新格局下的竞争更为剧烈，人们越来越被要求成为全方位的综合素质人才。谁懂得越多学科、能胜任越多工作、充当越多角色，那么谁就会越有优势。

　　沟通能力是衡量一个人综合素质的重要标准之一，其重要程度不亚于智商与心态！莫以为这话夸张了，电视报刊里频频出现的成功人士们，哪一个不是善于沟通的高手。善于沟通的最大好处在于，它让你在原来的圈子里成为王者，继而进入更高层次。

良好的人际关系与心理沟通策略息息相关，而心理沟通策略能否产生卓越的效果，则取决于沟通者是否能够有效地发现人际沟通所涉及的各种问题。这种对沟通要素的有效心理觉知——如何通过内心感受对方，从而建立与之匹配的沟通模式，是我们必须修炼的第一层心理力量。

这本书中谈及的所有技巧都已经成功地在实践中得到验证，是解决人际关系沟通问题的有效方法。这些沟通方法适用于任何场合，比如工作、生活以及社会交往。本书在内容上突出沟通的原理和相应的技巧，这些原理和技巧都不难掌握，因而读者可以通过这本书迅速地提高自己的谈判与沟通能力。

本书能够在一年多的时间里顺利编写完成，离不开诸多同仁的精心协作和努力。在这里我们要感谢李元秀、贾瑞山、徐凤敏、孙影、夏飞、邓颖、陈礼春、石文慧、张卓、莘瑞印、秦宇超等同志参与编写，感谢你们的努力与付出！在此付梓之际，一并向你们表示衷心感谢！

编委会

目 录

上篇 商务谈判篇

第一章 商务谈判是双赢的艺术 ··· 1
把谈判的出发点放在利益上 ·· 2
把谈判的目标放在双赢上 ·· 8
不要让对方知道你的底细 ·· 13
分散对方的竞争意识 ·· 15
利用逆反心理,顺水推舟 ·· 18
对首次报价表示惊讶,可打击他的自信 ······················ 20
展示你的实力,时刻注意分寸 ······································ 22
克服谈判中的恐惧与焦虑 ·· 24
如何赢得对手的同情与信任 ·· 26

第二章 商务谈判中的心理战策略 ································· 29
什么是谈判 ··· 30
谈判无处不在 ··· 32
谈判行为是一种心理的博弈 ·· 35
不可不知的谈判心理效应 ·· 38
谈判的心理误区 ··· 49
谈判的心理过程 ··· 55
谈判的心理理论 ··· 61
谈判的心理战 ··· 71

第三章　商务谈判中的策略 …………………………………… 83

  利用鹬蚌相争,坐收渔人之利 …………………………………… 84
  保持沉默能给对方无形的压力 …………………………………… 87
  如何避免不必要的冲突 …………………………………………… 89
  陷入僵局时怎么办 ………………………………………………… 92
  如何从细微处看清对方心理 ……………………………………… 93
  选择好的谈判地点,以逸待劳 …………………………………… 95
  如何转移对方注意力 ……………………………………………… 96
  如何达到事半功倍的效果 ………………………………………… 98
  从对方话语中获得有用信息 ……………………………………… 101
  利用缓兵之计,获得有利时机 …………………………………… 103

第四章　谈判中如何获得对方的信任与好感 …………………… 105

  表达自己的诚意,消除对方的戒备 ……………………………… 106
  谈判不要自我封闭 ………………………………………………… 109
  谈判中不要过于强势 ……………………………………………… 111
  洞悉对手的全部需求 ……………………………………………… 113
  建立有效的客观标准 ……………………………………………… 117
  谈判中要善于观察 ………………………………………………… 121
  关注对手的表情 …………………………………………………… 124
  如何看穿对手的真实意图 ………………………………………… 126
  如何看穿对手刻意要你说"是" …………………………………… 131
  如何判断对手是否紧张 …………………………………………… 134

第五章　商务谈判中如何获得最大利益 ………………………… 137

  报价的原则 ………………………………………………………… 138
  报价的方式 ………………………………………………………… 139
  报价的实用心理策略 ……………………………………………… 142
  还价的原则 ………………………………………………………… 149
  让步的原则 ………………………………………………………… 153
  以退为进的报价策略 ……………………………………………… 155

　增加让步的合理性 …………………………………………… 156
　阻止让步的心理策略 ………………………………………… 158
　迫使对方让步的心理策略 …………………………………… 160
　强调双方的"共同点" ………………………………………… 162

下篇　商务沟通篇

第六章　把握交流技巧，创造沟通条件 …………………… 167
　寻找共鸣是沟通的切入点 …………………………………… 168
　适时效仿对方博得好感 ……………………………………… 170
　沟通需要显示诚意 …………………………………………… 172
　要物质沟通，也要感情交流 ………………………………… 174
　沟通先从对方关心的话题谈起 ……………………………… 176
　换位思考才能了解更多 ……………………………………… 178
　沟通要注重非语言技巧 ……………………………………… 180
　倾听让沟通顺利进行 ………………………………………… 182
　沟通需要有耐心 ……………………………………………… 184
　如何用语言拉近彼此距离 …………………………………… 186

第七章　沟通双赢的技巧 …………………………………… 189
　展现良好的个人形象 ………………………………………… 190
　如何在新环境中与人沟通 …………………………………… 193
　赢取"陌生人"信任的诀窍 …………………………………… 199
　找到对方的兴趣点 …………………………………………… 203
　一旦发生争论时该怎么办 …………………………………… 205
　沟通中的倾听技巧 …………………………………………… 207
　沟通的礼仪 …………………………………………………… 211
　沟通与说服的原则 …………………………………………… 215

第八章　如何让你的沟通更卓有成效 ……………………… 221
　能力强、能力弱者的不同处 ………………………………… 222
　如何先说结论 ………………………………………………… 224

如何被人信任 …………………………………… 225
口才好的人会先搜集信息 ……………………… 226
说话带数字可增添客观性 ……………………… 227
会说话的人擅长做摘要 ………………………… 228
使用"比喻"可让对方更容易明白 ……………… 229
谈话中适度加入流行语 ………………………… 230
用自己的话说 …………………………………… 231
知道自己的声音特质与说话习惯 ……………… 232
时机的重要性 …………………………………… 233

第九章 沟通中的语言使用策略 ………………… 235

围绕兴趣点巧妙布局 …………………………… 236
沟通时说对第一句话 …………………………… 240
主导对方的注意力 ……………………………… 244
问对问题才能达成目标 ………………………… 248
让别人更容易听清听懂 ………………………… 251
语商测试与提升训练 …………………………… 255
软化自己的语言 ………………………………… 259
你会用身体说话吗 ……………………………… 263
进入别人的内心世界 …………………………… 267
用真诚打开对方心扉 …………………………… 270
反馈是沟通的生命力所在 ……………………… 274

上篇　商务谈判篇

第一章
商务谈判是双赢的艺术

双赢是谈判双方都期待的结果。只有双赢的谈判才是双方都满意的谈判。双赢谈判也有可遵循的原则。

把谈判的出发点放在利益上

有利益冲突才有谈判，而谈判是一种化解利益冲突的工具。谈判应该以合理的利益为出发点。在谈判中，利益大于立场。

注重利益，而非立场

在谈判中，由于谈判双方过于重视自己的立场或原则，将某项原则或立场视为谈判所坚持的重要条件，往往使谈判陷入僵局。事实上，许多人并不一定了解，在谈判双方对立的立场背后，既可能存在相冲突的利益，还可能存在共享的或可以彼此兼容的利益。

例如，在机械设备的出口中，双方坚持各自的价格立场并不能有助于双方达成明智的交易，因为，价格立场背后有许多利益的存在，而这些利益的存在，对双方不一定都是冲突。双方采用什么贸易术语？交货时间的安排对谁更重要？价格中是否包括人员培训的费用？保险由谁办理更合适？对于卖方，信用证付款条件是不是必需条件？买卖双方是想签订长期出口合同，还是一笔交易？

由此可见，一项谈判的立场背后会有许多的利益因素。谈判者必须彻底分析交易双方的利益所在，认清哪些利益对于己方是非常重要而绝不能让步的，哪些利益是可以让步的，可以用来交换对方的条件。在分不清利益因素的情况下，盲目地坚持立场和原则，往往使谈判陷入僵局，或者使谈判彻底失败。

让步的谈判并不等于失败的谈判。在谈判中最忌讳的是做出无谓的让步。有经验的谈判者会用对于自己不重要的条件去向对方交换对于对方无所谓、但是自己却很在意的一些条件，这样的谈判才能是一个双赢的谈判。

在谈判中。利益的交换是非常重要的。双方谈判能否达到双赢主要取决于双方让步的策略，即能否准确识别利益因素对于自己和对方的重要性。

识别利益因素往往依赖于双方彼此之间的沟通。谈判中，尽量多问为什么，如"您为什么特别注重……""您为什么不接受……"等问题，以此来

探求对方的真实利益所在。在谈判中,对于利益问题,应注意以下几点:

(1) 谈判者应向对方积极陈述自己的利益所在,从而引起对方的注意并使对方满足自己的利益。

(2) 承认对方的利益所在,考虑对方的合理利益,甚至在保证自己利益的前提下努力帮助对方解决利益冲突问题。

(3) 在谈判中既要坚持原则,又要有一定的灵活性。

(4) 在谈判中对利益做硬式处理,而对人做软式处理。在谈判中要强调当事人为满足对方利益所做出的努力,有时也要对对方的努力表示赞赏和满意。

谈判利益应当合情合理

对于今天的人们来说,谈判已经成了一种生活方式。每当利益或观念相异,各方要互相依靠才有结果时,谈判的需求就出现了。那么谈判的本质是什么?是讨价还价?是建立关系?是瓜分经济蛋糕?是把蛋糕做大?这些都有道理。其实,谈判就是让他人为了他们自己的目的按你的方法行事的艺术,而合理化分配利益才能做到真正的双赢。

始终坚持合情合理意味着谈判人员必须有清晰的头脑,分清利害关系。我们都知道,在商务谈判中,买卖双方在洽谈一笔生意时,并不是一方的报价立即会被另一方接受,往往要经过数轮的讨价还价,一笔生意才能敲定下来。

那么如何进行讨价还价就显得至关重要,它关系到该笔生意是否能够达成。通常谈判双方在讨价还价阶段都会从各自的利益出发,唇枪舌剑,想方设法地使谈判朝着有利于自己的方向发展。一时间谈判桌旁风起云涌,有时还会出现戏剧性的变化。

在异常激烈的争夺中,谈判双方很容易产生冲动,一不留心,就会形成谈判人员的个人冲突,生意也因此而告吹。因此如何在瞬息万变的谈判中保持清醒的头脑,合情合理地进行讨价还价的工作,这是谈判人员应该解决的问题。

要保证谈判人员在激烈的谈判中不迷失方向,双方的谈判态度就必须是心平气和的,而要保证心平气和,除了谈判双方需具备较高的个人修养外,会谈时的审时度势、巧妙安排也是必不可少的。谈判人员只有充分预见、分

析谈判过程中可能发生的种种情况，制定好应对策略，做到心中有数，才能临阵不乱，在千变万化的形势面前从容镇定，心平气和地据理力争。

客观地说，如果一个人不能保证平心静气地参与谈判，那么这个人在谈判中是无法做到合情合理的。它导致的一个必然结局就是，要么为了自己的利益不择手段，要么为了达成交易盲目地牺牲自己的应得利益，最终对双赢的谈判结果造成障碍。

明确自己的利益

总的来看，谈判其实就是一个利益交换的过程，买卖双方要在这个过程中认真分析自己手中的筹码会带给对方怎样的压力。一次谈判的立场背后会有许多的利益因素，谈判人员必须彻底分析交易双方的利益所在。这既包括对共同利益的清晰认识，也包括对自己利益的认识。

我们经常见到的一种情况是，谈判双方对同一问题的期望值存在差异而导致谈判进程受阻。事实上，更多的情况下，我们需要妥协。

如果你不能清晰地将共同利益描述出来，那么共同利益对你的谈判就起不到明显的帮助。谈判就是一个相互合作与妥协的过程，如果一味地坚持自己的原则，谈判往往无法进行。但是，妥协的目的不是放弃自己的利益，而是通过妥协满足对方的利益，同时赢得对方给予自己期望的核心利益。所以，我们必须分清在谈判中哪些利益对于自己是至关重要的，哪些是可以用来作为利益交换的筹码的，唯有如此，我们的谈判工作才可能取得成效。

每一次谈判无论是自己还是对方都可能有众多的利益要求，但有些利益是可以互相交换的，有些利益则不可。当你能清晰地知道自己的可交换利益，且这一利益确实是对方需要的利益时，这一利益也就是你赢得谈判的筹码。

对自己谈判利益的界定通常反映在谈判目标上，通俗地说，就是你期望获得的谈判利益。谈判的利益目标是检验谈判效益和成果的依据与标准。进一步来说，谈判人员只有明确了自己的利益目标，才能有效地设定自己的行动方案，包括谈判思想、策略和方针。

有一种简单的方法可以将我们的谈判利益明确界定出来，那就是从谈判策略的角度出发，将期望利益目标分为：最理想谈判目标、可接受谈判目标和不可接受谈判目标

1. 最理想谈判目标

通常情况下,谈判人员在了解了自身的基本利益之后,会在这个基本利益的基础上追加一个附加值,如果这个附加值得以实现,则谈判结果就是最理想的。而基本利益加上追加利益就是最理想谈判目标。一般而言,最理想谈判目标经常是无法达到的,但是明确最理想谈判目标却可以使我们采取更有效的策略,可以使我们更积极地努力,其结果也往往是更积极的。

2. 可接受谈判目标

如果某次谈判所获得的利益低于自己的最低期望利益,那么这次谈判就是失败的,这样的谈判通常情况下也是毫无意义的。明确可接受谈判目标旨在清晰地了解在谈判中自己的底线在哪里,在坚守底线的基础上灵活地采取各种策略。可接受目标通常意味着成交的"临界点",突破"临界点"通常会导致谈判失败,但是,最常见的情况是,大多数的成功谈判都是在可接受目标的范围内达成的。也就是说,当你设定了一个可接受目标时,谈判的结果往往会出现在这里——这不是定律,但却是所有谈判人员的经验总结。

3. 不可接受谈判目标

很多人会奇怪,为什么谈判的时候要弄清楚不可接受目标?实际的情况是,谈判的利益是纷繁杂乱的,真正的有备无患应该是明确自己的理想目标和可接受目标后,再在关键问题上陈列出自己的不可接受的目标。更多的时候,谈判人员由于紧张的谈判气氛以及变幻莫测的谈判局势,往往会失去对谈判过程中各种利益的判断,从而做出错误的决策。而当我们能够把自己不可接受的目标逐条罗列出来时,我们可以一目了然地知道我们是不是违背了谈判的最低利益要求,这对谈判人员获得最基本的谈判利益是一个保障。

描述对方的利益

美国著名的麦凯公司在它处于创业阶段的时候,为了扩大公司的规模,决定修建一座现代化的新厂房。扩建厂房的预算出来了,需要25万美金,但当时公司手头只有17.5万美元,因为公司方面没有出具可靠的担保,于是银行拒绝了麦凯公司的贷款请求,公司经理哈维·麦凯为此伤透了脑筋。他冥思苦想,终于想出了一个办法。

麦凯找到一个在当地非常有实力的建造商,对他说:"我保证,如果你以17.5万美元替我把厂房盖好,我会成为你最好的业务员。在未来的5年

之内，我会充分利用我的人际关系，替你找到至少5桩大生意。我有不少朋友正处在类似我的发展阶段，而我是他们中间第一个采取行动的人，而他们正在作壁上观，希望我为他们摸索出一条可行之路，好省下他们的力气，得到现成的经验。所以，一旦我的厂房能够顺利建成，他们会对我言听计从。你想想，五桩生意可比赚我一桩好得多。"

建造商仔细权衡之后，不由得心动了，但他还是与麦凯进行了一番讨价还价。首先，他要收20万美元，其次，要麦凯先替他找两桩生意。建造商的条件比筹集25万美元的资金要容易得多，于是麦凯痛快地答应了他的要求。协议顺利地达成了。麦凯借建造商之力，既节省了一大笔资金，又成功地建好了新的现代化厂房。麦凯的公司从此蒸蒸日上，而他本人也成为世界著名的企业家。

同样，你可以通过界定自己期望得到的利益的方式界定对方的期望利益，这样做的意义是显而易见的。举个例子，产品供货商与采购商就某一项产品的采购进行谈判，该项产品的成本是10000美元，对方要价15000美元，如果采购商提出以6000美元成交，除非遇到天灾人祸或其他紧急情况，否则几乎是不可能的。而这样做的结果，很可能不仅仅是无法成就交易，更容易出现的情况是，供货商被激怒从而中断谈判，这是极其不明智的做法。

如果你想让自己的谈判策略更贴近实际，更有效地击中对方的要害，那么了解谈判对象的利益需求是不可或缺的。

有效地界定对方的利益可以避免这种情况，同时也可以为我方的谈判策略的选择提供依据。比如，对方采购人员在日本采购某件商品的零部件的价格相对便宜，但是由于国际运输较为复杂，中间费尽周折，且常常造成零部件供应中断，使公司经常面临生产危机，为了解决这一问题，对方与我方进行了谈判。由于我方是本土企业，产品质量与日本零部件不相上下，且运输较为方便，还可节省一大笔运输费用。在了解了这些情况后，我方应该如何界定对方的利益呢？这里面至少有3个期望利益：第一，保证供货的稳定与及时，这是首要的；第二，产品质量达到预期要求，否则对方就会从日本进口；第三，价格合理，这几乎是任何一个商务谈判都会涉及的利益要求。现在，我们可以进一步分析，我们应当采用何种策略。客观地说，对方的期望利益中第二、三项只是一个基础，它并非对方谈判的利益重点。当我们满足

了对方的产品质量要求后，我们可以突出强调我们供货的稳定性以及及时性，给予对方便利的服务，从这一点切中对方的核心利益期望。然后，我们可以适当地提高价格——这显然是我方关注的核心利益。当然，在这种情况下，只要价格合理，对方通常是不会拒绝成交的，如此一来，谈判就很容易顺利地进行。总之，谈判人员必须认清谈判对方期望得到的利益，这是我们有效开展谈判工作的基础。

谈判就是将谈判双方的利益进行某种程度某种方式的交换，同时双方的给与取是相对应的。买方要从自己这方拿出一定的筹码，以此来吸引卖方；相应的，卖方也要将自己的条件明确开出以确保对买方有吸引力。每一方都用一些筹码或条件进行交换，等到双方对对方的筹码或条件都满意时，谈判就会达成协议。

只给对方一个好处

无论是在推销界还是在市场营销上，都有一个说法，即不要给顾客过多的好处，你必须提炼出最好的那个来，然后以此吸引你的顾客。我们的谈判是不是也有着同样的道理？答案是肯定的。我们先以营销上常见的做法来看。

在营销上有一种说法：好的产品越多，顾客越不知道该如何选择；一个产品的好处越多，同样也越让顾客不知所云，最后不知取舍。这种犹豫的结果会让你大失所望。顾客会告诉你说："我得好好想想，下次再说吧。"然后推开门，永远地消失在你的眼前。

没有人会为了购买一个产品而大伤脑筋。开动脑筋思考是在办公室里发生的事情，那意味着紧张。与此相对应，要打消顾客所有的疑虑只有一个途径：赋予你的产品一个独特的好处——这个好处是如此醒目，以至于顾客不得不购买。

高露洁给消费者灌输的好处是"我们的目标是没有蛀牙"。这一简单、明了的概念帮了高露洁的大忙。再如，宝洁的宣传是"没有头皮屑"，宝洁为此在消费者中做过调查，问"什么最尴尬"。90%的回答是"头皮屑"，这一概念在当时成为最好的卖点。海尔集团的总裁张瑞敏说，在现代企业竞争中，最关键的是创造一种信念或"概念"，如果没有"概念"的传达，花多少钱都没有意义。

销售活动需要更好地提炼并运用所推销产品的独特的"好处"，并以此

为突破口展开产品的介绍。

当然，某个吸引人的概念只是销售的手段之一，要获得顾客的认同，单凭某一项优势已远远不够。要把产品促销、价格、质量这些基本要素进行有机组合，使之成为一个整体，实现优势的集成互补，以适应顾客各方面的要求，并全面影响顾客的观念，培养其对产品的认同感。

以上所有这些，实际上都在说明一个观点：只给顾客一个最吸引人的好处，远比说出一大堆的优惠、功能更具说服力。

谈判中存在着同样的道理：你可能会说："我的价格最低，所以你最好接受我。"——如果你的谈判对象是一个特别注重交易价格的人。

你同样可以说："我的产品质量上佳，在质量方面可以解决对方所有曾经有过的疑虑。"这个说法是如此吸引对方，甚至使对方可以不考虑价格贵了多少，想想看，质量好，当然价格贵。如果对方确曾有过质量方面的烦恼，那么你的这个提法也会使你在谈判中占据主导地位。

对方与你展开某项交易，其目的是为了解决自身的问题。你应当将对方的这个问题作为焦点，突出你的利益优势。

其他方面还有很多，如服务、技术转让等。你永远不需要在各个方面都满足你的谈判对手，实际上，你做不到！你需要做的，只是用某一个独特的好处满足对方最大的需求。

但是，你必须记住，你不可以擅自决定你的"好处"，你必须进行充分的调查论证。当你提出某一项好处时，这个好处必须是符合对方的需求的，而且正好可以解决对方最大的问题。否则这个问题将是无效的，它不仅不会给你带来帮助，反而会给你带来阻碍——这不是什么大道理，而是常识。

把谈判的目标放在双赢上

双赢谈判问题

一般情况下，谈判每一方都在为自己的既定立场争辩，谈判者更多的是注重追求单一的结果，坚持固守自己的立场，而从来不考虑对方的实际情况，因此谈判的结局并不理想。为什么谈判者没有创造性地寻找解决方案，没有将谈判双方的利益实现最大化？有经验的谈判专家认为，导致谈判者陷入上述误区的主要原因如下：

第一是过早地对谈判下结论。谈判者往往在缺乏想象力的同时，看到对方坚持立场，也盲目地不愿意放弃自己既有的立场，甚至担心寻求更多的解决方案会泄露自己的信息。

第二是只追求单一的结果。谈判者往往错误地认为，创造并不是谈判中的一部分；谈判只是在双方的立场之间达成一个双方都能接受的点。

第三是误认为一方所得就是另一方所失。许多谈判者错误地认为，谈判具有零和效应，给对方所做出的让步就是己方的损失，所以没有必要再去寻求更多的解决方案。

第四是谈判对手的问题始终应该由他们自己解决。许多谈判者认为，谈判就是要满足自己的利益需要，给对方提供解决方案似乎是违反常规的。

要想使谈判各方皆大欢喜，谈判就应遵循一定的标准。

1. 谈判要达成一个明智的协议

明智协议的核心特点就是双赢，谈判的结果应满足谈判各方的合法利益，能够公平地解决谈判各方的利益冲突，而且还要考虑到符合公众利益。立场争辩式谈判方式使谈判内容和立场局限在一个方面。双方只重视各自的立场，而往往忽视了满足谈判双方实际潜在的需要。

2. 谈判的方式必须有效率

谈判的方式应该有助于提高谈判效率，因为谈判达成协议的效率也应该是双方都追求的双赢的内容之一，效率高的谈判能为双方节约大量的时间和精力。而立场争辩式谈判往往局限了双方更多的选择方案，有时简直是无谓地消耗时间，从而给谈判各方带来压力，增加谈判不成功的风险。

3. 谈判应该可以改进或者至少不伤害各方的关系

谈判的结果是要取得利益，然而，利益的取得却不能以破坏或伤害谈判各方的关系为代价。从发展的眼光看，谈判桌上的合作关系会给各方带来更多的机会。然而，立场争辩式谈判却忽视了保持长期关系的重要性，往往使谈判变成了各方意愿的较量，看谁在谈判中更执着或更容易让步。这样的谈判往往会使谈判者在心理上产生不良反应，并且容易伤害"脸面"，从而破

坏谈判各方的续存关系。

成功的谈判应该使双方都有赢的感觉,双方是赢家的谈判才能使以后的合作持续下去,双方也会在合作中各自取得自己的利益。因此,如何创造性地寻求双方都接受的解决方案就是谈判的关键所在,特别是在双方谈判处于僵局的时候更是如此。

双赢谈判的思路和方法

谈判者需要遵循如下的谈判思路和方法。

1. 将方案的创造与对方案的判断行为分开

谈判者应该先创造方案,然后再决策,不要过早地对解决方案下结论。比较有效的方法是采用所谓的"头脑风暴"式的小组讨论,即谈判小组成员彼此之间激发想象,创造出各种想法和主意,而不是考虑这些主意是好还是坏、是否能够实现。然后再逐步对创造的想法和主意进行评估,最终决定谈判的具体方案。在谈判双方是长期合作伙伴的情况下,双方也可以共同进行这种小组讨论。

2. 充分发挥想象力,扩大方案的选择范围

在上述小组讨论中,参加者最容易犯的毛病就是,觉得大家在寻找最佳的方案。而实际上,在激发想象阶段并不是寻找最佳方案的时候,人们要做的就是尽量扩大谈判的可选择余地。在此阶段,谈判者应从不同的角度来分析同一个问题,甚至于可以就某些问题和合同条款达成不同的约束程度,如不能达成永久的协议,可以达成临时的协议;不能达成无条件的,可以达成有条件的协议等。

3. 找出双赢的解决方案

双赢在绝大多数的谈判中都是应该存在的。创造性的解决方案可以满足双方利益的需要。这就要求谈判双方应该能够识别共同的利益所在。每个谈判者都应该牢记:每个谈判都有潜在的共同利益;共同利益就意味着商业机会;强调共同利益可以使谈判更顺利。另外,谈判者还应注意谈判双方兼容利益的存在。兼容利益即不同的利益,但彼此的存在并不矛盾或冲突。

4. 替对方着想,让对方容易做出决策

让对方容易做出决策的方法是:让对方觉得解决方案既合法又正当;让对方觉得解决方案对双方都公平。

将人和问题分开

每个人对事物都有自己的一套看法,因此,不可能要求彼此的意志完全相同。一般情况下,人的感情往往会影响到对待问题的客观立场。一旦立场有明显的对立,私心杂念便油然产生。所以,在讨论实质性问题之前,人和问题必须分开考虑,然后再单独处理。例如,参与谈判的人应将对方当作是并肩合作的同事,只攻击问题,而不攻击对方谈判者。

由于谈判时有人为因素存在,当事者之间的关系会对讨论的实质产生微妙的影响。也就是说,不论是说的一方还是听的一方,都很容易将人际关系和具体问题联系在一起。因此,在人际关系很复杂的情况下谋求解决问题,应从"看法、情绪、沟通"三个方面进行思考,这会有很大的帮助。但要注意,谈判的时候,不仅要撇开对方的人为因素,同时也不能忘记处理自己的人为因素。下面介绍有助于排除对方的人为因素,而且对于处理自己的人为因素有很大帮助的几种方法。

一、说话要有目的

有时,造成困难的并不是沟通不足,而是沟通过度。当对方的情绪激动或看法偏激时,最好暂且不要和盘托出自己的想法。有时候,你已经充分表达了自己的让步,却反而难以得到对方的妥协。因此要注意:在进行重要的谈判之前,必须先认清自己要传达给对方的是什么,以及期望与预测对方会有怎样的反应,然后再考虑该怎样发言。

二、切实了解对方

通常,人们只看到自己想看的一面,在许多详细的资料中,往往只选出与自己看法相吻合的资料,然后以此为核心,完全无视自己先入为主的错误观念,甚至于扭曲事实,排斥与自己的意见相抵触的看法。可以说,谈判的双方往往都只看到自己的优点和对方的缺点。当然,站在对方的立场上来看问题是相当困难的,但是只有具备这种能力才是一个成功的谈判者。如果想要改变或影响对方的见解,就必须了解对方。

切实了解对方的看法,并不表示你同意他的观点。也许充分地了解了对方的想法,会导致修改自己的想法。无论如何不应将这点看作因了解别人的见解所付出的代价,而应视为了解对方的见解所得到的收益。这种了解,不仅可以缩小彼此意见的差距,而且还可以协助你看到新的利益。

1. 调查客观事实

通常，商务谈判中发生不同意见，都是因为双方各持己见所造成的。在这种情况下，当事者往往会考虑对发生的问题进行详细的调查。在谈判的时候，调查客观事实是十分必要的。因为客观事实是双方谈判中争论的关键性问题，若双方都同意就事实解决问题，那么，调查客观事实就很有助于谈判。

2. 让对方共同参与讨论

在一般情况下，从未参与谈判的人是不愿同意或承认谈判的结论或协议的。因此，必须事先确认当事者的意愿，再下结论，否则很可能引起对方的不满，尤其是让对方同意不利的结论时。在引出结论的过程中，必须让对方共同参与讨论。

3. 不要怀疑对方的意图

人们常常会基于自己的怀疑去假想别人的意图。这种疑心往往是由先入为主的观念造成的。虽然这也是一种祈求安全的做法，但结果往往会将对方为解决问题而提出的新构想搁置一边，即使对方的意见有了微妙的变化，也往往被忽视或完全拒绝。

4. 给对方留点面子

有些谈判，往往并非由于对方的提案使你无法接受而予以拒绝，而只是怕被人看成因迁就而屈居下风所致。对付这种谈判局面，必须改变提案的方法或词句，做到即使提案的主旨或内容不变，对方也会欣然接受。某市长在与市民讨论解决失业问题的对策时，市长拒不同意市民代表的提案。但是，在对方撤回提案后，市长又同意将同样的提案当作他本人竞选时的政见，并予以公布。由此可见，面子问题与谈判者自己追求的形象有着密切的关系，千万忽视不得。

所以，当对方不采取与自己一致的原则或与过去的言行产生矛盾的立场，而你也没有办法接受对方的解决方案时，要弹性地调整一下，不仅能让对方感到很有面子，而且自己也不会尴尬。

5. 给对方发泄情绪的机会

要想巧妙地应付对方的愤怒、焦躁、沮丧和反感，最好的方法是给对方一个发泄情绪的机会。谈判也是如此。假如让对方把心中郁闷的情绪发泄完毕，他就能够理性地进行谈判。有时候，谈判者坦率地说出他的愤怒，会使得他的支持者认为他很有骨气、非常可靠，于是，他在谈判时会享有更大的决定权。

所以，应当平静地面对对方的指责，不阻挡，也不逃避，让对方有机会发泄他的不满。尤其是让对方背后的支持者听见他指责你的演说，情况将会更有利，因为这时非但谈判者本身的不满得以发泄，而且其背后人们的不满也得以发泄。当对方在发泄不满的情绪时，切记不必反击。只需默默地听着，让对方把想说的话说完，如果需要，可以偶尔说一句："请继续说下去。"这是最聪明的做法。

6. 注意倾听

在谈判中要做到认真倾听对方意见是比较困难的，但是，只有坚持并仔细地听完，才能准确地知道对方的想法，了解对方的情绪和所要表达的意图。

7. 对事不对人

为了有效地进行谈判，双方都必须认定对方是自己并肩作战的战友，是一同寻找对彼此既有利又公正的解决问题的方法的伙伴，从而将双方的对立关系调整为利害与共的关系，而且彼此要互相协作，共同研究。只有这样，才能顺利地达成协议。

把人和问题的本质分开，基本而有效的方式是与对方保持良好的人际关系，将问题按照它的事实或价值来处理。

不要让对方知道你的底细

隐藏自己，就是不要暴露自己，需要你在与对方接触的时候，注意自己的言行，不要轻易外露。

日本松下电器公司的创始人松下幸之助先生在刚"出道"时，曾被对手在无意间探测到底细，因而使他的生意大受损失。

他第一次到东京找批发商谈判的时候，刚一见面，批发商就"友好"地

企业操作实务方略：商务谈判与沟通技巧

对他说："我们是第一次打交道啊！以前并没有见过你。"批发商此时的意图就是想探测松下幸之助在生意场上是老手还是新手。松下先生由于当时缺乏经验，恭敬地答道："我们是第一次合作，我是第一次来东京，什么都不懂，请多多关照。"正是这番极为平常的答复却使批发商获得了重要的信息——对方是个新手。批发商接着问："你打算以什么价格卖出你的产品？"松下先生如实地告诉对方："我的产品每件成本是20元，我准备卖出25元。"

批发商了解到松下在东京人地生疏，知道了松下的产品的成本，而且松下又暴露出了急于要把自己的产品打开销路的愿望，因此趁机杀价："你首次来东京做生意，刚开张，应该想到的是如何把你的产品先推向市场，而不是想到要从中赢利。而且我们是第一次合作，还不知道你的产品的质量是否有保证，如果第一次合作成功，我们将很有可能成为长期合作的伙伴。每件20元如何？算是我帮你做广告吧！"结果没有经验的松下在此次交易中吃了亏。

究其原因，是那位老练的批发商通过接触松下，从松下的言语中知道了松下的底细。松下在这一次谈判中，没有保护好自己的信息，使得对方掌握了主动权，造成自己的被动与失利。如果松下当时不那么毫无戒备地把自己的底细都让对方知晓，松下也不会那样受到摆布。当然，谈判之中的坦诚是很重要的，但是要懂得在什么方面需要坦诚，在什么方面要有自我保护意识，有句俗语叫作"害人之心不可有，防人之心不可无"，就是这个道理。

一次，科恩先生去一家工厂推销某种产品，他在同该厂的一位领班聊天时，掌握了谈判取胜的至关重要的信息。这位领班无意中讲了这样几句话："我用过几家公司的产品，唯有你们的产品能通过我们的试验鉴定，符合我们要求的规范。""科恩先生，你看我们下个月的谈判要到什么时候才能有结论呢？我们厂里的存货快用完了。"表面上看，科恩对领班的这几句话是漫不经心的，但实际上他在悉心聆听，心中充满了兴奋和喜悦。领班透露出来的信息，使科恩心中有了底，他在与该厂采购经理谈判时，各种条件、要求都提得很高，并且还不慌不忙地讨价还价。由于厂方确实急需科恩的产品，又存货不多，时间压力也很大，所以在谈判中处处处于被动地位，而荷伯·科恩则最大限度地获得了谈判的成功。

这家工厂的失败在于让科恩知道了底细，了解了他们的处境。科恩通过知道的信息在这场谈判之中占据了主动地位，掌控了谈判的方向，使得谈判朝着有利于己方的方向发展。

谈判中尤其是商业谈判中要注意保护自己的信息，不要让对方了解自己的底细，否则会陷入被动。聪明、富有经验的谈判者往往会在谈判时隐藏自己的信息。

生活中也一样，一个人自身的缺点甚至是优点会被别人利用。比如，一个脾气火暴的人容易被别人激怒而落入圈套；一个没有主见的人很容易由于别有用心的人的谗言而做出错误的决定。总而言之，无论是做人还是做事，自己的不利之处、性格缺陷与偏执不要轻易向对方暴露，心思意念一旦曝光，让对手知道，往往会成为对方攻击你的利器。

在谈判过程中要懂得保护自己，不要泄露自己的底细，不要让对方知道自己的处境，否则，对方会利用对你不利的信息，获取最大的利益。在与对方接触过程中，言谈举止要十分小心，要知道不经意间的谈话会给对手可乘之机，让对手抓住你的辫子，使你陷入被动，这样也就决定了这场谈判的输赢。

分散对方的竞争意识

人性本善，人总是倾向于帮助那些愚笨之人，不忍心与他们争斗，更不忍心利用他们。人总是喜欢与那些聪明人竞争，这样会有成就感。于是，利用愚笨的外表来取胜也不失为一个好的策略。古人云"难得糊涂"就是这个道理。这个道理生活中可以用到，工作中也可以用到，商业中、谈判中都能够用到。

假装糊涂可以化解谈判对手的步步紧逼，绕开对己方不利的条款，而把谈判话题引到有利于己方的交易条件上。当对方发现你误解了他的意思时，往往会赶紧向你反复解释，在不知不觉中受你话语的影响，在潜移默化中接受你的要求。所以，谈判高手总是把"难得糊涂"作为他们的一个信条，必要时就潇洒地"糊涂"一回。他们尝到了甜头，体会到装傻的谈判效果具有

"清醒"之时无法比拟的优越性。

男女在谈恋爱的时候,聪明的女孩总是一副天真无邪的样子,对什么事情好像都不懂。此时的男孩却觉得对方可爱至极,往往产生一种要保护对方的欲望。什么事情都愿意为女孩去做,以能为对方做事而感到愉悦。女孩的"无知"更加显出了对方的能耐,女孩得到了实惠,男孩在心理上得到了满足。所以生活中有经验的长辈们总会说这样一句话——女人不要太能干。其实简单的一句话,是经过了无数前辈总结下来的,足以证明其合理性。

假装糊涂贵在一个"巧"字,倘若弄巧成拙,结果自然不会好。

大智若愚有利于谈判进行的一个重要原因是:人类都趋向于帮助那些看起来不聪明或没有知识的人,而不是利用他们。当然,也有一些没有同情心的人总想利用弱者,但是大多数人都想与在他们看来聪明的人竞争,去帮助他们认为不聪明的人。因此,装傻的目的就是分散对方的竞争精神。你怎么忍心去和那些请求帮助他们和你谈判的人斗争呢?如果一个人说:"我不知道,你认为是什么?"你怎么会去取笑这样的人呢?面对这种情况时,大多数人会为对方感到难过,会伸出双手去帮助他。

在谈判中可以使用如下语句来装傻:"你说什么啊?我没有听懂,能否麻烦你再说一遍?"这样做让对方以为:"这次我遇到一个多傻的人啊!"以这样的方法,即可分散对手的竞争精神,这种精神可能会产生一种意想不到的妥协方案,还可能得到对方的帮助。

我们很容易想到,在平时要参加一些重要的比赛或考试时,我们会很努力地准备,甚至不惜头悬梁、锥刺股;要是应付一般的考试或比赛,我们不会有那么大的劲头去准备。因为重大的比赛里面,我们要面对的是强大的对手,我们会忐忑不安,同时也会全力以赴,想尽一切办法提高自己的竞争力;一般的比赛中,对手相对较弱,我们会感到轻松,也充满自信,同时也会导致我们心不在焉,放松警惕性,缺少那么一股子冲劲儿。人们普遍有一种心理,就是面对比自己强大或势均力敌的对手时,都会怀有警惕心,而面对较弱的对手时则会放松警惕。古往今来有很多因为轻敌而惨败的教训。

魏明帝时期,曹爽与司马懿同执朝政,但是军政大权落入曹爽家族。司马懿见此,称病在家等待时机。曹爽唯独把司马懿看成最具有竞争力的对手,得知司马懿生病,便派亲信打探虚实。司马懿知悉目的,待到曹爽的人

到之前，摘掉帽子，散开头发，形容憔悴地被拥坐在床上接待来者，并且在谈话之时，语言含糊不清，装聋作哑。那人回去之后便把所看到的情形如实上报给曹爽，曹爽心里为失去一个强有力的竞争对手而高兴，从此对司马懿不再防范。

此后不久，司马懿便发动兵变，从曹爽手中夺得了兵权，掌握了军政大权。

如果司马懿不装病，不显出自己的弱势，恐怕曹爽是不会这样掉以轻心以致让司马懿得到夺权之机。我们在谈判中也是一样，当遇到强势或势均力敌的对手时，不要处处显出自己的强悍，否则，会增加对方的警惕心，很难达到目的。而要故露自己的弱势，让对方掉以轻心，这样会容易取胜。

还有历史上有名的《孙子兵法》的作者孙膑的性命都是在此法的庇护之下得以保住的。孙膑与庞涓两人同为鬼谷子门下的学生，孙膑勤奋好学，聪明智慧，得到老师的真传。出师后，两人同为魏王效力，但是庞涓嫉妒孙膑的才华，恐孙膑会威胁自己在魏国的地位，于是想方设法害孙膑，使得孙膑双腿残疾，脸上还被用黑墨刺上"私通敌国"四字。此后孙膑知悉了内情，装疯卖傻，躲过庞涓的追杀。后来得到齐国的救助，最后终于设计把庞涓杀掉，得以雪恨，并写出了兵家绝书《孙子兵法》。

假使孙膑在那样危险的时刻，不装疯卖傻，可能早已成了庞涓的刀下鬼，也没有"田忌赛马""围魏救赵"等佳话的流传，更没有《孙子兵法》这样的杰作问世了。

谈判中也一样，如果能够利用对手骄纵的心理，示弱于他，让其掉以轻心，就有利于获胜。

当然，装傻也要有一定的度，倘若超过了这个度，不仅失去了真实感，而且如果让对方知道了你的真实意图，势必影响感情，甚至引起谈判的破裂。这个度是什么，就需要你自己在谈判中慢慢摸索了。

在谈判中大智若愚是非常重要的，聪明是傻，傻是聪明。谈判时，你假装知道的比别人少，就会有很好的处境。要懂得讷中的智慧，大智若愚会让你在谈判中受益无穷。

利用逆反心理，顺水推舟

人都有逆反心理，这种逆反心理是对他人不信任的表现，当然很多时候人们也在利用这种逆反心理，在神不知鬼不觉中达到自己的目的。尤其在谈判这种紧张的气氛中，谈判双方都有很强的逆反心理。逆反心理是客观环境与主体需要不相符合时产生的一种心理活动，带有强烈的抵触情绪。换言之，逆反心理是指客体与主体需要不相符合时产生的具有强烈抵触情绪的心理态度。

比如，对于先进人物的宣传，一些人不仅反感，甚至贬低宣传及宣传者；当见到商品广告出现"价廉物美"字眼时，很多人的第一反应是"这种商品的质量肯定是次的"；还有人说："我一见到他就反感，一听到他讲话就不舒服"……凡此种种，都是逆反心理的表现。

逆反心理会使人做出不合常理的事情，产生敌对情绪。通常会对正面宣传作反面思考。例如，一位男士正在向他的朋友述说他是如何害怕晚上玩牌回家迟了。"你不会相信每次我都是怎样设法避免弄醒我妻子"，他说，"我每次回家总是离家老远就把发动机关了，靠惯性把车驶进停车房，然后轻轻打开房门，脱下鞋子，蹑手蹑脚地走进卧室，可是就在我马上要上床时，我妻子总是突然醒来，并随之给我一顿训斥。"

"我每次回家时总是故意弄出很大声响。"他的朋友说。

"真的？"

"当然。我每次一到家门口就按响喇叭，进家后再用力把门关上，然后打开房间里所有的灯，故意跺着脚走进卧室，并给我妻子一个深深的吻，'嘿！艾丽丝'，我对她说：'吻我一下好吗？'"

"那她说什么？"他有点不大相信地问。

"她什么也没说，"他的朋友回答，"她总是假装睡着。"

其实只要掌握人们的这种心理，懂得利用人们的逆反心理，很多事情也能够顺利得到解决。在谈判中也一样。

有一个承包商在承包一项安装工程时遇到一个难题,他不能与对方达成一致的原因是:关于支付工人的酬金是按照一次性总付计算还是按照工人们每人每天计工付酬。有一个很重要的原因就是,如果按照工人每人每天付酬的话,工人的积极性就会相当低,因为工人每多劳动一天就会多得一天的工资,而每天的劳动量却不能够具体计算甚至规定出来,总有相当大的伸缩性在里面。这样的话,承包商就不得不多付给工人很多不必要的工资,此次承包工程的利润就会大大降低。而且由于工人的积极性不够高,在监督上也会遇到意想不到的麻烦与困难。

通过反复的考虑和衡量,承包商宁愿一次总付计价,因为这样不但可以节省不少的工人薪酬,在管理上也可以节省很多精力,而且还可以不让买方介入到经营的具体细节中去。而承包商自己也可以有更大的伸缩余地,此项承包工程的利润就会更加可观。为了使对方同意自己一次性总付计价的要求,承包商在双方谈判中就利用了人的逆反心理的谈判技巧,一开始他就向对方建议以每人每天的工资为基础计价,罗列出这样计价的种种好处与优点,并且声称这项工程有相当大的风险,非常不好开价。这样一来,买方从心理上排斥承包商罗列的各种理由,反而觉得一次性总付计价对自己的好处很大,承包商越是指出风险的严重性,买方越是感到还是按照承包商所极力避免的一次性总付计价更为划算一些。在这个问题上,双方的谈判进入了僵持局面,买方和承包商各自坚持己见,互相之间都不肯让步。当然,承包商的坚持是故意使然,他的真正目的是通过自己的不让步让对方感到每人每天的付款方式是对自己非常不利的,而对方可以得到很多好处。他越是坚持,对方就越义无反顾,因此在"坚持"的过程中,承包商还故意露出些许的妥协和退让之意,使得买方更加坚定自己的立场。

最后,随着双方进一步的谈判,承包商做出了"妥协"和"让步","放弃"了以每人每天为基础计价的要求,答应按照买方一次性总付计价的方式计价。这样一来,承包商不仅顺利实现了自己的谈判目标,而且还使买方的谈判人员对自己的谈判成功感到高兴,并且深信己方占了大便宜,赢得了谈判。殊不知谈判的真正赢家并不是他们,而是拼命坚持一次性总付计价的承包商。

承包商利用了人的逆反心理,让对方相信自己的选择是对自己有利的,

对方就只有向相反的方向去要求,这样的结果正是承包商所期待的。

在特定的情况下,人们总是抱有一种逆反心理,一方要想得到的,另一方总是想方设法加以阻止;一方不愿意让步的,另一方还非得希望其做出让步。这种逆反心理往往会增加谈判各方的竞争性和对抗性,不利于谈判各方达成一致,使原本可以达成的协议被迫流产,使可以成功的谈判归于失败。

聪明的谈判者就善于利用对手的逆反心理,在谈判中故意做出一种姿态,好像某一项要求或条款对己方非常重要,但是真正的目标却恰恰相反。当然,这种手段掌握要非常到位,否则只能弄巧成拙。

针对对方利用逆反心理的谈判技巧,可以在了解对方的基础之上,给他来个顺水推舟,如果对方表现出不关心某个方面,谈判者也装作不关心;对方对哪方面感兴趣,己方就可以在可能的情况下接受对方的建议,因为对方不需要的恰好是其表面上感兴趣的,而对方想得到的恰好就是表面上不感兴趣。这样对方只会落得个"哑巴吃黄连,有苦说不出"。

人都有逆反心理,巧妙地利用这种逆反心理,可以到达你的目的。当然,这种手段的利用需要娴熟的技巧,需要对局势把握得当;否则,被对手识穿,来个顺水推舟,将计就计,就会有苦也说不出。

对首次报价表示惊讶,可打击他的自信

不管购买何种商品,记住一点,对方做出第一次报价时,你都要显得非常惊讶,否则你就会被当作冤大头来宰。对方的第一次出价,绝对不是他的底价,他只是为了给自己留一个退路罢了,又或者想碰碰以高价卖出的运气,也可能只是一个试探。对方怀着这种心理,就会很留意你对他第一次出价的反应。

如果你听到价格后非常平静,甚至脸上还显露出高兴的表情。那对方就会感觉到他的报价离你的心理底价不远,你就很难让对方做出大幅度的让步,他可能还会坚持自己的报价。原因就是你对他的要价无所谓。

但是如果你听到这个价钱后表现得非常惊讶,那么对方也会在心里认为自己要价是太高了。可能为了达成交易,会通过让步使你接受,你还价就会很容易了。

有一名作家,在他没有出名的时候,他的稿费很低,差不多每本书稿才5000元钱,后来因为他写的一本小说出名了,越来越多的书商与出版社向他约稿,他的稿酬也越来越高,并且要求对方的发行量要达到一定的数额,至少不能够低于10万册。有一个书商向他约稿,书商开出的价码是20万元写一部小说。这位作家一听,立刻以惊讶的神态与口气说:"你开出的价格是我在出了某某小说以来所没有听到过的低价!"这位书商马上说道:"当然价格是可以商量的,40万吧!我们保证印刷数不低于50万册,怎么样?"最后,这位作家才勉强同意。

这位作家没有与对方做过多的讨价还价,只是表现出了自己的惊讶,就让对方主动加价。这就是故作惊讶的魔力。

如果多运用故作惊讶的手段,你会发现原来这么小的伎俩也能够让你受益无穷。我们在购物时常常会先询价,当售货员报价时,我们如果显出很惊讶的神态,售货员往往会马上说:"当然,如果你真心想买,价钱还可以再低的。"又或者会说:"我们现在正在做活动,全场商品打折。"诸如此类的实例随处可见。

当然,并不是每一次惊讶都能够收到这样的效果,尤其在对方知道你的底细时,或者对方也是谈判的老手时,他会很清楚你的动机。即使对方对你的惊讶置之不理,对你也没有什么危害。在谈判的时候,你也要预防对方使用故作惊讶的伎俩。

在谈判中,如果你对对方的报价或是开出的条件不表示惊讶的话,对方会觉得你是能够接受他的报价与要求的,那样对方可能就不会做出较大的让步;如果你表现得非常惊讶,就可以无形中打击对方的信心,为争取更多的利益做准备。

展示你的实力，时刻注意分寸

谈判很多时候就是实力的较量，实力强的一方在谈判桌上就会处于优势地位。

复旦大学学生科技咨询开发中心，是大学生们以社会实践为宗旨，服务于同学和社会而创办的实体。多年以来，它不仅为本校的同学提供了各种社会实践活动、勤工俭学的机会和场所，并且获得了令人瞩目的经济效益和社会效益。不仅如此，这个中心还培养出一批批的优秀人才，受到社会的认同和欢迎。

有一次，上海市准备举办计算机高级程序辅导班，同时有几个实力雄厚的单位都想得到这个机会。复旦大学学生科技咨询开发中心也想尽力争取，于是参加了竞争。上海市电子振兴办公室召集了包括上海计算机研究所、市青年科协等在内的众多单位一起谈判协商关于程序辅导班的承办事项。在谈判协商的过程中，大家都为争取到这个机会而争吵得非常激烈。这时，作为复旦大学学生科技咨询开发中心谈判代表的邵先生站了起来，十分老练地发表意见。他说："大家不用争了，我想问大伙儿几个问题。"他停顿了一下，扫视了一下在场的其他谈判代表，说出了他的问题："你们有多少人报名了？你们打算怎么办？你们有没有高级程序辅导班的教材？"

这一问顿时使大家怔住了。接着，年轻的邵先生胸有成竹地说："我可以告诉大家，我们已经有300多人报名了，而据我所知，你们'九三'学社计算机培训部才50多人报名，你们市计算机培训中心还不到10人报名，你们上海计算机研究所也才五六个人报名，而你们市青年科协虽然在报上做了广告，但报名的人也并不多吧！另外我们还精心编写了培训教材，而且我可以告诉大家，这本教材到目前为止还是全国在此方面的第一本教材。"

最后，大家一致同意这个计算机高级程序辅导班全部让复旦大学来办，已经报名的人员也全部转给复旦大学。邵先生所代表的复旦大学学生科技咨询开发中心取得了谈判的圆满成功。

在这场多方争夺的谈判中,复旦大学之所以能够取得成功,在激烈的竞争中争取到举办计算机高级程序辅导班的机会,原因就在于他们具有强大的谈判实力同其他谈判对手相对抗,最后击败了对手。

强大的谈判实力不是天生的,需要付出相应的努力或代价才能获得,而谈判之前的充分的准备工作是在谈判桌上能够体现谈判实力必不可少的。此外,使用实力对抗法的谈判策略,还需要时刻注意分寸,既要用己方的强大实力与对手对抗,又不要因此而损害谈判各方的人际关系,要以理服人而不是专横霸道,否则实力对抗的谈判策略也会给谈判者带来不良后果。

有一位卖地板清洁剂的销售人员到一家饭店去销售,刚推开经理办公室的门,就看见已经有一家公司的销售人员在与经理谈,并且经理正表示准备购买。后进去的销售人员看了看对方的产品后说:"经理,我也是销售清洁剂的,不过我的产品清洁效果非常好!"接着后进去的销售员便把自己公司的清洁剂倒了一些在地上,用随身携带的抹布擦了擦,地上很久都擦不掉的油污不见了,地板变得干干净净。先进去的销售员手足无措,不知如何是好。这时饭店经理马上向这个后进去的销售员了解他的产品情况,询问价格,等等,当即拍板买了几箱后进去的销售员的清洁剂,并且在此之后一直用此人的产品。这位销售员没有用多么精彩的言辞去说服对方,而是就地展示自己的产品的质量,就很快让饭店经理改变初衷,转而订购他的产品了。

谈判是一种实力的较量,这种实力既包括谈判场内的实力,更包括谈判场外的实力,需要场内的与场外的技巧和方法互相呼应和补充。这就是为什么在很多商业谈判中,谈判人员都会采取让对方去自己的公司或是厂房实地考察的原因。一方面是为了表明自己的诚意,另一方面是为了显示实力。

谈判很多时候是实力的较量,向对手展示你的实力,从而达到谈判的目的。记住:如果你比对方强大,但是对方不知道,那么你就会比他想象的要强大。如果你比对方强大,而且双方都知道,那么你在谈判中利用一下这种优势,就会使对方对你做出让步。

克服谈判中的恐惧与焦虑

谈判桌上，要想成功地说服对方，不仅需要有精妙的言辞，还需要具有自内而外的自信。如果一个人在谈判的时候怯场，很可能就会思维混乱，词不达意，甚至漏洞百出。这样只会让对方轻视你，不愿意与你做过多的交谈。

有一家生产、销售打印材料的公司招聘了一个新的销售人员，这个新员工在接受了公司两个月的培训后，公司销售经理对其进行考核。经理指着公司对面的一家店面说："从这两个月的培训看来，你是非常适合做销售人员的，对面是一个很可靠的客户，你去向那家店销售我们的产品，这个店主以前用过我们的产品。"这位新的销售人员看了看那家店，问："现在还用我们的产品么？"经理回答："还用我就不会让你去销售了！"接着经理说道："但是你记住，那个店老板是一个厚脸皮并且满口粗话的老头，他对我们的产品是非常满意的，只是因为他用了我们的产品以后总是迟迟不给钱，我们就不愿意把产品再卖给他了，现在我想考察你的业务水平，你去和这个店的老板谈吧，看看你是否能够卖出去产品，暂时不管是否能够收回货款的问题。不过，你去和他谈的时候，不管他说什么，都不要反驳他，只要记住一点，要卖出你的产品。这个很容易的，而且你经过了两个月的专业培训，肯定没有问题。"

于是这位新的销售人员在经理的鼓励下，走进了这家店。刚开始他就说："你好，我是你对面公司销售打印材料的。"还没说完，老板便滔滔不绝地谈起了自己的生意，还有他的喜好，他的家庭，等等，足足讲了两三个小时，而这位推销员就在那里认真听着。最后，销售人员说："你好，我是本市最好的生产、销售打印材料公司的销售人员，这是名片……"结果，这位销售人员从这位店主的手里得到了很大的订单。这名销售人员把订货合同拿给经理以后，经理急忙问他是怎么做到的？销售人员若无其事地说："你不是说很容易吗？只是他不能及时付款。而且他以前用过我们的产品，肯定没

有问题的啊！我就按照你说的方法，不去和他争辩，听他说完以后，我才向他推销的。而且我想避免公司的损失，于是要求他在拿货的时候给全款，合同上面都有的，你看……"最后，经理才吐露实情，其实这个店主从来没有购买过他们的产品，公司很多销售人员也没有能够把这个店主说服，该店之前都是在用其他公司的产品。经理说的话让销售人员吃了一惊，但是从此，这位销售人员对自己的销售能力满怀信心，成为公司的骨干。

如果不是当时那位经理善意的欺骗，而是原原本本把情况跟销售人员说明了，可能那位新的销售人员也不会那么轻松地去向店主推销，也不可能取得那样骄人的成绩。那么，在他今后的工作中也不会那样充满自信与激情。这说明了什么呢？只要你有信心地去做事，就会获得成功；只要你充满信心地去谈判，也会取得满意的结果。

自信是积极沟通的首要因素，如果你在讲话之前先怯场，对自己说的都没有把握，别人怎么会相信你呢？自信才能克服谈判中的恐惧与焦虑。

那么除了自身的自信心外，还需要做什么才能增加我们的自信呢？

首先是外表。一个人的形象是透露给人的第一印象，第一印象又往往是最重要的。所以在进行一项重要的谈判时一定要注意自己的衣着打扮。俗话说：人靠衣装，马靠鞍。外表的魅力会让你处处受到欢迎。穿戴整齐、干净利落会赢得对方的好感与信任。

其次是说话的方式。一个自信的人说话往往简洁、明快、顺畅自然、不温不火，能够恰到好处地把自己的观点表达给对方。对方听到这样的话语，往往会有美的感受，也能够激起对方的兴趣。如何让你的话语传达你的自信呢？注意以下几点：

1. 声音响亮、语调自信，这样就能够感染别人。

2. 吐字清晰、层次分明。只有这样才能让对方知道你想表达的意思，有谁愿意持续听自己听不懂的话呢？

3. 说话的节奏要恰到好处，抑扬顿挫，速度与语调要配合恰当。

4. 声音大小适中。声音太大，容易让人烦躁；声音太小，不仅对方听不见，而且是没有自信的表现，无法引起对方的兴趣。

5. 要注意停顿。一句话不能说得太长，也不能说得太短。适当地停顿，不仅可以调整自己的思维，而且可以引起对方的注意。在停顿的间隙，可以

观察对方的反应。

只要与人打交道，就需要充满自信地去面对他人。需要从心理、着装、话语等方面透露你的自信。谈判桌上会遇到形形色色的人，只要满怀信心地与他们谈判，就会赢得对方的信任与欣赏。要想成功，就要相信自己的实力，相信自己的能力，相信自己能够说服对方，信心百倍地面对对手。

自信是行为的动力，信心是成功的基石，没有自信就没有良好的行为。谈判人员必须要对自己、对自己代表的团队、对自己谈判的内容与自己的策略充满自信。这样对方才会对你有信心，愿意与你谈判，从而有助于谈判的顺利开展。

如何赢得对手的同情与信任

人之交往贵在真诚，某些时候真诚不仅能达到如期的目的，甚至会带来长期的朋友与合作伙伴。有句话叫作"己所不欲，勿施于人"，我们自己在与人交往中、在工作中、在商业谈判中最希望对方具有诚意，我们自己在这些环境之中也应该注意自己的诚意。

说到谈判，大家都会想到双方争得面红耳赤，都在明争暗斗，好像谈判双方都是对立的，都是以敌视的态度看待对方的。为了使谈判对己方有利，谈判者的做法往往是封锁与谈判有关的并对自己不利的消息；总是想办法最大限度地获取对方的信息，以谋取自己的利益。这种方式在很多谈判中是适用的，但是在有些情况下，谈判者向对方开诚布公、以诚相待，态度诚恳而坦率地公开自己的立场和目标，增加谈判的透明度，会消除对方的戒备之心，会有利于谈判双方在友好、融洽的气氛中达成一致。

谈判中，最令人沮丧的是遇到不真诚、不守承诺的人，他们会让人疲惫不堪。一旦别人了解其真面目以后，便不会再与其合作。克里斯蒂娜是意大利一家国有公司的总经理，在她刚刚接手这家公司的时候，公司正处于濒临破产的边缘，几乎每年都要亏损1亿欧元左右。克里斯蒂娜上任伊始发现问题远比她想象的要严重得多。原来公司年年亏损的一个主要原因就是：这是

一家国有公司,公司里的员工生产积极性非常差,不仅编制冗余,而且公司内部千丝万缕的关系非常复杂,过多的公司员工不仅不能够创造出更多的生产效益,反而成为公司的累赘。为了解决这一根本矛盾,克里斯蒂娜决定对公司进行裁员。但是按照意大利的法律,要解雇国有公司的正式员工,必须得到工会的同意与批准,否则将因为触犯法律而不能够实施。由于工会代表的是大多数员工的根本利益,以至于许多年以来,工会与公司的关系相当糟糕,双方的矛盾、冲突非常严重。而克里斯蒂娜又从没有同工会打过交道,同工会的谈判将会面临巨大的压力与不可预测的困难。

为了促使谈判取得成功,让工会与公司达成裁减员工的协议的最终目的,克里斯蒂娜决定改变过去的谈判方式,采用开诚布公的方式与工会进行交流和交涉。首先,克里斯蒂娜给每个公司员工的家庭都送了一份资料,把公司的想法和目的告诉这些员工以及他们的家庭,并且详细叙述了公司之所以这样做的必要性和苦衷。同时也让工会领导知道自己是非常尊重他们的。然后,克里斯蒂娜还精心制订了一个提前退休、公司负责支付一笔数额不菲的解雇费的基本方案。与此同时,克里斯蒂娜还派人通知公司员工们,如果不采取行动,由于公司每年的巨额亏损,在不久的将来公司的裁员幅度会更大。

克里斯蒂娜的这种做法使得公司员工和工会都基本上对公司的现状和困难以及造成目前局面的根本原因有了一个大体上的了解,让他们自己先权衡一下利弊,替公司想想公司究竟应该怎么做,裁员的方式是否可行与必要,如果不裁员而是任由现在的局面继续发展,会造成什么样的结果,等等。

然后,在双方的直接谈判过程中,克里斯蒂娜再次采取直截了当的方式,襟怀坦白,对工会和员工进行晓之以理、动之以情的磋商,权衡利弊以图解决问题,内心怎么想就怎么说,公司有什么实际情况就实事求是地告诉员工和工会。这样反而使对方消除了疑虑和不满,心悦诚服地表示同意与公司进行配合,结果当然是谈判双方顺利地达成了协议,两年之内将15000名员工削减到了9000名。公司裁员的最终结果不仅使公司减轻了巨大的负担,同时提高了生产效益,而且还在很大程度上改善了劳资双方多年的紧张关系。

从克里斯蒂娜与工会以及公司员工之间的谈判可以看出,尽管工会与公

司之间的关系并不融洽，但是由于公司一方巧妙地运用了开诚布公的谈判方式，表现出了公司对工会领导的尊重，既满足了工会方面自尊和权威的需要，同时由于向员工开诚布公地通报了自己的真实情况和处境，解除了员工的疑虑和戒备心理，使员工感觉到公司的做法合情合理，无形中赢得了对方的同情与信任，使对方能够与己方顺利达成协议。

当然，这种坦诚是有一定的条件的，并非是每次谈判都需要坦荡，在某些时候开诚布公无疑是一个解决谈判问题最好的方法，但是这个时机需要自己把握。

谈判双方往往戒备心很重，要消除对方的戒备心理，避免在谈判中出现尴尬情形，最关键的一点就是在谈判中以诚相待。

在谈判中，为了双方的利益，谈判者应该乐于向对方提供有关谈判的信息和自己一方的情况。如果总是怀揣着"秘密武器"，封锁自己方面的情报，却要求对方为你提供情况，以谋取个人私利，是不会促进双方积极合作的。在谈判中，态度要诚恳而坦率。适当地流露出自己的感情、希望和担心，公开自己的立场和目标，会增加谈判的透明度，消除对方的戒备之心。谈判者越坦率，越可能引起对方的共鸣。谈判者的智慧、技巧固然重要，但它取代不了谈判者诚恳的态度，一项缺少诚意的谈判，即便成功了，从价值判断的角度来看，它只是一项没有价值的交易。

谈判需要诚意，我们如何来识别没有诚意的谈判对手呢？当然这种识别人的能力也是需要丰富经验的，这里可以先给你一些建议。一般来说那些胡乱承诺、夸夸其谈的人往往是缺乏诚意的，你可以根据对方是否有诚意，决定对对方的态度，这样可以避免造成损失。

谈判不仅仅需要针锋相对、尔虞我诈，很多时候开诚布公也是上上之策，能够使谈判在友好和谐的气氛中进行，使双方达成一致，各取所需。表明你的诚意，让对方信任你，是使谈判成功的前提。

第二章

商务谈判中的心理战策略

心理学是研究人们的心理现象及其规律的科学。从社会心理学的角度来看，人与人之间就是彼此认知、心理交流和互为影响的过程。在谈判中，谈判者总是首先积极主动地感知、认识、理解对方的生理特征、谈判动机、行为目的和心理定势等等。谈判既然是人的一系列行为组成的过程，那么，谈判者必然受其心理活动的影响。故此，在谈判中运用心理学知识，会有助于谈判的成功。

什么是谈判

谈判的定义

对于什么叫"谈判",人们有如下诸多角度的不同评判:17世纪的英国哲学家培根认为谈判是个"发现的过程";谈判心理学家赫伯认为,谈判是知识和努力的汇聚,像在一张绷紧了的网中运用情报和权力,是对勤劳而能干的人的一种报酬;美国谈判专家尼尔伦伯格说,只要人们为了改变相互关系而交换观点,或为某种目的企求取得一致意见并进行磋商就是谈判。

"谈判"(Negotiation)也称"洽谈"(Discussion)。据法国著名的拉罗斯(Larousse)词典解释,Discussion意为讨论、争论;Negotiation则指谈判、协商,是"使大宗交易得到良好结果的行动"或"政府间的对话"。由此可见,洽谈和谈判在本质上没有很大区别,都是指通过对话的方式去谋求一个良好的结果;但是二者在字面上有着微妙的差异。洽谈,突出的是气氛的和睦,与彼此对话的方式,色彩更温和,形式更灵活;谈判,强调的则是评断分歧,得到某种结果。因此,谈判双方刚刚接触时,往往都喜欢用"洽谈"这个词,即使谈不出结果也无妨,照样可以和睦地彼此对话;在洽谈了一阵子以后,眼看就要出现积极的结果了,这时双方往往都喜欢改用"谈判"这个词,以巩固洽谈的成果。

以上这些对"谈判"一词的界定虽然并非都严格规范,但都在不同程度上有着某种独到的见解。

综上分析,按照最一般的认识,我们来定义谈判:

谈判是人们为了协调彼此之间的关系,满足各自的需要,通过协商而争取达到意见一致的行为和过程。

美国谈判学会会长、著名律师杰勒德·尼尔伦伯格在《谈判的艺术》一书中的阐明的观点更加明确,他说:"谈判的定义最为简单,而涉及的范围却最为广泛,每一个要求满足的愿望和每一项寻求满足的需要,至少都是诱

发人们展开谈判过程的潜因。只要人们为了改变相互关系而交换观点,只要人们是为了取得一致而磋商协议,他们就是在进行谈判。""谈判通常是在个人之间进行的,他们或者是为了自己,或者是代表着有组织的团体。因此,可以把谈判看作人类行为的一个组成部分,人类的谈判史同人类的文明史同样长久。"同时,谈判"还是影响人际关系、对参与者产生持久利益的过程,是包括一切协商、交涉的包罗万象的体系,是需要掌握相应理论、方法和技巧的一门艺术"。

根据谈判的定义可以看出,谈判的实质在于谈判双方在利益上既离不得又让不得,他们在相互交换利益和切割利益。

谈判的特质

谈判具有三个特质:

第一,它是"施"与"受"兼而有之的一种互动过程。也就是说,单方面的施舍或单方面的承受,不论它是自愿的还是被动的,都不能算作是一种谈判。因为谈判涉及的必须是"双方",所寻求的是双方互惠互利的结果。互惠互利,不是那种"我赢你输"的"非零和博弈"结果。唯有达成双方互惠互利,才能实现确认成交的良性结果。

第二,它同时含有"协作"与"竞争"两种成分。谈判双方都有自己的需求,一方面,满足一方的需求才会满足另一方的需求,因而任何一方都不能无视对方需求的满足;另一方面,对一方需求满足的程度又会反过来影响另一方需求满足的程度,因而任何一方都要努力为自己争取较多的利益。前一方面使谈判双方具有各得其所、荣辱与共的协作关系,后一方面又使谈判双方形成你争我夺、互不相让的竞争关系。

第三,它是"互惠"的,但并非"均等"的。"互惠"是谈判的前提,没有这一条,则谈判将无法继续。"非均等"是谈判的结果,导致产生这种谈判结果的主要原因在于:谈判各方所拥有的实力与投入、产出的目标基础不同,包括双方的策略技巧等因素各不相同。

杰勒德·I·尼尔伦伯格认为,谈判不是一场棋赛,不要求决出胜负,也不是一场战争,不可将对方消灭或置于死地;相反,谈判是一项互惠的合作事业。从谈判是一项互惠的合作事业出发,人们在谈判中应当既追求自己

的利益,又照顾到对手的需要。一味进攻逼压对手,或一味退让以求成交,都不是明智的。

谈判无处不在

每天我们都要多次与人谈判,只是经常意识不到而已。可是它却无时无刻不在我们的生活中,我们在扮演着各种各样的谈判者。肯尼迪在就职演讲里有这样一句名言:"我们不要因心生恐惧才谈判,但我们也绝不畏惧谈判。"

生活就是一张巨大的谈判桌

午餐时,女儿又不肯吃盘子里的蔬菜了,嚷着要吃冰激凌。妈妈认为多吃蔬菜对健康有帮助,可是女儿还小,并不能理解这些道理。女儿和许多同龄人一样,非常喜欢吃冰淇淋。于是母女之间的谈判不可避免地发生了。妈妈的条件是,只有把盘子里的蔬菜吃完才有冰激凌吃。

女儿还是坚持不吃蔬菜只要冰激凌。她的理由是肚子已经很饱了,只能吃冰激凌了。虽然毫无道理,可是女儿说得理直气壮,任凭妈妈又哄又劝,就是不理睬。此时妈妈被迫做出了第一次让步:"好吧,你要是乖,就再吃一半的菜,妈妈给你拿冰激凌。"固执的女儿并不买账,她的头摇得更欢了。

妈妈为了让女儿乖乖地吃菜,把冰激凌拿到了餐桌上。女儿看到冰激凌后,意志更加坚定了。妈妈再次让步:"只要你再吃5口就行了,就5口!"女儿还是不吃。妈妈彻底崩溃了,她又一次让步了:"吃2口,只要吃2口就可以吃冰激凌了。"可是女儿依然不买账。

这一下妈妈彻底屈服了:"真拿你没办法。吃你的冰激凌吧!"女儿又一次大获全胜。

开始妈妈是想用自己的让步来换取女儿的让步,可是自己一步步地退让,女儿的立场却丝毫没有动摇,妈妈不得不以女儿的胜利结束这场谈判。在此,如果这位妈妈能够从小孩子的心理出发,运用一些适当的谈判技巧的话，相信情况会有所不同。

这样的谈判在生活中经常发生，比如买房子、装修房子、购买家具、购买电器、教育子女时，夫妻双方会有许多分歧，而谈判是解决这些分歧的最好的方法。

不要幻想靠我们自己的让步来换取谈判对手的善意，这样做的最后结果很可能是好心无好报，使对方从自己这里榨取更大的利益。掌握正确的谈判方法才能让自己得到应有的利益。

员工要求老板加薪也是非常难办的一件事情。

如果向老板提出加薪的请求，老板拒绝了，情形可能变得很难；若继续工作的话，势必会影响往后双方意见的沟通；若愤而辞职，转谋他业，如果事先没有寻找，经济问题又面临很大困难，而能不能找到一个比这份待遇还优越的工作，则又是另一个问题。

如果职员在采取任何措施之前，直接向老板提出加薪的请求，那他就必须明确他请求加薪的理由，并且在谈话中应当注意自己的语气、语调，因为他用来谈判的筹码并不多，只有证明自己是更具价值的，才有资格要求更高的工资。而老板依然可以自由地决定同意或拒绝员工的要求，此时，员工没有太大的转圜空间。

相反，如果员工发现另觅新职的情形比较有利或者已经有其他公司提出了聘用他。那么便可以开诚布公地向老板说明自己具有要求加薪的资格，有较大的转圜空间。在前者的状况里，员工受制于老板无法谈判；在后者的状况中，员工握有足供交涉的王牌，即使老板注定不给自己加薪，也不用担心给老板留下不好的印象，因为有一家公司要聘请你，你完全可以辞职不干。

这也是一种谈判，只有做好充分的准备才能取得谈判的胜利。

谈判贯穿着我们的生活。一旦脱离了谈判，我们便失去了很多权利。那时我们就很难对别人表达自己的真实想法，有了利益冲突时也不能很好地维护自己的利益。

谈判能破解难题

有两个孩子去邻居家做客，不过邻居家里只剩下了一个橙子，于是女主人只好把这一个橙子给这两个孩子吃，并且告诉他们俩，这个橙子属于他们

双方共有,这两个孩子立即开始讨论如何分了这个橙子。两个人讨论了半天,最后终于决定了,他们中的一个负责把橙子切开,另一个选择哪一半属于他,结果橙子切开了,两个人每人得到一半,高高兴兴地回家去了。

这两个孩子对橙子的"用途"完全不同,其中一个把橙子拿回家之后,把橙子皮剥掉扔进了垃圾桶里,把剩下的果肉放到果汁机上榨果汁喝,因为他只想喝果汁,并不需要橙子皮。另一个孩子恰恰相反,他回家以后把果肉扔进了垃圾桶,把橙子皮留下来研磨碎了,然后与面粉和在一起烤蛋糕吃。这样的结果是,两个孩子每个人都得到了他们想要的,但是每个人都浪费了一部分橙子。

虽然两个孩子都拿到了看似非常公平的一半橙子,可是由于他们事先并没有沟通好自己到底想要橙子的哪一部分,也就是说两个孩子并没有申明各自的利益所在,这就导致了他们在把橙子分开以后,并没有在谈判中得到最大利益,一个只能得到半个橙子皮,而另一个也没有榨到足够的橙汁喝,剩下的橙子皮与果肉都被扔到了垃圾桶里,造成了浪费。如果事先通过谈判了解对方的意图,就不会有这种浪费现象的发生了。

谈判能帮助我们捍卫自己的利益,是解决难题的有力工具。一项成功的谈判可以使陷入困境的企业或个人摆脱困境,也可以断送如日中天的企业的前程。

谈判是从多方面融入了一种可理解和务实的系统,是一种挑战性的工作,同时具有一定的趣味性和刺激性。要想成为谈判高手,我们还要掌握一定的谈判技能。

人人都能成为谈判高手

谈判是一种充满智慧的游戏。参与者在遵守一定的游戏规则下,寻找着让自己满意的谈判结果。为了让谈判结果更接近自己的利益和要求,谈判者要想尽办法,运用尽可能合理的谋略让谈判沿着自己的要求发展。

商务谈判的过程实际上也是一样。成功的谈判者并不是追求寸步不让,而是与对方充分交流,从双方的最大利益出发,创造各种解决方案,用相对较小的让步换得最大的利益,而对方则是遵循相同的原则来取得交换条件。在满足双方最大利益的基础上,如果还存在达成协议的障碍,那么就不妨站在对方的立场上,替对方着想,帮助扫清达成协议的一切障碍。这样,最终的协议是不难达成的。

谈判行为是一种心理的博弈

当谈判者坐到谈判桌前,不论这张谈判桌是实物还是虚拟的,必然会发生相应的心理变化。举止、表情、言行是这些心理变化和心理活动的外在反映。这些反映有时是不自觉的,有时可能是故作姿态,以掩盖其真实的目的。当一个人丢了面子时,不一定都会不好意思,反而可能会微笑地望着你,以使你相信他不在意。但如果你细心观察,也许就会发现他没能完全掩饰的一丝懊恼的痕迹。一个谈兴正浓的人被你突然打断,他很可能以许久的沉默来回报你。在谈判者这些表现的背后,可能潜藏着各种影响谈判的心理因素,细心的谈判者要随时根据捕捉到的这些外在的反映信息,及时调节谈判的气氛。谈判中能够使彼此沟通的,不仅仅是语言符号,有时可能是非语言符号,比如说话的速度、音质、声调乃至面部表情、手势、体态等等都能传达出某种信息。同样一句话,说得缓慢还是急促,是商议恳求还是颐指气使,是面带笑容还是板着面孔,所产生的效果是不大相同的。

心理学研究表明,人的外在活动是传达内心世界的传感器。例如在谈判中,如果对方的脚尖在不停地点地,这可能是你说错了什么话的信号。当一个人神情紧张,他可能面部肌肉紧绷、过分专注、强笑或者冷笑。比如,咳嗽有时并不是一种病理的反应。有的人情绪不安,想借此来调整一下情绪,有时也可能借此来掩盖说谎,或是一方对另一方的谎言或自负表示的一种抗议。而眨眼也不仅仅是一种使眼睛湿润、排出落入眼内的细小尘埃的保护性生理反应。当人们在情绪激动时,眨眼的频率就会提高。有时眨眼也被用来掩饰紧张等心理变化。人的许多内心秘密,还可能从唇角某些微妙的变化上表现出来。例如,高傲的人常常不由自主地微撇唇角;一个满怀怨恨心理的人,唇角会明显地深凹;而高兴时,人们的唇角往往挂着一丝微笑;讽刺的

笑和苦恼的笑，唇角也都会有细微的区别。老练的谈判能手既要学会观察，又要学会判断，才不会为假象所惑。

心理学是研究人们的心理现象及其规律的科学。从社会心理学的角度来看，人与人之间发生关系的过程，就是彼此认知、进行心理交流和互为影响的过程。在谈判中，谈判者总是首先彼此积极主动地感知、认识、理解对方的生理特征、谈判动机、行为目的和心理定势，等等。谈判既是人的一系列行为组成的过程，那么，谈判者必然受其心理活动的影响。各种不同的人聚集在谈判桌前，性格、气质、习惯、表情互不相同。表面上看，好像人们的行为显得杂乱无章、难以琢磨、不可思议，但在一个具有良好心理学知识素养的人眼中，则完全不是这样。他可以透过现象的迷雾，捕捉到人的行为所遵循的共同、理智的行为方式。不管人们的行为或语言何等复杂，都是可以预测和理解的。通过仔细研究，可以发现人们行为中的各种可以预测的因素，这些因素都能向外界透视某种信号。而捕捉这些可能影响谈判效果的信号，则是一个训练有素的心理学专家在谈判中的优势。故此，在谈判中运用心理学知识，会有助于谈判的成功。对于一个富有心理学知识和谈判经验的行家来说，他能一眼看穿对方的心思或对方可能采取的行动。

在这里，我们简单地将一些在谈判过程中经常会发生的心理博弈现象列举出来，通过以下6个现象的阐述，我们会更加直观地了解到谈判心理博弈是怎么存在于谈判过程中的。

1. 文饰作用

在谈判中，谈判者即使有所失误，在心理上也总是在替自己辩护，通过似乎合理的途径，来使不利于自己的情势合理化。这就是一种文饰心理。例如，有个房屋买卖谈判，由于卖方说漏了嘴，将价格底盘泄漏出来，立即丧失了继续讨价还价的能力。他虽懊悔不已，但在嘴上却向别人说道："也许对方已经知道这种价格了。"谈判中如若出现了这种心理反应，聪明的谈判者总会顺水推舟，满足对方的这种需求，以获得皆大欢喜的谈判结局。

2. 逃避

谈判中如果出现了困境或令人焦虑的事情，谈判者则试图以某种理由为借口逃脱出来，并会列举困难、满腹牢骚，失去了挑战精神。这种自我防卫心理对于谈判者是极为有害的。培根说:"逆境中的美德就是忍耐。"可见,忍耐是医治逃避心理的良药。

3. 反向作用

谈判者受到某种心理压抑而产生一种反向冲动的心态变化。处在此种防卫心理状态的谈判者,其外在表现与内心向往背道而驰,即向外输出的是一种相反的信息。在谈判桌前常能看到这种情况:谈判者的某种需要遭到对方拒绝时,便大怒说:"不谈了!没法谈了!"这就是反向心理的一种表现。例如,从心理学的角度看"刘备摔阿斗"的故事,其实也是一种反向作用。如果谈判者认识和理解这种心理作用,就会在谈判中有针对性地采取相应的对策。

4. 同一化

是指谈判者把所钦佩或羡慕的性格当作自己的特点,用于掩饰自己的缺点而感到满足和自豪。谈判桌前常见把一些自己不好意思谈或谈不清或担心被人反驳的话题,委托给他人去谈。这也是一种同一化的心理反应。例如,中美建交之前,美国前总统尼克松就曾在他的椭圆形办公室里,委托巴基斯坦领导人向中国传达美国所期望但又不好意思直说的信息。

5. 自我显示

谈判中常见夸张、说谎或带有戏剧性的言行,借此来表现自己,哗众取宠。这是又一种自我防卫机制的行为反应。在谈判中,细心留意这些言行,就很可能获取对己方很有价值的信息。老练的谈判者还会借助于对方显示自己的慷慨、果断之机,达到获利的目的。但谈判者不可对对方由于感情冲动而做出的慷慨承诺深信不疑。当自我显示者重新认识自己的行为之后,会设法讨回先前的承诺。

6. 攻击

当谈判者的锐气受到挫折时,会产生一种激烈的攻击反应,将自己愤怒的情绪直接宣泄出来,有时还可能通过无关的事务反映出来。如果谈判者在谈判桌上出现莫名其妙的情绪变化,可能就是攻击心理的外化形式。有的谈判者即使在家里、单位里或者公共场所遇到不快,也会在谈判桌前暴露无遗。对此,我们要正确对待,不必太在意。

谈判关系的行为主体是人，人是研究谈判的出发点和归宿。因此，研究富有主体意识的谈判者的自我心理，以提高谈判能力，是我们必须要探讨的问题。"自我"的构造、作用及其成熟的程度等构成了人的特点。这种"自我"的存在方式是谈判心理学所研究的重要对象。

不可不知的谈判心理效应

摆脱挫折困扰时的心理反应

心理受挫折时的情绪状态，无论对谁，都是一种不适的困扰，甚至是苦恼的折磨。人人都会自觉地采取措施来消除心理挫折，摆脱困扰。比较常见的有：

1. 理喻作用

这是指人在受挫时，会寻找理由事实来解释或减轻焦虑困扰的方式。如谈判所签订的协议没有达到原订的价格标准，会不自觉地拿"今年价格上涨"的理由来安慰自己。

2. 替代作用

即以调查目标来取代遭受挫折目标。主要采取升华、补偿、抵消等形式。例如，在上笔交易中吃了亏，在下笔交易中赚回来的心理就是如此。消极意义的替代，是将自己的不当、失误转嫁到旁人身上，以减轻自己的不安。如自己憎恨某人，却大谈某人憎恨自己，以小人之心度君子之腹。

3. 转移作用

指将注意的中心转移到受挫事件之外的事情中，以减轻和消除心理困扰。消极的转移称为逃避。常见有的人现在失意，却大谈自己过去的辉煌。

4. 压抑作用

指人有意控制自己的挫折感，不在行动上表露出来。通常所讲的临危不乱，受挫不惊，具有大将风度，就是压抑作用的结果。这也是一个优秀谈判者所应具备的。

心理挫折的行为反应

心理挫折是人的内心活动,它是通过人的行为表现和摆脱挫折困扰的方式反映出来的。

1. 攻击

人在受挫时,生气、愤怒是最常见的心理状态。这在行动上可能表现为攻击。诸如,语言过火、激烈,情绪冲动,容易发脾气,并伴有挑衅、煽动的动作。攻击是在人产生心理挫折感时可能出现的行为,但攻击的程度却因人而异。理智的人善于作自我调节,易冲动的人则不容易控制自己。

2. 畏缩

指人受挫后发生的失去自信、消极悲观、孤僻离群、盲目顺从、易受暗示等行为表现。这时其敏感性、判断力都相应降低。

3. 固执

顽固地坚持某种不合理的意见或态度,盲目重复某种无效的动作,不能像正常情况下那样正确合理地做出判断。表现为心胸狭窄、意志薄弱、思想不开朗,这都会直接影响人们对具体事物的判断分析,导致行动失误。此外,不安、冷漠等都是心理挫折的表现。

谈判与拆屋效应

鲁迅先生曾于1927年在《无声的中国》一文中写道:"中国人的性情是总喜欢调和、折中的。譬如你说,这屋子太暗,须在这里开一个窗,大家一定不允许的。但如果你主张拆掉屋顶,他们就会来调和,愿意开窗了。"这种先提出很大的要求来,接着提出较小、较少的要求,在心理学上被称为"拆屋效应"。这一现象与"登门槛效应"似乎有点异曲同工,这一效应在现实生活中也很常见。有这样一个例子:学校的一名学生犯了错误后离家出走,把班主任急坏了,没过几天学生安全地回来后,班主任反倒不再过多地去追究这名学生之前所犯的错误了。实际上在这里,离家出走就相当于"拆屋",是班主任没办法接受,也是不希望再发生的一种结果,学生之前犯的错误就相当于"开天窗",虽然原来难以接受,但相对于离家出走就显得可以接受,实际上这就是拆屋效应,只不过好像学生用得比老师要好。

我们如何来解释这种现象呢?我们拿两种情况做一下对比,第一种是先

提出一个不合理要求,再提出一个相对较小的要求,第二种是直接提出这个较小的要求,比较哪种情况下的要求更易被接受。实验结果表明,在前一种情况下提出的要求更容易被人们所接受,而直接提出要求反而不容易被接受。通常人们不太愿意连续地两次拒绝同一个人,当你对第一个无理要求拒绝后,你会对被拒绝的人有一种歉疚,所以当他马上提出一个相对较易接受的要求时,你会尽量地满足他,而不太愿意连续两次摆出拒绝的姿态,毕竟我们并不想因为自己的行为而让人觉得我们想拒绝这个人。

拆屋效应也是在谈判中常用的和有效的技巧,有时候我们需要在谈判一开始就抛出一个看似无理而令对方难以接受的条件,但这却并不意味着我们不想继续谈判下去,而只是一种谈判的策略罢了。这是个非常有效的策略,它能让你在谈判一开始就占据着主动,但记住这只是"拆屋",如果想让谈判真正有所进展,不要忘记"开窗"。所以,如果你预知到自己的一个要求别人很难接受时,在此之前你不妨试试提出一个他更不可能接受的要求,或许会有意外的收获。

谈判与知觉之晕轮效应

晕轮是指太阳周围有时出现一种光圈,远远看上去,太阳好像扩大了许多。晕轮效应是指人对某事或某人好与不好的知觉印象会扩大到其他方面。最典型的是,如果一个人崇拜某个人,可能会把其看得十分伟大,其缺点也会被认为很有特点,而这些缺点出现在其他人身上,则不能忍受。这种晕轮效应,就像太阳的光环一样,把太阳的表面扩大化了,这是人们知觉认识上的扩大。如果一个人的见识、经验比较少,这种表现就更加突出。

晕轮效应在谈判中的作用既有积极的一面,又有消极的一面。如果谈判的一方给另一方的感觉或印象较好,那么,他提出的要求、建议都会引起对方积极的响应。他要求的东西也容易得到满足。如果能引起对方的尊敬或更大程度的崇拜,那么,他就会发挥威慑力量的作用,完全掌握谈判的主动权。

但如果给对方的第一印象不好,这种晕轮效应就会向相反的方向扩大,甚至他会对你提出的对双方都有利的建议也不信任。总之,他对你提出的一切都表示怀疑、不信任或反感,寻找借口拒绝。

谈判与知觉之先入为主

先入为主是指人们习惯于在没有看到结论之前就主观地作判断。常见的有不等某人说完话就打断他，想当然地认为对方就是这个结论。先入为主直接影响人们的知觉认识，影响人们的客观判断。这是由于人们受日常活动的经验、定向思维和习惯作用的影响。比如，人们看到照片上长条会议桌的两边坐着两行人，中间插着两国国旗，便判断为是两国之间的政治性谈判或大型企业的国际的谈判。

先入为主的结果可能是正确的，也可能是错误的。最主要的是它影响、妨碍人们对问题的进一步认识，是凭主观印象而下的结论，这在谈判中常表现为猜测对方的心理活动。

谈判与知觉之首要印象

在知觉认识中，一个最常见的现象，就是第一印象决定人们对某人某事的看法。这在心理学上被称为"首要印象"。

当人们与某人初次见面时，有时会留下比较深刻的印象，甚至终生难忘。许多情况下，人们对某人的看法、见解、喜欢与不喜欢，往往来自于第一印象。如果见第一面感觉良好，很可能就会形成对对方的肯定态度，否则，很可能就此形成否定态度。

正是由于首要印象的决定作用，比较优秀的谈判者都十分注意双方的初次接触，力求给对方留下深刻印象，赢得对方的信任与好感，增加谈判的筹码。

人们首要印象的形成主要取决于人的外表、着装、举止和言谈。通常情况下，仪表端正，着装得体，举止大方稳重，较容易获得人们的好感。但心理学家研究发现，如果一个人很善于沟通，以谈吐感染别人，那么他给别人留下的首要印象也比较好。

谈判与心理挫折

谈判活动是一种协调行为，即协调交易各方的利益与冲突。因此，在谈判活动中，谈判人员会遇到这样或那样的矛盾，碰到各种挫折，难免会产生心理波动，并直接影响其行为活动。

1. 成就需要与成功可能性的冲突

成就感在人的需要层次中表现为自尊和自我实现,是一种高层次的追求。正是这种追求促使人认真努力,希望有所成就,希望获得良好的工作业绩。但是谈判活动的不确定性,又造成了谈判结果的不确定性,由此构成了成就需要与成功可能性的矛盾。

交易洽谈既涉及交易各方的实际利益,又具有很大的伸缩性和变动性。即使谈判前制定了详细的目标与计划,而谈判的结果在很大程度上也取决于双方力量的对比和谈判人员作用的发挥。这既增加了取得工作业绩的难度,也为谈判人员更好地发挥个人潜力创造了条件。

心理挫折对人的行为有直接的影响。但并不只是消极的影响。对于振奋的人来讲,遭受挫折后,尽管可能会使其蒙上心理阴影,但却可以激励、鞭策他,取得成功。

2. 创造性与习惯定向认识的冲突

谈判是一种创意较强的社交活动。没有哪两个谈判项目是完全一致的,适用于上次谈判的方式方法,可能完全不适用于这一次。虽然每进行一定规模的谈判活动,各方都要进行详细、周密、认真的准备,但谈判的效果与结果很大程度上要取决于谈判人员的"临场发挥"。所以,谈判人员的应变能力、创造性、灵活性都是十分重要的。

但是,人们的认知心理都存在着一种思维惯性。这在心理学上被称为"习惯定向",即人们在思考认识问题的过程中,习惯于沿着某一思路进行,这样考虑的次数越多,采用新思路的可能性就越小,这种习惯思维对人的束缚性就越大。这就导致人们习惯于用某种方法解决问题后,对又出现的新问题,不寻求更好的方法,还是机械地套用老方法去处理。所以,我们认为,习惯定向是影响谈判人员创造性地解决问题的主要障碍。如何摆脱定势思维对人认识活动的影响,怎样既重视经验,又不依赖于经验,怎样创造性地解决洽谈活动的问题,可能是每一个参与谈判活动的人都面临的问题。

3. 角色多样化和角色期待的冲突

在实际生活中,每个人在不同的情况下可能会充当不同的角色。如一个

人在家里是父亲，在单位可能是位领导者，而从事谈判活动时又是临时组织的负责人或专业人员，还可能是其他组织负责人等。不同的角色，所处的社会地位不同，社会规范的行为方式也不同。由于在不同的情况下担任不同的角色，彼此之间必然会有矛盾冲突，作为具体的个人，要承担如此众多的角色，而且都要符合角色的要求，难免会遇到挫折，形成心理冲突。特别是当原有角色与谈判活动中所扮演角色相冲突时，会直接影响谈判者的心理活动，影响其作用的发挥。例如，一个人在原单位是一名技术人员，但在谈判活动中成为一个主谈人，还承担着决策重任，那么，他很可能不适应这种角色的转换。而一个人在原单位是主要负责人，但在谈判活动中，他只扮演一从属的角色，他会感到不受重用，其能力没有得到充分发挥。可见，这种原有角色与实际角色的心理冲突是值得我们认真研究并引起注意的。

谈判成功的心理素质之信念

良好的心理状态是取得谈判成功的心理基础。只有具备必胜的信念，才能使谈判者的才能得到充分发挥，使自己成为谈判活动的主宰。

信念是人的精神支柱，它是人们信仰的具体体现。一个人持有什么样的信念，往往决定了他的行为方式。我们坚持谈判者必须具备必胜的信念，不是仅仅指求胜心理，它有着更广泛的内涵和更深的层次。信念决定谈判者在谈判活动中所坚持的谈判原则、方针，运用的谈判策略与方法。例如，谈判的一方为达到目的不择手段，甚至采取欺诈、威胁的伎俩迫使对方就范，为获得自己利益，不惜损害对方利益。某种情况下，这些做法也是在求胜心理支配下做出的。但是我们不能提倡这种必胜信念，这是不道德的。实践也证明，这样做的后果是十分消极的。不择手段的做法使你获得了合同，也获得了利益，但它使你失去了信誉，失去了朋友，失去了比生意更加宝贵的东西。

所以，我们认为必胜的信念应是符合职业道德的、具有高度理性的自信心。这是每一个谈判人员想要取胜的心理基础。只有满怀取胜信心，才能有勇有谋，百折不挠，达到既定目标，赢得对方信任，取得成功的合作。

谈判成功的心理素质之耐心

耐心是在心理上战胜谈判对手的一种战术与谋略，也是成功谈判的心理

基础。在谈判中，耐心表现为不急于取得谈判结果，能够很好地控制自己的情绪，掌握谈判的主动权。

耐心可以使人们更多地倾听对方，了解掌握更多的信息；耐心也使人们更好地克服自身的弱点，增强自控能力，有效地加强、控制谈判局面。有关统计资料表明：人们说话的速度是每分钟 120～180 个字。而大脑思维的速度却是它的 4～5 倍。但如果这种情况表现在谈判中却会直接影响谈判者倾听，会使思想溜号的一方错过极有价值的信息，甚至失去谈判的主动权。所以保持耐心是十分重要的。

耐心还可以作为谈判中的一种战术与谋略，耐心使谈判者认真地倾听对方讲话，冷静、客观地谈判，分析谈判形势，恰当地运用谈判策略与方法；耐心使谈判者避免了意气用事，融洽谈判气氛，缓和谈判僵局；耐心使谈判者正确区分人与问题，学会采取对人软、对事硬的态度；耐心也是对付脾气急躁、性格鲁莽、咄咄逼人的谈判对手的有效方法，是实施以软制硬、以柔克刚的最为理想的策略方法。

具有耐心也是谈判者心理成熟的标志，它有助于谈判人员对客观事物、现象做出全面分析和理性思考，有助于谈判者做出科学决策。

需要指出的是，耐心不同于拖延，在谈判中，人们常常运用拖延战术打乱对方的战术运用，或借以实施自己的策略。耐心主要是指人的心理素质，从心理上战胜对方。

在谈判活动中，谈判者要自始至终保持耐心，其动力来源于人对利益目标的追求，但人的意志、对谈判的信心，以及追求目标的勇气都是影响耐心的重要因素。谈判家荷伯·科恩曾以戴维营和平谈判为例说明了耐心的力量。美国前总统吉米·卡特的最大特点就是惊人的耐心。科恩评论道，不论什么人同卡特在一起待上十分钟后，就像服了镇静剂一样。正是由于他的坚韧不拔、毫不动摇，使他成功地斡旋了埃以两国争端，达成了著名的戴维营和平协议。埃及和以色列两国争端由来已久，积怨颇深，谁也不想妥协。卡特邀请它们坐下来进行谈判，精心考虑之后，地点确定在戴维营。尽管那里设施齐备、安全可靠，但却没有游玩之处，散步成了人们主要的消遣方式，此外，还有两台供锻炼身体用的自行车和仅有的 3 部电影。所以，两国谈判代表团在住了几天之后,都感到十分厌烦。但是,每天早上8点钟,他们都会听到敲门声,接着就是那句熟悉的话语:"你好,我是卡特,再把那个乏味的题目讨论上一天吧。"结果等到第十三天,他们谁都忍耐不住了,再也不想为谈判中的一些问题争论不休了,这就有了著名的戴维营和平协议,它的成功,有一半归功于卡特总统的耐心与持久。

谈判成功的心理素质之诚意

谈判是两方以上的合作,而合作能否进行,能否取得成功,还要取决于双方合作的诚意。就是说,谈判需要诚意,诚意应贯穿谈判的全过程。受诚意支配的谈判心理是保证实现谈判目标的必要条件。我们认为,诚意是谈判必备的心理准备,只有在双方致力于合作的基础上,才会全心全意考虑双方合作的可能性和必要性,才会合乎情理地提出自己的要求和认真考虑对方的要求。所以说,诚意是双方合作的基础。

诚意也是谈判的动力。希望通过协商来实现双方合作的谈判人员会进行大量细致、周密的准备工作,拟定具体的谈判计划,收集大量的信息情报,全面分析谈判对手的个性特点,认真考虑谈判中可能出现的各种突发情况。诚意不仅能够保证谈判人员有良好的心理准备,而且也使谈判人员的心理活动始终处于最佳状态中,在诚意的前提下,双方求大同,存小异,相互理解,互相让步,以求达到最佳的合作。

动机心理之臆测

心理学上所讲的臆测,是指在某一客观条件下人的主观猜想、揣测。这是十分重要的心理现象。人们做任何事情,不管情报来源何处,信息是否准确,都要对可能变为事实的结果或行动的结果加以估计和推测。多数情况下,这样的估计和预测是建立在科学分析计算的基础上的,但是,并不排除人的主观臆测。事实证明,人们做任何事情,都喜欢臆测。多数是自然地根据习惯、经验进行推测,所以臆测是影响人的思维和行为活动的主要因素。正如专家指出的:"臆测不易显现,因此,我们常不知道它的存在,像冰山一样,臆测有9/10是埋藏在潜意识里。"

人们喜欢作臆测的本能使人们对犯更多错误有一定的防卫性。因为如果事先推测出事情可能发生的结果,人们就会做好心理准备或采取一定的预防

措施。但是，更要注意的是许多情况下，人们把臆测当作事实，形成主观断想，如果与实际情况不符，会带来损失，导致犯错误。最容易犯的毛病是，先入为主地下结论，这就是臆测的不良影响。

臆测是一种猜测。如果把臆测作为定论，不仅会影响谈判者清楚、真实地了解现实，而且还可能被对手加以利用。尼尔伦伯格曾介绍这样一个事例，说明臆测的反作用。他与某一公司在签订一个房地产的协议时，对方聘请了一位专业律师。而交易所涉及的内容主要依照美国的《不动产租约手册》，这种范本内容包罗万象，即使是执业50年的律师，也不可能记住全部的条文。谈判中，尼尔伦伯格的同事对对方的律师说："这是标准的租约手册，像你这样资深的律师，早已熟悉全部的内容了吧。"这样一来，这位律师就觉得有必要维护自己的权威、专家地位，他不使用标准本了，认为再看它，就表示自己缺乏经验，他希望别人把他作为真正的专家对待。结果他忽视了主要条文，反倒被对方利用了。这种臆测在谈判中经常发生，并被有经验的对手利用。

臆测最为典型的行为是，常常根据习惯经验对某事的结果加以推断、假设，常常对他人的动机、行为存在着臆测，有时会产生很大的副作用。这就是人们常常带有个人的主观偏见去看待有些事物，而自己却不觉得。例如，常常不听完别人的讲话，就认定他要讲什么，结论是什么。甚至别人还未讲话，就喜欢推断他可能说什么。这不仅仅丧失了倾听对方的机会，也失去了了解真实情况的机会。因此，在谈判中，臆测的作用是重要的，它一方面帮助我们预测未来可能发生的事情，另一方面，不要被头脑中想当然的思想所左右。克服这一问题的最好办法就是谈判的双方都参与发现事实，分析论证，寻找真实情况。单方面的事实很容易因个人的观点而发生偏差。经过双方确定的事实是解决问题的基本要素，只要有充裕的时间分析和发现事实，就能找出双方的分歧，同时又能发现有价值的事实，那么，谈判时所坚持的或不可改变的一切就不会那样不可动摇，一切都可以商议，都可以谈判。

动机心理之认同与排斥

通常认为，认同是人们怎样看待自己与他人形象的关系。打个比方说，为什么你到商业区十分喜欢到某一家商店，而不喜欢到另一家商店呢？为什么你在单位与有的同事关系很密切，而有的却很疏远呢？为什么你寻找工作要选择这一家公司，而不是另一家呢？这不仅仅是因为，那家商店货全、价格合理，那个同事通情达理、与人为善，那家公司资金雄厚、信誉卓著，还有更重要的就是你所选择的对象与你有着某种相似性。比如，那家商店卖的东西从价格、牌号、商品质量等主要方面都大致符合你的要求标准，营业员的服务也获得了你的好感与信任，使你觉得这家商店买东西正合心意。而你愿意密切交往的同事，则与你有着共同的语言，相似的性格或爱好，与他相处，你感到十分愉快，同时，他也了解和信任你，那么，这就是认同。

在商务谈判中，认同的作用是十分重要的。如果谈判的对方认同你，就意味着与你有着共同的语言、可交流信息，可以相互理解，互相信任，互相合作。最为典型的表现就是，当我们问一个用户："你为什么总是购买那家公司的产品？"被问者会毫不迟疑地回答："他们的产品我们用来正合适。""我们感觉很好。"这就是认同的结果。因为如果你认真调查，你会发现，他们认为十分满意的产品，不见得在市场上就是一流的，而用户的心理感觉却是最佳的。

与认同相对立的就是排斥。由于认同带有感情色彩，如喜欢、信任、偏好等。而排斥也带有感情色彩，如厌恶、怀疑、固执等。经常会有人因为不认同你个人，导致他不同意你的观点，甚至扩大到其他方面。如果在谈判中，对方对你不是认同，而是排斥，要达成交易就比较困难。

形成排斥和对立的原因很多，一般讲，丢面子、伤感情，都会造成双方的排斥。但有些情况下，也会由于性格差异、文化层次不同、社会环境不同等因素造成交流堵塞，形成排斥。

那么，怎样清除排斥，使别人认同你呢？如果你在与别人的交流中表现出你是专业和理性的人，你就比较容易获得对方的诚意与信任。同时，不要过高地评价和表现你的职权、你的优越和与众不同，而应尽量强调你与对方的感情一致，看法相近，要想办法表现你理解他的需要、观点，甚至是立场，如果你能坚持这样做，那么你就会获得别人的认同。

动机心理之洞察力

洞察力在心理学上作为观察力、注意力来研究。人们在这里之所以称之

为洞察力是强调在实际生活中,经验起着十分重要的作用。一个具有很强洞察力的人,会对外界事物进行深入细致的了解,掌握最可靠、最直接的第一手资料,更好地实现谈判目标。

尽管洞察力在一个人所处的环境中是这样重要,而且专家再三强调敏锐的洞察力是谈判者必不可少的,但是许多人却缺乏谈判中应有的警惕性,特别是一些中高层管理人员。原因在于,他们太过于在意他们自己的想法,而无法去倾听别人说什么。他们过于沉湎于自己的思考中,顾不上或注意不到别人做的事情。这在某种程度上大大地影响了谈判的效率,影响了谈判者判断的准确性。

在多数的商业场合或贸易谈判中,谈判对手是不会轻易让你了解事情的真实情况的,甚至一些表面现象与实际正相反。这就需要运用你的洞察力,观察注意从他的言谈举止中偶尔流露出来的真实自我和信息,更清楚地了解对方的真实意图。

敏锐的洞察力并非意味着匆忙地下结论或者对一些微不足道的小事作过度的反应,更不是捕风捉影,无中生有。而是通过对对方言行举止的观察,分析和探询他内心世界的真实意图,以确定自己的想法和行动。比如,会谈的一方去拜访另一方,如果对方沏茶倒水招待你,并认真归拢桌上物品,姿势直立而正式,下意识地身体前倾,双腿并拢,认真地望着你,那么,这表明他准备认真与你交谈。而对方靠在椅子上,全身放松,一副无所谓的样子,那么,你最好不要打算与其谈什么实质问题。当然这只是一般情况下如此,有时还要具体问题具体分析。如果对方是你的老朋友、知交,那么也可能出现上述状态却并不影响你与他谈些重要内容。但需要指出的是,几乎任何有效的观察,是除了你看到、听到的以外,还要对整个情况作一个全盘思考和推敲。

谈判的心理误区

导致谈判失败的错误

第一错误：仓促上阵。

无论与谁进行谈判，都不能不做好准备就仓促上阵。如果对方要求开始谈判，就以实情相告；准备不够充分，暂缓谈判，并趁此大好时机询问对方处境。

即使探查不到对方的处境，你也可以正面或侧面问一问他们的背景和历史，并且在交流过程中，仔细留意其各种信息。在没准备好之前你最好先去"听"。

第二错误：找错谈判对象。

谈判对象的选择要以他是否有拍板的权力为标准。只有对方有权力做出决定，这时你才算找对了人。大多数人认为高级领导阶层就是谈判的合适人选，但是实际上，对谈判来说，与同一个级别过高的领导谈判还不如与同一个级别低的人谈判，因为高层领导可能并不十分了解所有的谈判细节。

第三错误：固执己见。

固执己见，也就是说如果你已经认定了一种解决方法，就不会接受任何别的建议，觉得解决方法只能是你提出讨论的那种。更为严重的是，认定在谈判刚开始时提出讨论的解决方式是唯一方式的做法，这往往是错误的。

固执己见、钻牛角尖的根源是准备不足。设定目标限度主要涉及如果你不能成功结束谈判，你该怎么做，列出所有的可选项，再有就是选出你要做的。那么如果你与现在的谈判对手就某一点达不成协议，你也知道该怎样处理。当你通过了这两个步骤以后，你就不大可能钻牛角尖了。

第四错误：力不从心地进行谈判。

在谈判中有力不从心这种感觉是不能听之任之的，否则会酿成大错。如果有这种感觉时，你应该及时叫"停"，中断谈判，好好思考一下你为什么

会这样，不可勉强继续谈判。要训练自己把这种感觉当作是一个响亮的休息铃。中断，重整思路，想出别的解决方法。

当谈判者觉得力不从心时，基本上都是因为准备不足造成的。此时，需要中止谈判。你可以说："你看，这可难住我了，我得再好好研究一下这个问题。"如果老板问起你谈判进展情况，你可以这样说："我还没有准备好，但我会在今天下午向您报告。"或者说："在这件事上，我还需多收集些情况。"总之，一定要中止，另想办法。

第五错误：害怕失去对谈判的控制。

准确地讲，害怕失去控制这个错误在于这个想法本身就是错误的。谈判并不在于控制，它是为了一同找出双方认为最佳的解决方法；它是为了交换意见，求同存异；是为了向着经过仔细考虑的、双方都认为有价值的目标前进；它是为了建立关系。所以如果你总是担心失去对谈判的控制力，那么你可以问问自己控制是那么重要吗？

第六错误：游离了初设目标和限度。

人们在开始谈判时总是设定目标及其限度。然而，随着谈判的开展，人们又很容易忽略它们。由于没经过仔细考虑，他们往往将目标定得不符合实际情况，最终由于他们沉醉于谈判中，忽略了开始的目标及其限度本身。

第七错误：过于为别人担忧。

即使是"双赢"的谈判，你也不必担心是否能让对方达到所有目标。你必须设定好自己的限度和目标，然后为之奋斗到最后一刻，另一方也应该（而且通常是）这样做。

所有的谈判者都想在理智和互相尊重的气氛下谈判。在结束之前停一下，以确定你是否达到了设定的目标，对方从这次交易中是否获得了合理的利益，但绝没有必要过于为别人担心。

第八错误：总是苛求完美的表达。

每一个人都有可能有过这样的经历，即使自己认为准备了最充分的表达方式和语言，总会在事后想起更好的表达方式来。

谈判中，比起聪明的表达来，清楚地表述你的想法才是最重要的。聪明的表达是有趣、令人欣赏和使人满意的，但清楚地表达却有助于你获胜。如果第二天早晨你醒来以后发觉自己表述得不够清楚，只需以澄清来开始下一轮谈判就可以了。

第九错误：为别人的错误自责。

当情况变得不好时，许多人都会自责——即使不是他们的错。抵制这种情绪，想想自己为什么要为与你无关的事而自责呢？我们觉得这种想法是缺乏自尊心的表现。

第十错误：仓促结束谈判。

在谈判的每一个环节中，谈判者都要把注意力集中在结束谈判上。因为谈判中每拖一会儿都有可能出现对谈判产生负面影响的情况。但是，这并不意味着你要仓促结束谈判。

导致谈判失败的原因

导致谈判失败的原因与先前论述的谈判错误有重叠之处，也有相异之处。因此，所有的错误很难一概而论。根据大家的经验，我们认为最终归于失败的谈判往往都出于类似的原因。我们把这些原因称为谬误

1. "先入为主"谬误

概念：

"先入为主"谬误描述起来就是早在谈判开始前，谈判者就已经想好了事件的原委和解决的办法，然后带着对方会接受这种解决办法的心理进入谈判。

表现：

谈判开始时，声称有几个要点在讨论范围之内，并且将这些要点按很明显的逻辑顺序排列好。然后非常机械地很快将这些要点过一遍。涉及的要点很多，但都缺乏深度，而且全然不顾对方的反应。

谈判中经常打断对方的话，以防止对方过多谈论本方认为"无关"的话题。

表现出明显的灰心或不愿接受对方意见的迹象。

原因：

导致如此"病症"的原因可能是，谈判一方对自己的谈判能力缺乏信心，或急于在有限的时间内完成过多的任务，因而出现了事先要把一切事情

都干脆、彻底解决的想法。

规避：

仅仅把谈判议程看成框架，这些框架的作用是向导或提示，而不必在任何时候都固守这些框架不放。

请对方提出谈判议程，共同制定谈判计划。

把信息当成假设，而不是事实。

利用中间概括和复述的方法，在结束一个话题或一次会面时，进行一些评论，以确认对对方提出的观点的理解程度。

认真倾听，努力发现对方没有用言语表达出来的同意、反对、吃惊、灰心等线索，也要留意用言语表达出来的信息。

2."非赢即输"谬误

概念：

谈判者把谈判看成是一场比赛或辩论，认为自己在这场比赛或辩论中一定要获胜，否则就是输了。更明白地说，谈判是一方赢、一方输的竞争。

表现：

拒绝接受对方的合理意见、建议和要求。

不断提出批评意见，进行人身攻击或宣泄感情。

不断提出封闭式问题或诱导性见解以达到预想目的。例如"你必须接受……"等。

原因：

导致这种"病症"的根本原因可能在于谈判者受过去经验支配，事先就把谈判看成是一场战斗，而不是一种解决问题的方式。

规避：

对于对方谈判中不清楚的地方要多问，以了解对方的想法。

耐心听取对方的意见。

遏制反驳或打击对方观点的冲动，即使不同意对方论点也不要插话。

注意在纸上记录一致和分歧的要点。

不断问自己：我在这场争论中的真正兴趣是什么？与对方保持关系的重要性是什么？我如何才能做到既让对方让步，又不让他丢面子？用以保证自己头脑清醒。

3. "蜻蜓点水"谬误

概念：

谈判中，在达成一致结论前，谈判话题经常从一个跳到另一个，或者不时返回先前的话题，而又不增加新的内容。

表现：

会谈结束前，对已经达成一致或讨论过的话题不做记录和总结。

当一方试图总结时，另一方反对，说本方从未同意过这些观点。

原因：

造成该"病症"的根本原因通常是，在谈判开始前，谈判者没有彻底考虑谈判的枝节问题，或者不愿面对由于问题讨论过深而可能引起的冲突。

规避：

谈判开始前，彻底考虑所有可能出现的问题。

在未达成一致意见前，不要结束某一话题。

多进行概述和诠释，以保证让对方了解你的观点。

花更多的时间确定问题的实质。

多休会，想一下刚才的讨论，考虑下一步的行动。在开始讨论问题前，多花点精力研究谈判议程。

4. "避免冲突"谬误

概念：

谈判双方都不谈论冲突背后存在的问题，或对这些问题一带而过。

表现：

虽然提出了问题，但接下来没有对其进行深入讨论。

迅速转到对于冲突问题来说"更舒服的"话题上来。

无条件让步。

原因：

导致这种"病症"的原因可能是，谈判一方认为问题没有那么严重，不值得重视，或者希望保持一个"好人"的形象。另一个潜在的原因可能是，谈判一方希望尽可能与对方和平共处，于是根据对方的需要，无条件地让步。

规避：

如果双方冲突确实不严重，不需要采取治疗行动。

如果冲突很严重，试着改变己方的原有动机和做法。

思想上要认识到退让不一定就能产生好的结局。

利用信息收集技巧，找到能够达成一致意见的领域，以及实现一致的特殊途径。

必要时，利用恫吓和允诺，以取得达成共识的承诺。

5. "地位不等"谬误

概念：

谈判人不考虑谈判发生的环境或背景，包括自己或对方所面临的压力，或双方关系的历史。他们都彼此孤立地看待谈判形势。

表现：

在对待谈判问题上，一方比另一方投入更多的精力，当对方没有把问题看得那么重时，就会变得垂头丧气。

一方比另一方斗志旺盛。

一方提出一个问题，另一方则认为该问题与本次谈判无关。

原因：

导致这种"病症"的原因在于，对以往的交锋没有进行充分的分析，没有对近期发生的事件进行思考，或缺乏对目前谈判的准备，对相互关系和现状有不同的看法。

规避：

在每次谈判开始时，弄清相互关系处于什么阶段。

对以往的交锋进行充分的分析。

在谈判前和谈判中，考虑对方的优先事项和承受的压力。

不断检查对对方观点的理解。

试图找到双方都认为是积极的解决方法。

避免谈判错误的方法

要想使谈判有所成果，下面列出的一些方法可能会对你有所帮助：

- 不要打断对方的谈话，少说多听。

- 坦率提问，加强了解。
- 做一些诠释性的、幽默的和积极的评论。
- 利用体会来控制你的小组和讨论。
- 进入谈判前，为自己制定一个明确、具体和现实的目标。
- 经常进行概述总结。
- 列出解释、说明和理解的要点。
- 避免使用苍白无力的语言，如"我们希望""我们喜欢""我们宁愿"等。
- 不要总是批评对方，尝试寻找共同的基础。
- 不要激怒对方。注意诸如"不公正"或"不合理"这种有价值含义的词语会引起自卫或进攻性反应。
- 不要对你的建议做太多的解释，以免削弱它的分量。最好用一两个站得住脚的理由来支持你的全部论点，这样胜过对每个论点做出10个无力的解释。
- 避免感情宣泄、谴责、人身攻击或讥讽。

谈判的心理过程

谈判的心理过程是指人在谈判中产生心理活动的过程。它包括认识过程、情感过程和意志过程。它们在谈判中都经历着发生、发展和完结的过程，统称为谈判心理过程。

认识过程

在谈判过程中，双方都是通过各自的感觉、知觉、记忆、思维和想象来实现对所谈及事物的由浅入深，由现象到本质的认识，这些心理活动在心理学上统称为认识过程。例如，谈判桌上的察言观色，闻风而动，眼观六路、耳听八方，是视觉和听觉。刻骨铭心，永志不忘，指的是记忆。浮想联翩，遐思绵绵，是想象。闻一知十，举一反三，是推理判断，即为思维。这些谈

判过程中的心理活动都有各自的特征和规律性。如果谈判者注意把握运用这些规律,采取适当的方法和手段,必将更有效地影响对方的谈判行为,收到事半功倍之效。

一、丰富的感知是谈判成功的前提

1. 感知规律及运用

谈判桌前的双方代表,当他们进入了谈判角色后,最先表现出来的心理现象便是感觉和知觉。这是认识活动的开端。

在谈判过程中,如果当事人没有丰富的感知材料,就不能影响对方,说服对方,当然也无法使对方接受自己的意见。所以说,丰富的感知是谈判成功的前提,作为谈判中的一种心理现象,谈判者所表现出来的感知特点是有规律可循的。如果谈判者能够了解和掌握这些特点和规律,不仅能使谈判者对其对手有全面、正确的认识,同时亦可利用这些感知规律更有效地影响对方,使对方的感知有利于己方。

经心理学的研究表明,人的感知具有以下4个基本特征。

(1) 选择性

谈判者在谈判中,面对多种多样的外界信息,总是有选择地以少数信息作为感知对象。这种选择性受到主、客观很多因素的影响。例如,受对象与背景的影响,即二者差异越大,对象就越容易从背景中被区分出来。这就告诉我们,在谈判中,如果想要使自己的观点、行为在众多当事人中产生突出影响,谈判者可以对自己的仪表加以修饰,讲究其语言的"抑扬之功""顿挫之妙"。再如,知觉的选择性还受到刺激物的活动性影响,即在固定不变的背景上,活动的刺激物容易成为人们知觉的对象。恰恰相反,在谈判场地相对静止的条件下,谈判发言者木头似的站立,面无表情的谈吐就违背了上述规律。在作某些情况介绍时,若能适当运用"板书""幻灯"等方式强化当事人的感知觉刺激,往往会起到"锦上添花"之效。

(2) 整体性

谈判者在感知过程中,并不把感知对象分割成许多个别的孤立部分,而总是把它们作为一个整体来进行感知的。

(3) 理解性

谈判者对所涉及问题的理解程度是影响其感知的重要因素。理解得愈深刻，感知得愈全面。这也正是在谈判中，对于同一感知对象，不同年龄、不同职业、不同经历的谈判者，在反应上会有极大差别的原因。

(4) 恒常性

是指当知觉对象条件改变时，谈判者的知觉印象仍相对保持不变的特征。如谈判中的"知觉定势"。当事人总是习惯于根据自己的经验和情绪重新感知和评价当前所出现的客观事物。这一感知特点在谈判中是比较常见的，它是形成谈判双方之间知觉偏见的主要原因。

2. 谈判中的知觉偏见

由于谈判者的认知世界是非常复杂的，加之受客观因素的影响，使得当事人在谈判活动中，经常会出现一些知觉不正确的现象，也就是知觉的偏见。了解这些偏见的表现，不仅能使谈判者尽量减少和避免这些错觉的产生，同时，也可巧妙利用对方的这种知觉偏见施加影响，达到自己的目的。

(1) 第一印象的作用

两个陌生的谈判对手首次见面时，对对方所形成的印象称为第一印象。初次见面的谈判双方代表，能否给对方留下良好的第一印象是非常重要的。因为这会影响到后面的谈判能否在一个互相合作、互相欣赏的氛围中进行。换句话来说，留下良好的第一印象，能为谈判的顺利进行打下基础，相反，留下不好的印象，以后要在极短的时间改变这种知觉就难了。

(2) 近因效应

近因效应是指最后给人留下的印象有强烈的影响。一般认为在感知较熟悉的对象时，如果他的行为出现某种新异的表现，近因效应起很大的影响作用。

这种效应可用在强化自己观点的影响力上。如在发言的最后结尾时，谈判者若能再次强调、论证自己观点的正确性和可行性会收到更好的效果。

(3) 定型作用

这是指谈判者往往会依据自己的态度和经验，对某一当事人或一类人产生固定的看法。如年轻人常把老人同墨守成规、老谋深算联系在一起；老年

人则常把年轻人与幼稚、不成熟联系在一起。

(4) 晕轮效应

正如本书前文所述,这是初次与对方接触时,夸大或突出了对方的某一特点,从而掩盖了对方的其他特点和本质的心理效应。这也是谈判中常见的知觉偏见,谈判者应尽量避免晕轮效应。

二、谈判中的记忆、思维、想象和注意

谈判的认识过程除上面所谈的感知以外,还有记忆、思维和想象。它们都是认识过程必不可少的心理现象。要知道,谈判者时刻都在通过记忆来完成谈判活动中的信息加工和处理。

思维可称得上谈判的灵魂。因为谈判者只凭耳闻目睹,感知的只能是事物的现象,只有通过思维加工才能把诸多信息去粗取精、去伪存真,由此及彼、由表及里,把握其本质。

想象是谈判活动中必不可少的心理现象。这不仅是因为想象是谈判双方感情交流的最高形式的表现,同时,它又是所有创造活动的动力和源泉。

另外,在谈判活动中还有一种特殊的心理活动,那就是注意。它也是谈判中必不可少的心理活动。虽然它不是一种独特的心理过程,但它在谈判中永远伴随着各种心理过程。无论谈判的哪一种心理现象都无法摆脱它的介入,心理过程离开了注意也就不能顺利而有效地发生、发展。谈判中的注意对其他心理活动有选择、组织、监督、维持和调节的作用。认识过程离开了注意就无从开始,更不能深入。情感过程离开了注意,态度就无从产生和表现。意志过程离开了注意,就无法确定目的和计划,更不能克服所遇到的种种困难。

情感过程

即使谈判双方来自不同的国家、不同的民族,或者他们彼此间的语言不通,生活习惯也不尽相同,但至少有一点是相同的,即各人均有七情六欲,他们对所谈及的一切事物并不是无动于衷的,而总是对它们表现出一定的态度,并产生喜、怒、哀、乐、惧、爱、恶等主观体验。这些主观体验就是情绪和情感。它是谈判活动的一个重要方面。尤其是在我国这样人情味更重的社会中,感情可能比说服更为重要,这也正是目前许多谈判高手十分重视感

情投资的主要原因。

心理学对情绪的研究证明：情绪对人的行为具有极大的影响作用。积极乐观的情绪可以提高人的思考能力，使问题更容易得到解决，相反，消极郁闷的情绪往往会使人的思考能力下降，活动能力减低，使谈判不能顺利进行。所以，作为谈判当事人不仅需要自己在谈判中保持良好的心情，愉快的情绪，同时更要紧紧抓住对方的感情脉搏，并施加影响，以便确保对方的谈判行为顺着有利于自己的方向发展。

谈判的心理战术有时被用于产生情绪和情感的心理过程中。例如，在某些情况下，谈判者试图搅乱对方的情绪，甚至激起对方的愤怒之情，迫使其进入不理智的境地。在这种情况下，对方分析问题、解决问题的能力就会下降，从而导致对某些问题做出让步。但要注意不能过分，否则，对方会因此而终止谈判或使谈判陷入僵局。这只是情绪"心理战"的一个方面，更多的情况下则是需要密切双方关系，增进双方感情交流，在相互友好的氛围中达成双方都获利的协议。但做到这一步比较难，往往需要谈判者在以下几个方面作出努力：

一、了解对方的情绪并坦诚公开

情绪具有多重性，所以，要了解对方的情绪往往是一件比较困难的事情。有时对方表现出的情绪状态可能并不是当前事物引起的，而是对过去的事不满而寻求报复。也有时对方的情绪可以从一个问题蔓延到另一个问题上。比如，在中东谈判中，以色列和巴勒斯坦都觉得自己的生存受到威胁，因而演变出强烈的情绪反应，结果连最实际的问题，例如约旦河西岸水的分配问题，也受到情绪的波及而无法进行讨论和解决。这没有什么可奇怪的，因为从大的背景上看，双方都觉得谈判涉及的是自己民族的生存问题，所以他们把每个问题都视为生死攸关的大事。这就要求谈判者一定要对对方的情绪作认真细致的了解。了解对方的情绪以后，可以坦诚地同对方谈论双方的感受，这样可以摆脱"隐藏的"情绪压力，使双方更容易着手解决真正的问题。

二、允许对方宣泄情绪

心理学有一著名的"霍桑试验"，实验表明：发泄内心感受，往往是化

解愤怒、挫折感和其他消极情绪的有效方式。人们只要发发牢骚就可以把心中的不满发泄出来，重新获得心理平衡。因此，谈判者不但应该允许对方发泄情绪，而且必要时还要予以帮助，为其创造条件和时机。比如说，面对对方怒气冲冲的演说，千万不要打断他，更不要反击。相反，应控制自己，默默坐在那里倾听，让他一吐为快，直到把心中的怨气吐得一干二净为止，这时的谈判将会出现新的"和平"局面。

三、巧妙的"感情投资"

日常生活中的"感情投资"是人们所熟悉的：递上一束玫瑰花，就能终止夫妻的争吵。一条表示同情的短信，一句抱歉的话，送一件小礼物，握手或拥抱等，这些无须付出多少努力的举动，都可以很好地化解敌对情绪，在谈判中能以最小的代价获得最大的成效。

意志斗争的过程

谈判者为了实现一定的谈判目的而主动地调整自己的行动，去克服困难的心理过程即谈判的意志过程。它是谈判者主观意识的能动表现。实际上，在正式谈判之前，谈判的最终结果就以某些意志和观念存在于谈判者的头脑之中，并以此为前提确定目的、拟定计划、付诸实施，使预定的谈判目的即便经历许许多多的困难，仍能得到实现。

意志在谈判中具有特殊的意义。谈判者有了坚强的意志就能战胜谈判中的重重困难，跨过一个又一个的障碍，取得谈判的最后胜利。比如说谈判局势对某方来说已近渺茫的地步，但谈判者却能沉着冷静、机智顽强、锲而不舍、坚持不懈地执行既定方针，最终又使谈判迎得了新的转机。所以，作为谈判者来说具有坚强的意志品质是非常重要的。但另一方面，由于谈判活动的特殊性，在某些情况下，如果双方完全进入单纯意志力的较量时，必然会使双方僵持不下，谈判无法进行。所以，从这一角度来说，对于谈判者的要求是：意志不可无，意志较量要巧妙，意志较劲不可取。

谈判的心理理论

需要理论

谈判行为的直接原因是谈判动机,而谈判需要是谈判动机背后隐藏着的动力。

一、需要的性质

需要按其性质可划分为以下几种:

1. 对象性

任何需要都有自己的对象,需要总是针对某种东西产生的,不存在没有对象的需要。谈判同样具有确切的对象性。

2. 周期性

需要及其满足并不是一次性完成的,而往往是周而复始的周期性的产生及满足,如:吃、喝、运动、睡眠等。

3. 社会历史性

人的需要,就其内容和满足方式来看,并不总是停留在一种水平上,而是不断发展的。这种发展受社会历史条件所制约。随着社会历史的发展,人的一些旧的需要可能消失了,而新的需要又产生了。生产工具的不断更新就是如此。需要的发展水平完全取决于社会生产的发展。需要的内容和满足需要的手段的发展水平,也完全取决于社会生产的发展水平。

二、需要的类型和层次

人的需要多种多样。各种需要不是孤立存在的,而是互相联系的一个统一的完整的人的需要。对人来讲,到底有多少需要?各种需要的关系如何?各种需要又如何构成人的动机体系?心理学家马斯洛提出了作为人类行为基本要素的7种需要类型。这个分类,为研究与谈判有关的种种需要提供了一个明晰的结构。

下面对这七种需要类型及层次分析如下:

1. 物质生活需要（或生理需要）

物质生活需要是人类的一切需要中最具体的需要。人类最重要的需求就是能够生存下去，维持生命，并且这一需要指的是物质需要，即必须有食物、水、氧气、排泄、休息、住房等。在这种维持身体健康的需求未得到满足之前，人不会对其他形式的需要产生更多更大的兴趣。他的思想和精力全部投入到寻找生存的必需品中，而无暇顾及其他。所以，它也是一种不可避免的最低层次的需要。

一个行将就木的金融大亨瘫在病床上，他被罩在一顶氧气罩里。他那忠实的仆人伫立在一旁，泪流满面。奄奄一息的大亨用微弱的声音费力地说："不要悲伤，我希望你知道，我感谢你多年来为我尽心竭力。我要把我的钱财、我的飞机、我的房子、我的游艇……我所有的一切，全都留给你。"仆人痛哭流涕："谢谢，先生。这些年来，您一直待我这么好。在这最后的时刻，只要我能做到的，我一定为您竭尽犬马之劳。""有……有一桩……"垂死的大亨已经上气不接下气。"那就请说吧，"忠实的仆人恳求道，"请快说吧！""别用你的脚在氧气管上踩得那么重！"奄奄一息的大亨尽力吐出了这么几个字。

毫无疑问，对于大亨，在所有各种需要中，生存的需要是第一位的。一个人也许缺乏爱、安全或尊严等等许多东西，但是，如果他这时又饥又渴，那么他在饥渴有所缓和之前，别的一切需要都无暇顾及了。

2. 安全需要

当人的物质需要得到基本满足之后，就会进而追求安全需要的满足，即努力达到舒适、稳定和安全。这种安全需要不仅包括保证不遭到身体和情绪上的损害，也包括身体的实际安全，如劳动安全、职业安全、生活稳定，希望免于自然灾害、战争动乱；摆脱瘟疫和病痛；防止外人的盗窃、掠夺、伤害，以维护自身正常地存续下去。例如原始人常为了填饱肚皮，不得不冒着生命危险去与野兽搏斗。人类只有随着生产力的发展，温饱基本得到满足后，才考虑到定居下来的安全防备问题。试想，当所挣的工资不足以养家糊口时，还会想到去雇佣贴身保镖和保健医生吗？

3. 社交需要

社交需要是人类生存和发展的需要。当一个人的物质和安全需要获得了

相对的满足,他就会产生一种社交需要,又称为爱与归属的需要。他需要从属于他人,需要被一个与他关系亲密的团体所接受。在现实生活中,每个人都希望得到友谊、爱情与亲情,同时,他还有一起工作的关系密切的朋友、同事,希望被团体所接纳。他既要从别人那里获得爱的享受,又要给予别人以爱的温暖。如果一个人被别人抛弃或被拒绝于团体之外,他便会产生一种孤独感,精神不免受到压抑。

4. 自我尊重的需要

所有人都有自尊心。如一个人开始意识到了自尊心,就需要受到别人的尊重,即希望得到别人的认可、赏识和尊重。这就产生了两个方面的追求:一方面是渴望有实力,有成就,渴望独立与自由。另一方面是对名誉、威望的向往和对地位、权力和受人尊重的追求。满足获得尊重的需要,会使一个人感到自己活在世界上是个有用的人;反之,便会使人产生自卑感,认为自己无能。因此,在社会交往中,你尊重别人就会自我尊重,而自我尊重又会赢得别人对你的尊重。如在一个人的工作中,如果你的上司对你的态度是:有你可、无你也行,你就无法维持自己的尊严和价值观念了。外国公司曾调查过,单单因为别的公司薪水丰厚而调工作的并不多见,约占2%~5%,其余的人,多是因为同上司的关系不融洽,感觉无法获得赏识,于是不满情绪高涨,以致提出辞职。

5. 自我实现的需要

人们一旦满足物质生活需要、安全需要、社交需要、自我尊重的需要之后,会产生一种新的需要,即自我发掘。这种需要的目的,就是自我实现。自我实现是指人们希望完成与自己的能力相称的工作,使自己的潜在能力得到充分的发挥,成为自己所期望的人物。电脑工程师希望从事自己的专业,歌唱家希望能唱歌,作家必须写作,教师必须教书。这样才能使他们感到最大的快乐。我们把这种需要叫自我实现。然而,不同的人的自我实现水平是不相同的,满足自我实现的途径也是不同的。

6. 认识和理解的需要

在一个正常人的身上,存在着一种寻求、探索和理解自己周围环境的知识的基本动力,一种好奇心策动和激发着人们去尝试,并为神秘与未知所深

深吸引。探索和解释未知的需要是人类行动的一个基本要素。认识和理解的需要，必须以自由和安全为先决条件，只有在自由和安全条件下，这种好奇心才可能得以充分发挥。如在谈判中介绍本企业及产品情况，使对方对之认识与理解；又如古代希腊人攻打特洛伊人，久攻不下，相持十年。后希腊人利用对方的理解需要而想出一个巧妙方法，即假装撤围离去，留下一匹大木马，特洛伊人把这匹马理解为对诸神的祭献。这匹木马很大，无法从城门过，但特洛伊人一心把木马献给女神雅典娜，不吝惜拆掉一段城墙，把木马拖入城内，木马中的希腊勇士也一起进了城。

7. 美的需要

人类的行为还为某种对所谓美的需要所策动，处在美的氛围中，会使人心情舒畅，精力充沛；处在丑的氛围中，会使人感到压抑、苦恼和精神疲惫。美的事物引发人们爱的心理和行为。例如企业与企业之间进行的贸易谈判。卖方往往有意安排买主去参观有代表性的工厂，以增强好感。如果谈判者违背自己的美的需要，可能会出现这样的情况，即买卖双方在签订一项急需货物的合同时，往往由于交货期紧迫，买方为了求得尽快交货，宁愿违背自己的对设备美的需要，同意卖方提出的不包装、不喷漆的要求。实际上，买方这种心理状态，为卖方所掌握和利用。

物质生活的需要、安全需要、社交需要、自我尊重的需要、自我实现的需要、认识和理解的需要，还有美的需要是一级一级上升的，当低一级层次的需要获得相对满足以后，人们就追求高一级层次的需要，并依次作为奋斗的动力。有时在某一时刻，可能存在好几种需要，但各类需要的强度是不均等的。但是，任何一种需要并不因为下一个高层次需要的发展而告终，各层次的需要是相互依赖和重叠的。高层次的需要满足以后，低层次的需要仍然存在，只是对行为的影响比重减轻罢了。总之，人的需要不可能完全满足，愈到高层，满足的可能性愈小。

三、需要理论与谈判的关系

谈判的动力归根结底是为了满足人类的需要。谈判的直接目的多种多样。从经济方面看，可以是销售产品，购买原料和生产资料，建立横向经济联系，搜集信息以预测行情等；从政治方面看，可以是扩大谈判者的社会影响，提高信誉，通过贸易建立政治联盟等。因此，促使谈判进行的直接动力可以是经济的、社会的、政治的甚至是生理的各种因素。很明显，在谈判活动中始终反映出人们的各种需要，需要理论与谈判有着紧密的联系。

1. 谈判的目的是为了自我实现，这一需要的满足必须建立在满足前4个层次的需要的基础上

在谈判的每一个阶段，应让谈判者彼此之间容易相处，如在物质需求上创造一个良好的谈判氛围，像休息室、饮料等，同时要创造一个使谈判双方有安全感的氛围。在谈判开始阶段，谈判双方应尽快形成良好的谈判氛围，一般说来，谈判氛围往往在双方开始会谈的短时间内就形成了。虽然双方在谈判过程中的交流会对谈判氛围产生影响，但开局最初的一二分钟仍然是最重要的。在这种情况下，要尤其注意其言辞举止。开谈之初最好寒暄几句令人产生共鸣的中性话题，这有助于和谐的谈判氛围的形成。

谈判进入交锋或磋商阶段，更要加强社交活动，这样才能进而满足谈判者个人的需要。以轻松、自然和愉快的氛围谈判，双方容易达成一致意见。然而，在谈判中自我尊重需要的满足，主要取决于一个人长期形成的固有价值观念，你试图通过什么措施来改变对方的价值观，那是很难做到的，很可能是徒劳无益的。这就要求在谈判中注意态度诚恳，共同协商，努力适应彼此需要，求同存异等。这当中肯定要运用一些策略技巧，才能同对方达成协定。但是，在谈判中要经常检查是否正在成功地由低级向高级层次攀登，必须保证不会因为未满足某一阶梯如自我尊重需要，而损害了通向谈判成功的通道。

2. 给予尊重，以满足谈判者自我实现需要，促成谈判成功

在谈判中，如果谈判者都能注重开诚布公、坦率、友好，并且有创新性，那双方就会谋求一致，谈判的前景将是乐观的。然而，在现实谈判中，有些谈判对手尽管生存、安全和社交需要都得到满足，但是，在其价值观念中根本不存在开诚布公、坦率和创新性的概念。这种谈判对手，一心所寻求的是从这笔交易中得到最大的好处，获得最大的利益。通常，这种谈判对手对自我尊重需要的满足，主要是从3方面得到：

一是他极为注重自我尊重。这也与他在取得物质利益的成功上紧密联

系。显然，这样的谈判者所追求的是设法取得自己的利益，为此目的而求得自我尊重需要之满足。

二是希望得到对方的尊敬。当他非常注意自己的一方获得的物质利益时，他会认为对方对他的尊重程度，即看对方对他的态度，取决于他成功地获得了多少物质利益。

三是需要从同事那里得到尊敬。他来到谈判桌前，如果带着明确规定下来的目标，他的最大希望就是能够带着实现了的目标而离开谈判桌。因此，追求这些目标的实现，就是他从谈判中得到最基本的满足。

这种谈判者在谈判中很讲究效率，如遇上这种谈判者，我们必须要注意做到：在保证自己获得利益的同时，想方设法给对方以满足，即进行必要的让步、妥协；必须提高他对我方让步项目的评价，降低他对我方不能让步项目的评价，这样，才可能求得谈判结果的双赢的结局。

3. 运用各种不同需要，切实做好谈判的准备工作

从上述的分析中可得出，人的需要是多样的，有层次的，但又是相交错的。为使自己能在谈判中不被动，以达到谈判圆满成功的目的，就应在谈判前，根据需要理论，切实做好准备工作。如在物质和安全需要方面，就应提供良好的、安全可靠的吃住条件；在社交需要方面，就应根据实际情况，提供相应的座谈会、记者招待会；在认识和理解以及美的需要方面，就应考虑提供必要的展览场所，布置优美的环境，适当地安排外出游览；在自我实现与尊重方面，就应在制定方案时，把这些因素考虑进去等。记住：需求和对需求的满足，是一切谈判的共同基础。

挫折理论

一、谈判中的心理挫折

心理挫折，就是指当某人从事有目的的活动时，在环境中遇到阻碍或干扰，致使需要和动机无法满足，因而产生焦虑和紧张不安的情绪状态。

谈判双方代表都致力于说服对方，使自己目标得以实现是谈判活动的一个明显特征。这种心理几乎存在于每一位谈判者身上。那么，在谈判的过程中，双方就难免地采用各种方式和措施向对方施加一系列的影响。在这相互影响的过程中，双方需要不断地调整原来的目标，有时某方不得不做出某些

让步，也有时，某方会产生一些失误，导致谈判的不成功。正是所有这些与谈判者原来的期望水平不符或完全相反的事实，往往使谈判者产生焦虑、紧张和不安的情绪。

心理挫折实际是谈判者的一种主观感受，谈判者能否体验到挫折，与他们对谈判的抱负水平紧密相关。抱负水平是指谈判者为自己所要达到的目标规定的标准。规定的标准越高，其抱负水平越高；规定的标准越低，其抱负水平也越低。由此可知，谈判者能否体验到挫折，以及对挫折的感受程度是因人而异的。在相同的情境下，由于人的心理状态不同，需要动机不同，思想意识不同，在遇到挫折时的表现也会截然不同。比如，实际谈判中，那些胸襟开阔、性格开朗、充满自信的谈判者，就会勇敢地向挫折挑战，百折不挠，直至取得谈判的最后胜利；而那些心胸狭窄、性格内向、忧心忡忡的人，往往在挫折面前一蹶不振，甚至精神崩溃，对挫折失去应付能力。

挫折感是谈判双方都可能产生的内心体验。无论哪一方受挫折，都会产生积极与消极两种反应。比如，若某方对自己在谈判中做出的某些让步产生了挫折感，这时，他有可能会采取积极的态度，重新调整目标，找寻机会，转败为胜；而有时可能就使他意志减弱，甚至完全失去战斗力。这对另一方来说倒是有利的。不过，若这种挫折感十分强烈，以至于使受挫折者不敢再把谈判继续下去，这对另一方来说则又十分不利了。所以，作为谈判者来说，不但应有克服己方挫折感的能力，同时，也要具备能够观察对方，并适时进行心理疏导的能力，只有这样才能使谈判顺利进行下去。

二、挫折的表现

那么，如何才能知道对方产生了挫折感呢？事实上，一个人在遭受挫折以后，总会产生一系列的行为反应的。在心理和行为上一般产生两种反应：一种是非理智的反应，一种是理智的反应。

1. 非理智性反应

在心理学上又称为消极的适应或防卫。如攻击、固执、倒退和妥协等行为反应。

（1）妥协。妥协就是人们在受到挫折时，会产生心理或情绪上的紧张状态，这种长期的心理或情绪上的紧张状态对身体是有害的，因而采取某种妥

协措施，可以减少在挫折时由于心理或情绪上过分紧张而给身体造成的损害。妥协措施常见的表现形式有以下几种：

投射作用。即把自己所做的错事或不良表现，诿过于人。多见于谈判群体内部。

文饰作用。它是指谈判者在受到挫折后，会想出各种理由原谅自己或为自己的失败辩解。文饰作用起着自我安慰的作用。如，谈判没有成功时，受挫折者可能会说："无论怎样，我们不想和那家伙做生意。"这是许多失败者都会做出的反应。

反向作用。就是受挫折以后，为了掩盖自己内心的憎恨和敌视，努力克制自己的情绪，做出违背自己意愿和情感的行为。

（2）固执。当谈判者反复地受到挫折，便渐渐地对谈判失去了信心，感到茫然、忧虑，甚至冷漠。

（3）倒退。谈判者受到挫折时，容易接受对方的暗示；缺乏责任感和自信心，盲目地相信对方，按照别人的意图行事。

（4）攻击。攻击又称为侵犯和对抗，是人受到挫折后，所产生的强烈的情绪反应。攻击可分为直接攻击和间接攻击。如谈判者受挫后，有时直接把攻击矛头指向构成其挫折的对方，也有可能间接地把攻击矛头指向别的事上。

2. 理智性反应

其在心理学上又称为积极的进取。它包括继续加强努力，反复尝试，改变行为，调整目标和改变计划等行为反应。挫折对理智性的谈判者来说往往是谈判成功的先导。

三、应付挫折的方法

由以上所述可知，挫折作为一种特殊的心理反应，在精神上会给人造成不安和情绪波动，使谈判者的心理失去平衡，影响谈判的顺利进行。那么，如何才能应付挫折呢？

1. 正确对待挫折

挫折可以吓倒人，也可以磨炼人。正确对待挫折的关键在于提高自己的思想认识，使之在挫折时有充分的心理准备。这样才能面对挫折不至于惊慌失措或悲观失望，受挫后也能够仔细分析原因，吸取经验教训，从而提高自己对挫折的容忍力。

2. 采用容忍态度

大家都知道，当对方产生挫折感以后，往往会采取一些非理智性的对抗行为，如攻击性行为等，这时，作为谈判者来说，应该采取克制、容忍的态度，不要采取同样的行为，更不能趁机在对方伤口上撒盐，以免整个局势发展到不可收拾的程度。积极的态度应该是协助对方，尽其所能缓解双方的紧张状态，保证谈判继续进行下去。

3. 精神发泄法

精神发泄法即感情宣泄法。当对方受挫折以后，谈判者应该创造一种适当的氛围，让他把自己受压抑的感情和紧张的情绪发泄出来，以达到心理平衡，恢复理智状态。

总之，谈判者只有采取恰当的方法减轻和消除内心的挫折感，谈判才能顺利进行下去。

期望理论

谈判者积极性的基础和根源是人的需要。但心理学对需要与动机问题的研究表明，真正推动人从事谈判活动的动力是动机，而不是需要，只有当需要具有某种特定的谈判目标时，这时需要才能转化为谈判动机，从而驱使人为实现自己的目标而努力。可见，除人的需要之外，目标亦是驱使人进行谈判必不可少的又一因素。那么，人的需要与目标之间到底有什么关系呢？

一、期望理论

通常，谈判的双方代表为了某种需要，总是想方设法努力去实现自己的谈判目标。当这一谈判目标还没有实现的时候，这种需要变成了一种期望，于是期望本身就构成了一种巨大的力量，驱使人向着目标前进。这种驱使人前进的力量就是谈判期望理论所讲的激励力量。

期望理论认为：人总是渴求满足一定的需要和达到一定的目标，这个目标反过来对于激发一个人的动机具有一定的影响，而这个激发力量的大小，取决于目标价值（效价）和期望概率（期望值）的乘积，期望理论可以用如下公式表示：

$$激发力量 = 效价 \times 期望值$$

其中激发力量是指调动一个人的积极性,激发人内部潜力的强度。

目标价值,又称为效价,它是一个心理学上的概念,是指一个人所从事的工作或所要达到的目标的效用价值,或者说达到目标对于满足个人需要的重要性。

期望值也叫期望概率,它是一个人凭着过去的经验来判断行为所能导致的结果,或所能获得某种需要的概率。因此,过去的经验对一个人的行为有较大的影响。由此可见,该公式说明,假如一个人把目标的价值看得越大,估计能实现的概率越高,那么,激发的动机就越强烈,焕发的内部力量就越大;相反,如果期望概率较低,或目标价值过小,就会降低对人的激发力量。

二、期望理论在谈判中的应用

用期望理论来分析谈判活动,对谈判者具有一定的启发意义。几乎一切谈判都离不开双方的讨价还价,这实质是一个对双方的各自目标不断调整的过程。如,A、B双方进行某一买卖交易,卖方要提出自己的报价(目标),那么买方代表这时至少要考虑到两个问题:一是这一价格合理吗?能给我方带来多少好处?这实质是一个值不值得买的问题;第二是,以我方现有的财政等情况能买下吗?即可不可能实现这一目标的问题,或者说是对协议能否达成的可能性的一种估计。实际前者涉及的就是效价问题,后者则是期望值的问题。如果买方认为,这一价格很合理,值得买,也就是效价高,并且自己目前完全有能力买下,对谈判协议的达成充满信心,也就是期望值大。那么,谈判对买方就有很高的吸引力和积极性,就能焕发出极大的内部潜能,全力以赴促使协议的达成。否则,效价和期望值如有一者降低时,都不可能使买方产生达成协议的强烈愿望和积极性,也就是不能产生谈判的激励力量。可见,效价和期望值以及两者的关系是谈判激励力量的源泉,是谈判获得成功的保证。所以,一个成功的谈判者必须了解和掌握这些问题。

这里需要指出的是:

(1) 谈判者在对效价的理解上,应该本着双方都能获利的原则,而那种只是一方得利的情况,现在看来已经过时。

（2）在目标和效价确定的情况下，期望值是影响谈判效果的重大因素。成功的谈判者历来重视这一举足轻重的问题。事实证明，那些充满雄心，期望值定得较高的人通常比那些不敢奢望的平庸之辈取得更多的利益。所以，谈判者应该努力提高己方的期望值，设法降低对方的期望值。

谈判的心理战

一切谈判都是人与人之间的谈判，人的行为构成了谈判的全部内容。在谈判中学习和运用有关心理学知识，始终以理解和研究人的行为、心理为出发点，是谈判这门社会科学的必然。

谈判心理战的谋略原则

谈判心理战的谋略原则可划分为战略性和战术性两种类型。

一、战略性原则

谈判心理战的战略性谋略原则是：不战而屈人之兵。在国家间谈判、国际组织间谈判、军事谈判、调节冲突谈判等谈判中，运用"不战而屈人之兵"的谋略指导实施谈判心理战，可以在付出最小代价的前提下取得最大效益。"不战而屈人之兵"是现代谈判谋略的最高原则。

二、战术性原则

1. 示形原则

鉴于任何一位谈判者参与谈判都是为了谋取某种利益的特点，用示形的手段将某种利益信息传播至对手，是影响、支配对手心理的良策。对敌对性质的谈判，例如，在停战谈判及与扣押人质的罪犯谈判中，不但要遵循示形原则，而且还应实施示形的谋略，使对手的意识和潜意识受示，改变其行为和目的。实施谈判心理战遵循示形原则，可以采用明示吸引对手的注意力，影响其决策思维，也可以视具体情况采用暗示，影响其无意识，使说服对象的观点、意图一点一滴地渗透至对方的意识圈内，使其逐步改变态度立场。

示形原则是一个广义的谋略原则。谈判者在应用该原则时，应该了解对

手的个性心理特点、文化价值观、社会背景等因素。在此基础上，针对各种谈判的性质和谈判者的需要实施示形谋略，方可奏效。

2. 出奇原则

决定谈判者成功的主要因素是谈判实力和谈判者的素质。谈判实力不是一个固定的、用眼可以看到的物体。因此谈判实力具有一定的潜在性和可变性。在谈判活动中，谈判者向对手突然宣布己方的某一决定，或揭露对方处于保密之中的信息、动向、计划等内容，均可以达到出奇制胜的功能。

在许多大型的谈判中，用出奇原则指导谈判心理战，可以为解决谈判难点提供更多的方法和途径。出奇原则的谋略功能是，在短时间内增强己方的谈判实力，对方因猝不及防，决策能力下降，因而导致谈判实力也下降。

3. 威慑原则

威慑原则主要用于军事谈判、调节冲突谈判。该原则主要是依据威慑心理战理论而提出的。威慑心理战的原理是：通过显示现有的或潜在的强大威力的力量，迫使对方心理上感到恐惧，使其放弃某种企图，以消除这种企图付诸实施给己方所造成的威胁，有效地防止这一危险的发生。威慑的实施是通过暗示来完成的。因此，威慑的效益取决于被暗示人的心理素质和谈判实力。

威慑原则的实施是从谋略的角度提出来的，因此，实施威慑，应把握对方的实力、谈判背景及威慑的影响对谈判进程的作用。否则，不恰当的威慑会中断谈判的进程。

4. 击虚原则

任何谈判者、谈判小组、谈判集团，其谈判实力无论多么强大，也会有影响实力持续下降的弱点。击虚原则要求谈判者了解对手的谈判实力的虚实，采取避实击虚谋略，针对谈判对手的虚实实施心理战，削弱对手的实力，最终达到增强己方实力，创造有利于己的谈判氛围并在此基础上达成有利于双方的协议。

5. 以迂为直原则

谈判具有一定的对抗性，双方都力图说服对方，使自己获得更大的利益。以迂为直原则为减少正面冲突提供了谋略方法。谈判是不流血的抗衡，是智力的角逐。因此，采用以迂为直原则指导谈判心理战的实施有其奇效。

6. 让步原则

让步原则的谋略在于放弃小的利益而谋求长远的、更大的利益。让步是一种妥协的方式，而妥协的目的是多重性的。为了进，而主动退，是谈判谋略的特色之一。无论什么形式的谈判类型，在谈判过程中都不可避免会出现僵局的情况。只有在谈判者采用让步原则作一定程度上的妥协，才可能打破僵局，推动谈判进程。让步是在不损害己方根本利益基础上实施的。主动让步的谋略可以为解决矛盾带来希望，因而具有一定的灵活性。

7. 共鸣原则

谈判双方只有在认识上一致，在谈判观点上形成共鸣，才可能使谈判成功。谈判实践证明，只有谈判双方在认知、态度上认同一致，才可能使双方在谈判活动中形成心理相容。

在许多谈判场合，谈判双方因所持观点、立场有异，无法做到全面的心理相容。在此情况下，谈判者可选择针对性的信息，向对手施加心理影响，突破其心理防线，削弱其大脑中具有对抗我方观点的原定势，使双方的意识转化为共鸣的理想状态。

在转化他人思想观点的公共关系谈判中，实施共鸣原则有极重要的作用。

以上7项谈判谋略原则的提出，是由谈判的谋略属性和谈判心理战的性质两大部分的特点所确立的。谈判者在运用以上7项原则时，要充分考虑谈判对手的文化素质、政治倾向、谈判实力、利益关系、社会背景、政治气氛、经济气候等因素。在知彼知己的前提下，方可动而成功。

谈判心理战的基本方式

谈判心理战的实施在谋略思想上受"不战而屈人之兵"谋略和迂回战略的指导。在具体应用上，是依据谈判心理战的战术原则和谋略原则而实施的。谈判心理战的实施有3种基本方式：

一、劝导式——调控对方的需要

谈判心理战不能以恐吓的面目出现，应该以友善的态度去影响对手。林肯曾说过："一滴蜜比一加仑胆汁能够捕到更多的苍蝇。人心也是如此。假

如你要别人同意你的原则，就先使他相信：你是他的忠实朋友。用一滴蜜去赢得他的心，你就能使他走在理智的大道上。"所以说谈判者若能巧妙应用"一滴蜜"，那么，他就会赢得谈判对手的心。

劝导心理战的谋略是：先满足被劝导者的某种需要，然后再调控其需要和动机。由于大量新信息输入至对手大脑意识中，使其认识出现不协调状态，对手内心的动机矛盾上升并有了压力，他力图得到新信息来减少动机斗争，但因"心战"信息不断输入最终导致对手改变态度立场。

以下是拿破仑对俘虏实施劝导心理战的范例：

拿破仑率军进入罗马教皇领地，同教皇军队作战。在进行谢尼奥战役时，抓到了大批俘虏。拿破仑考虑到当时的形势和权衡得失以后，决定释放全部俘虏。于是，他用意大利语向俘虏们作了演说，在高谈所谓意大利的自由和教皇制度的种种弊端以后，自我吹嘘说："我是意大利各族人民的朋友，尤其是罗马人的朋友。我是为了你们的幸福才到你们这儿来的。现在把你们都释放了，请你们回到家里，告诉你们家乡的人：法军是宗教、秩序和穷人的朋友。"面对拿破仑宽大为怀的态度，俘虏们万分感激。于是，欢呼代替了恐惧，战争中的进攻者变成了战祸受害者的恩人。同时，拿破仑也把被俘的几百名军官一起释放了。被释放的俘虏都成了拿破仑的义务宣传员。他们到处宣传拿破仑这位"朋友"，说他是真正地爱护意大利。释放的消息迅速传开，甚至传到了僻远的亚平宁山区，进入了许多农家茅舍。这样，拿破仑就为后来在意大利采取军事行动和进行统治创造了良好的条件。

拿破仑对俘虏的心理战获得成功。拿破仑的劝导谋略是：首先满足了俘虏的生存、安全需要，然后，再采用亲和态度突破了俘虏们的情感防线，在此基础上劝导认识，最终改变其政治态度，使俘虏们与拿破仑的意图发生共鸣。

二、攻击式——实施心理压力

在谈判活动中谈判态势形成刺激信息，对谈判者心理上所形成的压力即谈判者的心理压力。心理压力可以成为谈判者的谈判动力，但是，超负荷的心理压力会导致谈判者思维混乱，意志力下降，决策失误。

在谈判活动中，应用心理力量使对手产生较大的心理压力是谈判心理战的重要内容之一。

压力是有针对性的,不同性质的谈判可对谈判者产生不同类型的心理压力。

1. 谈判的利益目标压力

谈判者在参与某项谈判后,其谈判目标就是计划所确定的利益目标。由于目标的存在,谈判者心理上将会产生心理压力,即目标压力。任何谈判者在谈判过程中都具有这种目标压力。

向谈判对手施加心理压力,传播威胁对方利益目标的信息,使其有可能对谈判改变主题或因谈判中断而焦虑。在这种情况下,对手的心理压力将迫使其让步。

谈判者在许多谈判活动中,都是受委托而从事谈判的,所以,他们并不是为了自己的利益而谈,而是为他人或企业、国家的利益而谈。他们在谈判活动中能否达到利益目标,将直接影响他们自己的利益。因此,任何影响谈判目标实现的信息都会在谈判者心理上产生压力。这就要求谈判者懂得如何向对手施加压力,而且还要知道怎样在向对手施加心理压力上保持分寸,不至于使对手因害怕困难而放弃谈判。

2. 时间压力

谈判活动具有很强的时效性,谈判者的实力、利益都是随着时间而变化的。由于谈判受一定的时间限制,谈判者在谈判的始终都会有一定的时间压力。谈判者若能设法支配谈判时间,就会取得谈判的主动权。

荷伯·科恩在其《人生与谈判》一书中追忆了他在参加一次与日本商人的谈判时,因缺乏经验被对方施加的时间压力所击败的情形:当时,荷伯·科恩的上司同意了他要求当谈判代表的请求,并派他去日本东京跟日本人打交道。

我太高兴了,我兴奋地对自己说:"这可是我的一次好机会,我要扫清日本人,然后向国际上别的国家进军。"

一周之后,我乘上了去东京的飞机,去参加为期两周的谈判。我带了所有关于日本人的精神和心理的书籍,我一直对自己说:"我一定要干好。"

飞机在东京着陆了,我第一次以小跑步跑下舷梯。舷梯下有两位先生迎

接我，向我客气地躬身敬礼，我喜欢这个。

两位日本人帮我通过海关，然后陪同我坐上一辆大型豪华卧车。我舒服地倚在锦绒座背上，他们笔直地坐在两个折叠椅上。我大大咧咧地说："你们为什么不跟我坐在一起？后面有的是地方。"

他们回答道："噢，不，你是重要人物，显然你需要休息。"我也喜欢这个。

在汽车行驶途中，其中一位主人问道："请问，你懂这儿的语言吗？"

我答道："你是指日语吧？"

他说道："对，就是我们在日本说的语言。"

我说："噢，不懂，但是我想学几句，我随身带了一本字典。"

他的同伴问道："你是否关心你返回去的乘飞机时间（在此之前我并没有关心过）？我们可以安排车子送你到机场。"

我心里想："多么能体谅别人呀。"

我从口袋里掏出返程机票给他们看，以便让他们知道什么时间开车送我到机场。当时我并不知道他们因此就知道了我的截止期，而我却不知道他们的截止期。

他们没有马上开始谈判，而是先让我领略一下日本的文化。我的游览花费了一周时间，从天皇的宫殿到京都的神社，他们甚至给我安排了一次坐禅英语课，以便学习他们的宗教。

每晚有4个半小时，他们让我坐在硬木板铺上的一个软垫上进晚餐和欣赏文艺。你能想象到在硬木板上蹲这么久是什么滋味吗？如果你没有蹲出痔疮的话，恐怕你永远也找不到他们。每当我要求开始谈判时，他们就说："有的是时间！有的是时间！"

到第12天，谈判总算开始了，但又提前结束，以便能玩高尔夫球。第13天又开始谈，又提前结束，因为要举行告别宴会。最后在第14天早上，我们恢复了认真的谈判。正当我们深入到问题的核心时，卧车开来了接我去机场。我们全部挤进车里，继续商谈条款。正好在汽车到站刹住时，我们达成了交易协议。

荷伯·科恩的这一次谈判以惨败而告终。由于日本人知道了荷伯·科恩的谈判时间，先搞公共关系活动，然后将谈判压缩到一天时间，给科恩形成很大的时间压力,他为了完成上司交给他的任务而草草签订协议了事。

3. 政治压力

在国家间谈判、国际团体间谈判活动中,谈判者都是具有一定政治倾向的政治家。由于政治形势变幻莫测,许多谈判活动中,谈判者因政治制度的制约,在心理上有较大的政治压力。在政治谈判中,可借助心理战加大对手的政治压力,使谈判形势对己有利而不利于对手。

4. 经济压力

作为谈判主体,不论是个人,还是组织、国家,经济压力是各种压力中对谈判主体威胁最大的压力之一。应用谋略强化对手的经济压力是心理战的目的之一。谈判者在强大的心理压力之下,往往会让步。

以美国与墨西哥、阿根廷两个债务国的经济谈判为例:

20世纪80年代初,当墨西哥要求西方国家发放贷款给予救急时,美国政府答应提供20亿美元的紧急贷款,但要求贷款的一半用来购买美国的剩余农产品,另一半作为美国购买墨西哥4010万桶优质原油的预付款。墨西哥在万般无奈的情况下,接受了美国的要求,放弃了多年拒绝扩大对美国出口石油的做法,宣布向美国出口的石油由原来占墨西哥出口总额的52%增加到72%。1983年9月间,以美国为首的国际银行和国际金融机构在阿根廷要求取得新贷款时,迫使阿根廷接受两个条件:一是要阿根廷修改现行的《破产法》,使外国债主在处理破产案件时享有优先权;二是要求阿根廷的国有企业在同国外债主签订外债续借合同时,必须接受债主提出的条件。为了解决燃眉之急,阿根廷政府不得不做出了让步。

墨西哥、阿根廷两国都是因承受不了经济压力而放弃自己的谈判立场的。

5. 疲劳压力

疲劳是指心理疲劳。任何谈判者在长时间的谈判中都难免有疲劳感,尤其是紧张的冲突性的谈判,更会导致人的心理出现疲劳。谈判者为了使对手出现心理疲劳,可以利用传播工具制造不利于对手谈判计划的信息,使其因过度紧张而出现疲劳状态。

人在疲劳的情况下,注意力容易分散,大脑对信息的整合、加工、决策水平下降。因此,应用心理战术实施心理压力,使对手的心理压力转化为心

理疲劳，将会导致其谈判意志减弱，态度出现变化的倾向。在某种意义上，谈判是双方谈判者心理对抗的过程。

6. 生存压力

生存压力对一个人、一个企业、一个国家都具有同等的重要意义。在军事谈判中，向对方施加心理影响，使其生存压力强化谈判动机，对于推动谈判进程有重要的作用。生存压力与生存需要是同步的，因此，当谈判主体有较大的生存压力时，其生存需要将促使谈判需要成为优势需要并支配谈判行为。

7. 冲突压力

冲突双方的谈判者其心理上的最大压力是冲突压力。如何减少冲突带来的危害是谈判者最为关心的事项。谈判者必须设法使对手知道我方建设性意见对解决冲突的正确性，否则，冲突无法消除，压力将增加。该谋略是为了让对手在冲突压力之下接受我方建议。

导致谈判者心理上产生压力的因素很多，这里就不全面阐述谈判者可能会面临的所有心理压力。总之，向谈判对手实施心理压力的目的是有共性的，即促使对手接受我方的谈判意图。

三、妥协式——让步

实施谈判心理战不仅要能主动进攻，而且还要善于妥协；只有同时掌握进攻术和防守术，才能在谈判中取胜。

让步策略也体现出谈判的特点，即双方为了获得自己的利益，必须付出一定的利益，为了获取，必须能果断地付出。

让步方式贯穿于一切谈判之中。任何优秀的谈判者都会巧妙地运用让步艺术。

让步，是满足对手某种需要，调节其谈判动机，改变谈判立场态度的良策。

让步，可以使冲突双方停止冲突。例如，交战国双方的某一方主动做出让步（在军事实力并不弱的情况下），会促使敌对国停止军事行为，从而导致出现停战、和谈的局势。

让步，在谈判心理战的实施过程中，不是被动撤退，而是以柔克刚、以退为进的谋略。

战国时期，由于苏秦采用了合纵谋略，使燕、赵、韩、魏、齐、楚六弱国合为一个具有强大军事实力的联合体长达15年之久。秦国的张仪为了实现连横谋略，采用了各个击破、分化瓦解之术，使合纵的六国分裂，使秦国称霸野心得以实现。张仪在与楚王的谈判中采用了以退为进的计谋，并获得成功。

张仪对楚王说："秦国之所以15年没有从函谷关出兵攻打诸侯，是因为有吞并天下的雄伟计划。楚国曾与秦国发生战争，在汉中开战。楚人没有取胜，终于失掉汉中。楚王大怒，又发兵袭击秦国，在蓝田开战，又败了。这就是所谓的"两虎相斗"。秦楚相攻两败俱伤，而韩魏两国却以全力控制后方，没有比这更错的计谋了。因此希望大王仔细考虑。如果秦楚联盟，秦发兵攻占卫和阳晋两地，必定掌握封锁天下的要害，大王再发动全部军队攻打宋国，用不了几个月就可以占领宋国。占领宋国再向东进军，那么泗水上的12国诸侯，就全部归大王所有了。天下最坚定地相信合纵结盟的是苏秦，他被封为武安君做了燕的相国以后，就与燕王谋划攻破齐国，共分齐国的土地。于是就假称获罪逃亡到齐国，齐王收留他并让他做相国。过了两年阴谋被发觉，齐王大怒，把苏秦在市场上车裂了。一个奸诈虚伪反复无常的苏秦，却想经营天下，统一诸侯，这注定失败。"

"如今秦国和楚国，国境相接土地相连，地形上本来就是亲近友邻。大王如果真能听从我，我将请秦国太子到楚国做人质，楚国太子到秦国做人质，请允许秦王女儿做大王箕帚的妻妾，再献上有10000户人家的都城，作为供沐浴的地方，永远结为兄弟之国，终生不互相攻击。我认为任何计谋没有比这更好的了。因此敝国秦王派使臣向大王下边的随从献上一封书信，敬候大王决定。"

楚王说："楚国偏僻鄙陋，寄身东海边之上，我年幼，不懂得治国长远之计。今天有幸得到贵客赐教的明令制度，我听到这些之后，愿以全国听从。"于是就派遣使者率领100辆战车，去向秦王敬献鸡骇犀和夜光璧。

张仪采用强而示"弱"，提出了交换太子做人质、让秦王女儿做楚王的妻妾、献都城的妥协条件，反而达到了吞并楚国的战略目标。

以下再举个中方与日方商人谈判成功的范例。日本许多商人勇于实践，富有经验，深谙谈判之真谛。他们手法高超，谋略多变，善于运用谈判的各

种战术来赢得自己的利益。日本的谈判高手素有"圆桌武士"之称。中国某公司正是面对这样一些"圆桌武士",在上海著名的国际大厦,围绕进口农业加工机械设备,进行了一场别开生面的竞争与合作、进取与让步的谈判。中方在这一谈判中身手不凡,其深邃的洞察力使这场谈判成了一个成功的范例。

日本生产的农业加工机器设备,是国内几家企业都急需的关键性设备。中国某公司正是基于这一需求,与日商进行买卖谈判。

谈判开局,按照国际惯例,由卖方首先报价。买卖谈判开局的报价是很有学问的,报高了会给买方传递一种没有诚意的信息,甚至会吓跑买方;如果报价低了,则会让对方轻易占了便宜,实现不了获得利益的高目标。因此,谈判的报价既不能高得吓跑对方,也不能低得一拍即合。谈判高手总是在科学地分析己方价值构成的基础上,在这个幅度内"筑高台"来作为讨价还价的基础。日方深谙此道,首次报价为1000万日元。这一报价离实际卖价偏出很高。

日方之所以报这个价,是因为他们以前的确卖过这个价格。如果中方不了解谈判当时的国际行情,就会以此为谈判的基础,那么日方就可能赢得厚利;如果中方不能接受,日方也能自圆其说,有台阶可下,可谓进可攻、退可守。

由于中方事前已摸清了国际行情的变化,深知日方是在放"试探气球"。于是中方单刀直入,坚定地指出:这个报价不能作为谈判的基础。

日方对中方如此果断地拒绝了这个报价感到吃惊。他们分析,中方可能对国际市场行情的变化有所了解,因而己方的高目标恐难实现。于是日方便转移话题,介绍起产品的质量特点和优越性,以求采取迂回前进的方法来支持己方的报价。这种做法既回避了正面被点破的危险,又宣传了自己的产品,还说明了报价偏高的理由,可谓一举三得,潜移默化地推进了己方的谈判方案。

但中方一眼就看破了对方所设的"空城计"。因为,谈判之前,中方不仅摸清了国际行情,而且研究了日方产品的性能、质量、特点以及其他同类产品的有关情况。于是中方明知故问,不动声色地说:"不知贵国生产此种产品的公司有几家?贵公司的产品优于A国、C国的依据是什么?"

此问貌似请教,实则是点了对方两点。其一,中方非常了解所有此类产品的有关情况；其二，此类产品决非对方公司一家独有，中方是有选择权的。中方点到为止的问话，彻底摧毁了对方"筑高台"的企图。

中方话未完，日方就领会了其中含义，顿时陷入答也不是，不答也不是的窘境。但他们毕竟是生意场上的老手，其主谈人为避免难堪的局面借故离席，副主谈也假装找资料，埋头不语。

过了一会儿，日方主谈人神色泰然地回到桌前。他已利用离席这段时间，想好了应付这一局面的对策。果然，他一到谈判桌前，就问他的助手："这个报价是什么时候定的？"

他的助手早有准备，对此问话自然领会，便不假思索地答道："以前定的。"

于是日方主谈人笑着解释说："唔！时间太久了，不知这个价格是否有变动，我们只好回去请示总经理了。"老练的日方主谈人运用"踢皮球"战术，一下找到了退路。

中方主谈人自然深悟谈判场上的这一手段，便采取了化解僵局的给台阶方法，主动提出休会，给对方以让步的余地。中方深知此轮谈判不会再有什么结果了，如果追紧了，就可能导致谈判不成功。而这是中日双方都不愿看到的结局。

第二轮谈判开始后，双方首先寒暄了一阵，调节了情绪，融洽了感情，创造了有利于谈判的友好氛围。之后，日方再次报价："我们请示了总经理，又核实了一下成本，同意削价100万日元。"同时，他们夸张地表示：这个削价的幅度是不小的，要中方还盘。

中方认为日方削价的步子虽不小，但离中方的要价仍有较大的距离，马上还盘还有些难。还盘就是向对方表明己方可以接受的价格。在弄不清对方的报价离实际卖价的"水分"究竟有多大时就轻易还盘，往往造成被动：高了己方吃亏，低了可能刺激对方。究竟还盘多少才是适当的，中方一时还拿不准。为了慎重起见，中方一面电话联系，再次核实该产品在国际市场的最新价格，一面对日方的二次报价进行分析。中方认为，日方虽表明这个价格是总经理批准的，但根据情况来看，此次降低是谈判者自行决定的。由此可见，对方报价的水分仍然不少，弹性很大。鉴于此，中方确定还盘价格为750万日元。

企业操作实务方略：商务谈判与沟通技巧

日方立即回绝，断定这个价格很难成交。

中方坚持与日方探讨了几次，讨价还价的高潮已经过去。中方认为谈判的时间已经到了，该是展示实力、运用技巧的时候了。于是，中方主谈人使用了具有决定意义的一招，郑重地向对方指出："这次引进，我们从几家公司中选中了贵公司，这说明我们交易的诚意。此价虽比贵公司销往C国的价格低一点，但由于运往上海口岸比运往C国的运费低，所以利润并没有减少。另外一点，诸位也知道我们有关部门的外汇政策规定，这笔生意允许我们使用的外汇只有这些。要增加，需再审批，那只好等，改日再谈。"这是一种欲纵先横的谈判手法，旨在向对方表示己方对该谈判失去兴趣，以迫使其做出让步。但中方仍觉得这一招的分量还不够，又使用了类似"竞卖会"的高招，把对方推向了一个与"第三者"竞争的境地。

中方主谈人接着说："A国、C国还等着我们的邀请。"说到这里，中方主谈人把一直捏在手里的王牌摊了出来，恰到好处地向对方泄情，把中国外汇使用批文和A国、C国的电传资料递给了日方主谈人。

日方见后大为惊讶，他们坚持继续讨价的决心被摧毁了，陷入必须竞卖的困境：要么压价握手成交，要么谈判告吹。日方一时拿不定主意。握手成交吧，利润不大，有失所望；告吹回国吧，跋山涉水，兴师动众，谈判经费和精力投入不少，最后空手而归，不好向公司交代。

这时，中方主谈人便运用心理学知识，根据自我防卫机制的文饰心理，称赞日方此次谈判的确精明强干，已付出了很大的努力，但限于中方政策，不可能再有伸缩余地，如日方放弃了这个机会，中方就只能选择A国或C国的产品了。

日方掂量再三，还是认为成交可以获利，告吹只能赔本。这正如本杰明·富兰克林所认为的：最好是尽自己的交易地位所能许可的来做成最好的交易。最坏的结局，则是由于过于贪婪而未能成交，结果本来对双方都有利的交易却根本没有能够成交。

总之，成功的谈判都是以巧妙、合理的让步为基础的，没有让步，就不可能有成功的谈判。这也是妥协式谈判心理战之所以在谈判活动中有奇效的原因。

第三章
商务谈判中的策略

谈判之中你要坚持的最根本的一个原则就是"双赢"。千万记住在谈判的过程中,不要妄想说服自己的谈判对手。因为所谓的"说服",只是一种单方面的行为,一种将自己的观点强施于人的做法,它不可能换来对手真正的让步。

利用鹬蚌相争，坐收渔人之利

　　利用鹬蚌相争，坐收渔人之利的手段在谈判中处处可见。北国粮油公司以销售东北产的玉米为主要业务，由于经销商很多但业务量不多，效益也不好。上任不久的张经理一直没有客户，正在一筹莫展的时候，经朋友介绍，认识了一位来自日本的商人——岛村一郎。

　　岛村一郎所在的日本公司要用玉米作为原料，来华的目的就是购进一批玉米。张经理了解到情况后，为了达成协议，不仅对岛村一郎热情接待，而且表示愿意提供最优惠的价格。谈判中，张经理开出每吨32美元的价格，岛村一郎显出惊讶的样子说："张经理，没想到你出这么高的价，太没诚意了，我们还是不要谈了。"说罢，拂袖而去，谈判失败。之后的一段日子，岛村一郎一直拒绝与张经理面对面谈判，尽管张经理已经表示价格还可以商量。

　　就在张经理不知道如何是好时，接到了大连某公司的电话，对方询问岛村一郎是不是与北国公司谈过出售玉米的事，并打听价格。这时，张经理明白了岛村一郎在同时找其他的公司合作。他迅速赶往岛村一郎所住的酒店表示，愿意以每吨31美元出售，但是岛村一郎还是不同意。之后的几天，从各地打来的询问岛村一郎与北国公司做生意一事的电话又来了几个，这让张经理很着急，决定再次降价，以每吨30美元出售，可岛村一郎却提出每吨29.5美元的价格，这让张经理大吃一惊，因为这个价位是赚与赔的临界点。为了把库存的货销售出去，张经理答应了这个价格。岛村一郎表示回去请示老板，一周后双方签订协议。

　　张经理以为这笔生意已经谈成，但是到了签协议的日子，岛村一郎却不见了。之后，经过了解得知，岛村一郎是打算与大连公司做生意，为了得到最低价才与各个公司联系，迫使大连公司将价格压到最低。最后，岛村一郎如愿地从中国买走了最低价的玉米。

　　对谈判者来说，最害怕的就是出现竞争者。就如上的案例来说，如果张经理没有接到大连公司的电话，他可能还会耐心地等一等。但是，张经理因为知道了岛村一郎还在与其他公司谈判，就急不可待地到其下榻的宾馆，主动降低玉米的价格。结果呢，对方还是没有购买他的玉米，而是利用北国公司作为日本方想与其合作的公司的竞争对手，以坐收渔人之利。

我们在生活中也许会遇到这样的情形，当你在买一件商品时，此货仅存一件，你正在犹豫要不要买的时候，有另外一个顾客也看上了这件商品，当时这件商品正在你的手里，很有可能你会毫不犹豫地按照售货员的报价马上掏出钱来购买。如果没有那名顾客，你可能还会犹豫，最后的结果有可能是不会购买；还有一个可能就是你会向售货员要求降价，但是另外的顾客的出现，却让你毫不犹豫地掏出了钱包。这就是竞争的魔力。

一般的谈判，往往是双方之间的合作，但这并不意味着谈判不会有第三者的参与。恰恰相反，对许多谈判而言，谈判者最害怕的就是存在竞争者，有了竞争者己方就会很被动。试想，假如你正在与对方讨价还价的时候，突然冒出一个竞争者，他也希望能够与对方合作，你还能够向之前那样四平八稳地与对方谈判吗？所以，在谈判中，如果你能巧妙地引入对方的竞争者，就能从他们的相互竞争中获得谈判的利益。

相信大家都清楚竞标的含义。所谓竞标，就是每个投标者依次将自己所能承受的价格底线暴露在投标者面前，然后发标者从中选择出一位对他最有利的竞标者中标。这样一来，竞标者互相之间竞争相当激烈，而为了得到最终胜利不惜将自己可能得到的利润一次次压低，最终最得利的还是发标一方。下面讲述一个典型的例子来说明谈判中这一手段的效果和好处。

有一个商人想在自己家中建造一座游泳池。此人对这座游泳池的要求非常简单：长 30 米，宽 15 米，外加温水过滤设备，并且要求在一个月内完工。但是他对游泳池的造价以及建筑质量、材料用量和价格等建筑专业方面是个不折不扣的外行，基本上一窍不通。但是在相当短的时间里，他不仅让自己从门外汉变成了一个对建筑业非常熟悉的内行，而且还找到了技术好、要价低的建造者来为他服务。他是如何做的呢？

他先在报纸上刊登了一则想要建造一座游泳池的广告，具体说明了建造的要求。结果有甲、乙、丙 3 位承包商前来投标，他们都纷纷拿出自己的承包标单，里面包括各项工程的具体费用和总费用，还有各种材料用具的详细清单，而且都说自己的设计方案是最合理、最节省资金的。他仔细看了看这

三张标单，发现他们所提供的温水设备、过滤网、抽水设备、设计方案以及付款条件都不一样，总的费用也存在不小的差距。

商人决定约这三位承包商来他家里商谈，每位承包商的商谈时间相差半个小时，这样可以分别和他们谈判，然后从中找出这三位承包商之间每个环节的具体差价和总差价。

承包商甲一开始就宣称自己的设计方案是最好的，而且在建造游泳池方面，没有人会比他更出色，他设计的标准和建造要求都将非常符合主人的要求。并且他还顺便告诉主人，承包商乙通常使用陈旧的过滤网欺骗顾客，而他的同行丙更过分，这个人曾经多次丢下未完工的工程而去，并且他目前正在处于破产的边缘，将工程交给他们两人中的任何一人都是非常冒险的，只有自己才能做到让主人绝对满意。

接着承包商乙向主人透露其他两人所提供的水管都是塑胶管，而他所提供的才是真正的铜管，并且在价钱方面他会保证比其他两人更低。而承包商丙却告诉主人，前面两个人所使用的过滤网都是品质低劣的产品，并且往往不能够彻底做完，拿到承包款项之后就不管不问了，对客户极其不负责任。而只有他才能够保证绝对做到质量完好而且价格低廉。

这样一来，商人弄清楚了游泳池的建筑设计要求和三位承包商各自的优缺点。他发现承包商甲的设计方案最合理，乙的价格最低，而丙的建筑质量最好。在经过各方面的权衡和预算后，他决定聘请承包商丙来为他建造这座游泳池，要求他用甲的设计方案，而只给他乙所报出的工程价格，而且在建筑材料的选用上也要求用他们三人所提出的最好的。经过与承包商丙之间反复的讨价还价，这一工程终于交给他来做，而最终的胜利则是商人。

三位承包商都想尽自己的最大努力来争取到这项工程，为了达到目的，他们不惜将对手的弱点和不合理之处一一透露给客户，但是他们在标榜自己的同时，也忽略了这样一个事实，那就是客户会利用他们之间各自的缺点和优点来进行选择和重新要求，他们之间的争斗，最终让商人得了利。

在谈判中，我们要避免做争斗的鹬蚌，可能你争得头破血流的时候，第三方已经悄悄拿起你想得到的东西走了。我们要做聪明的渔翁！

谈判中我们要做渔人，如果鹬蚌不争，我们可以设法引入竞争者，让其争斗，这样我们就能在谈判中处于优势地位。

保持沉默能给对方无形的压力

沉默寡言，少说多听，是一种高明的谈判策略。一个老练的谈判高手，往往只用很少的时间介绍自己，而把大部分时间留给对方来发言。

沉默是话语中的间隙，是超越语言力量的传播方式。谈判中的沉默不是简单的沉默，而是"积极"的沉默。沉默可以在各种不同状态中表达不同观点。

美国科学家爱迪生发明了发报机之后，不知道该卖多少钱。他的妻子主张该多卖些钱，要卖到两万元。此后不久，美国西部一位商人要买爱迪生的发报机制造技术。在洽谈时，商人问到价钱，爱迪生总自认为原想谈的价格太高，无法说出口。所以，无论商人怎样催问，爱迪生支支吾吾，就是没有勇气说出两万元的价格。最后，商人耐不住了，说："那我说个价格吧，10万元，怎么样？"爱迪生几乎被惊呆了，随即拍板成交。

在这场交易中，爱迪生并非有意地以沉默应对，却获得了出乎意料的收获。沉默，也可以成为表示你没得到满意的一种有力武器。如果你对对方的某个提议不满，你可以将沉默延续几秒钟，你的对手很可能将被迫想办法来填补这个空白。

沉默不仅可以回避对己不利的答复，又可以使对方产生一种己方虚实莫测的感觉，因而用沉默做工具有助于谈判，使你取得出乎意料的成功。但是，采用沉默的方式时一定要慎重。你必须把每次谈判的环境和态势这两个因素考虑在内。因为如果谈判双方关系友好，这样做就显得不太礼貌，会给对方造成反感。而当对方提出的问题充满恶意，甚至损害了国家、团体和个人的尊严时，沉默会给人软弱可欺之感。而且，在谈判处于紧张、激烈的过程时，双方都力争主动，尽可能地掌握发言权，这时如果一味采取沉默方式应对，实际上就意味着放弃发言权，很难在谈判中处于优势。因此，使用时是需要多加斟酌的。

1945年7月，苏、美、英三国首脑在波茨坦举行会谈。会谈休息时，美

国总统杜鲁门对斯大林说:"美国研制出一种威力非常大的炸弹。"暗示美国已经拥有原子弹。此时,丘吉尔在一旁两眼死盯着斯大林的面孔,观察反应。斯大林像没听见一样,以至于许多人回忆说:"斯大林好像有点耳聋,没听清楚。"其实,斯大林不仅听清了这句话,而且听出了这句话的弦外之音。但在这个时候,任何方式的语言,都不如沉默应对的效果好。

谈判中,遇到以下情形应保持沉默:

1. 专横的人通常最渴望别人尊重他的观点、认识和意见,他们听不进别人的劝解和观点,也容不得别人超过自己。在专横的人面前,你即使把道理说得再透彻、精辟,他也不买你的账,甚至会招致他的厌烦。此时,聪明的人一般会适时地保持沉默,任他声嘶力竭,唾沫飞扬。这种以柔克刚的沉默技巧,终究会让他泄下气来,冷静起来,同时反省他自己的言行。在专横的对手面前保持沉默,常常起到反客为主、变被动为主动的效果。

2. 对于情绪激动者而言,在激动时他肯定有一言抵三军的良好感觉。此时你发表意见,即便再中肯,他也会充耳不闻,甚至会竭力反驳。如果此时保持沉默,待他平静下来,完全可以与他心平气和地交换意见。

3. 当对方为了维护自己的利益而极力排斥你的观点时,如果对方的意见在一定时期内占了主动地位,在这种情况下,应当适时地保持沉默。

4. 常言道:"有理走遍天下,无理寸步难行。"但有时谈判者有这样的苦恼:有理说不清。有理的一方急于表白自己的观点,以便让对方了解真相,以维护自己的利益。但你面对的恰是些不明事理的或者假装糊涂的人,他有意不买你的账,这时说得再透彻也是对牛弹琴。此时,如果干脆沉默不语,反而会使之有所省悟。

谈判中的沉默是一种艺术,要有分寸,不可滥用。

沉默表面上是消极的行为,其实是以静制动的积极举动。沉默不是逃避、忍让,而是一种策略,目的在于更有效地促进谈判。

什么时候该沉默,什么时候不该沉默,这是很有讲究的。沉默运用恰当,就会产生预期的效果,否则无法产生应有的效果。

沉默要根据谈判的需要,该长则长,该短则短。积极的沉默不是永久性的,只是暂时性的,应见好就收。

沉默要与以前的发言、举措等积极的行为结合起来。沉默从某种意义上说，应是一种准备和酝酿，是等待时机之举。

总之，应把沉默理解为一种手段，是一种暂时的退却。退一步才能进两步，真正的目的还是为了把你的观点、立场表达出来，并获得对方的认可。

沉默是最有力的回答。沉默像得体的语言一样，恰到好处的沉默同样可以取得奇妙的效果。沉默往往给人一种无形的压力，对方为了打破沉默，不是中止自己的要求，便是提出新的方案，或是自己转移开话题。

如何避免不必要的冲突

谈判的利益冲突往往不在于客观事实，而在于人们的想法不同。在商务谈判中，当谈判双方各执己见时，往往都是按照自己的思维定式考虑问题，这时谈判往往出现僵局。例如，房客觉得这个公寓的租金已经很高了，而房主则认为很长时间没有涨房租了；房客认为自己有着良好的生活习惯，而房主在隔壁居住却受不了房客每天播放的吵闹的音乐。因此，谈判中重要的原则之一就是要将人的问题与实质利益区分开，千万不要试图用实质利益的让步来解决人的问题。晏子使楚的故事，想必大家都很熟悉。

齐国使者晏子出使楚国，楚王看到他身材矮小，讥讽道：

"难道齐国没有人了吗？"

"齐国首都大街上的人一举袖子就能把太阳遮住，他们流的汗像下雨一样，街上的人摩肩接踵，怎么会没有人呢？"晏子回答道。

"既然有那么多人，为什么会派你来呢？"楚王继续讥讽道。

"我们齐王派最贤明的人到最强大的国家，派最没出息的人到最差的国家。我在齐国最没出息，所以齐王派我来了。"晏子回答。

楚王听了晏子的回答，十分生气，但又不好发火，落了个自讨没趣的下场。

晏子来到楚国，代表的是齐国、齐王，是来谈国事的，可楚王却对其进行人身攻击，这显然是不尊重对方的表现。可是对手十分聪明，顺着楚王的话，把楚国也攻击了。本来处于优势的楚王，在自己开始的话题中却处在了

劣势，正题还没开始，就已经让对方获得了先机。

楚王认为，自己的地位比从齐国来的使者晏子高，所以，就算奚落晏子两句也没什么。其实不然，人都有受到人身攻击后而做出反击的本能。在现实生活中，有几个人听到别人对他的外形或者修养进行攻击而不反击的？"金无足赤，人无完人"，没有人是没有缺点的。所以，谈判时最好的选择是对事不对人。

对事不对人是一种态度，但能真正做到的人却不多。参与谈判的是人，人有不同的喜好和性格，出现对某人看不惯或针锋相对的情况也是人之常情。但是，谈判是对事情的讨论，而不是对人道德的评说、素质的评价，过多地把个人感情和对对方的看法掺杂进去，会引起不愉快，谈判气氛也会随之破坏。

谈判的目的是解决双方都关心的事，如果正巧对方是自己不喜欢的人，或者对方的人正巧有自己不喜欢的性格，因而受情绪的控制，处处针对那个人，把本应该很顺利的谈判弄得困难重重，这样，既会激怒对方，也对己方在谈判中取胜十分不利。所以，做到对事不对人首先要做到学会控制自己的情绪，不要让情绪左右自己的说话语气和行事方式。其次，要从心里真正认为人人平等。比如，一辆公共汽车上，一个外地人拿着地图看了很久，操着不流利的普通话问售票员："到××大学怎么走？"售票员用鄙夷的眼神上下打量了这个外地人，然后说："下站下车，到对面去坐。拿个地图还找不到。"外地人急了，说："你是售票员，问问你怎么了！"售票员也急了，说："还去××大学呢，看你那样！""我怎么了，你那样好，有本事别当售票员呀！"两人你一句我一句，在车上大吵起来。结局不用说，一定不愉快。想一想，如果一个穿戴时髦的人问路，还会是这样的结果吗？仅仅是问路，会演变成吵架，为什么？例子中的售票员把人分为三六九等是导致吵架的根本原因。再次，就是不要对人有偏见。因为曾经见过某一个民族或者某一个国家的人品不好的人，就认为这个民族或者国家的人都一样，认为现在眼前这个人也一定是这样，这就犯了严重的错误。

做到了这三点，就基本能在谈判遇到陌生人时，做到对事不对人。但是，如果遇到的是你反感的熟人呢？这时就只能控制情绪了，尽量让自己的情绪不受他人行为的影响。

如果谈判对手与自己曾经有过不愉快的接触，而这次虽然你可以抱着"对事不对人"的态度，但是对方却由于从前的种种原因而不愿意配合，那么"化敌为友"是最好的选择。他想将你激怒时，你要忍住心中的怒气，做出忍让的态度。当他一个人的"表演"结束后，你再表示出自己的态度，然后心平气和地进行谈判。

在谈判中，对事不对人，并不是指不需要了解对方所派代表的个人情况，比如他的喜好、性格、习惯等，而是指不要利用他人自身的不足而攻击对方，来达到自己的目的。对事不对人的态度，不只是对他人的尊重，更是对自己的尊重。

A公司和B公司谈判，A公司的代表是张先生，B公司的代表是黄先生。第一天的谈判十分顺利，双方达成了三项共识，相约第二天继续谈判。

张先生与公司同事聊天时，偶然了解到黄先生的母亲是日本人，他是个中日混血儿。由于很多原因，张先生一直对日本人没有好感，对亲日的中国人更没有好感，知道黄先生的情况后，对方在张先生心目中的好印象全没有了。

第二天谈判开始时，张先生的态度和昨天相比差距很大，脸上没有了笑容，在各个条款上都故意为难对方。这让黄先生很是不解，双方因此还起了争执。最后，谈判破裂。

A公司的老板了解到情况后，将谈判代表更换为武先生，继续谈判。之后，经过3天的磋商，双方在协议上签了字。

谈判中，要知道自己的明确目的，知道自己通过此次谈判想得到什么结果。识别利益因素往往依赖于双方彼此之间的沟通。谈判中，尽量多探求对方的真实利益所在，对于对方的利益问题，应注意以下几点：

1. 承认对方的利益所在，考虑对方的合理利益，甚至在保证自己利益的前提下努力帮助对方解决利益冲突问题。

2. 在谈判中既要坚持原则，又要有一定的灵活性。

3. 在谈判中对利益做硬式处理，而对人做软式处理。在谈判中要强调当事人为满足对方利益所做出的努力，有时也要对对方的努力表示赞赏。

对事不对人，谈判中展开对抗时要着眼于利益，不必坚持虚无的立场。要知道，推动谈判活动进程的是利益驱动，成功的谈判所达成的协议实质上

是谈判双方或多方对利益分配的认可。所以,谈判所协调的是利益而不是立场,坚持没有必要的、虚无的立场是徒劳的,也是没有实际意义的。

陷入僵局时怎么办

谈判进行了一段时间以后,可以稍事休息。在休息期间,让双方走出会谈大厅,回顾一下谈判的进展情况,重新考虑自己的立场,或者让头脑清醒一下再进入洽谈。适当的休息在谈判过程中是很有必要的。

举一个常见的情况,当双方"谈不拢"造成僵局时,有必要把洽谈节奏放慢,看看到底阻碍在什么地方,以便想办法解决。

《福尔摩斯探案集》的作者柯南·道尔是众所周知的人物,但很少有人了解柯南·道尔也是一个生性非常固执的人。在写完探案集第四卷后,执意不肯再写,用实际行动,让笔下的福尔摩斯与罪犯莫里亚蒂教授同坠深谷,"一了百了"了。柯氏的出版商梅斯是个精明人,知道柯氏只是厌倦了这种通俗文学的写作,对于这个给作者带来巨大声誉和利益的福尔摩斯,柯氏还是情有独钟的。于是梅斯一面牢牢抓住版权代理不放,一面拼命做柯氏的工作,不时向他透露福尔摩斯迷们的种种惋惜和不满之情,同时又许诺一个故事1000镑的优厚稿酬,双管齐下。一年以后果然有了成果,柯南·道尔又重新执笔,让福尔摩斯从峡谷里爬了出来,再演绎出一段段精彩的探案故事。

如果出版商心急火燎,不断催逼,恐怕侦探文学史上将会失去一颗闪亮的巨星。同样的道理,在任何谈判中遇到难题时都应该给自己缓冲的时间,同时也给对方缓冲的时间。

当然,有些谈判中的阻碍是"隐性"的,往往隐蔽在种种堂而皇之的借口之下,不易一下子被人看破。这就更需要我们先拖一拖,缓一缓,从容处理这种局面。

在实际洽谈中,这种隐性阻碍还有很多,对付它们,暂时休息是颇为有效的。一般情况下,休息的建议会得到对方的积极响应。休息不仅有利于自己一方，对双方、对共同合作也十分有益。休息是有积极意义的，它使双方有机会重新计划甚至提出新的构想和方案，可以使双方在新的气氛下再聚一堂，使精力和注意力再度集中起来。

在休息期间，己方要考虑的问题应该是明确的，应研究怎样进行下一阶段的谈判，归纳一下正在讨论的问题，检查己方小组的工作情况或者对接下来的谈判提出一些新的构想。同时要考虑怎样重新开谈，考虑往下的洽谈方案和如何做开场陈述。最好能带着新的建议重新步入谈判大厅。

俗话说："欲速则不达。"在时机不成熟时仓促行事，往往达不到目的。谈判也是如此，休息在谈判中是必需的。

如何从细微处看清对方心理

有时判断一个人的真实想法，要通过这个人的言行举止综合进行判断才行。有这样一个案例：甲乙双方进行买卖的谈判，卖方谈判代表详细地介绍产品的性能、用途、价格等，买方代表脸上显出感兴趣的表情，脚却在不停地上下抖动。卖方代表只看到了对方脸部的表情，认为这次谈判一定会得到一些订单。待他介绍完后，等着买方代表做出反应，买方代表笑了笑说："你们的产品很好，不过我还需要考虑一下，两天后给你答复。"说完，他起身离开。

卖方代表回想了对方的表情，认为这次谈判一定有很好的结果，于是耐心等对方的回话。两天后，接到买方的电话，可他们说已经找到更合适的产品了，希望有机会再合作。

买方代表虽然脸上显出一副感兴趣的样子，但是脚却在不停地上下抖动，这说明他对这次产品的介绍实际上并不感兴趣。因为人的伪装主要表现在脸上，而脸以外的其他部位较难做出与内心不同的反应。大部分人会用脸部的表情掩饰内心的真实想法，所以单单注意脸部是不能猜测出对方到底在想什么的。

卖方代表只通过对方的表情来进行判断，而没有注意他的小动作，在对

方已经对内容不感兴趣时,没有及时发现并进行调整,被对方礼貌性的表情骗了,以至于延误了商机。所以,谈判中注意观察对方的小动作,对猜测对方的真实想法、"对症下药"地找出解决问题的办法是很有帮助的。

首先,从头部与手的小动作说起。当对方用手抓、摸头部时,除了整理、清洁以外,还表现了他在这时候情绪较为混乱。当对方与你交谈时,不停地用手触摸眼睛、嘴唇等部位,或者眼睛不能直视你,那么除了紧张外,十有八九是在说谎。当男士用手拉领口时,除了现场温度较高外,很有可能这时他有烦恼、不安的情绪出现。

从对方握手的方式,可以看出他对你的态度和他的性格。有些人与对方握手既热情又有力,这样的人多半比较容易接触,而且对谈判很有诚意。有些人只是轻轻地和对方保持一定距离地握手,这样的人在谈判和日常接触中,更需要自己的空间,也说明对待这次谈判的态度较为消极。还有一些人在初次见面时,握手的方式过于亲密,要么属于非常热情、友好的人,要么你就应该怀疑他另有目的。

手部的小动作过多,表示他不安或者犹豫;将两臂交叉在胸前,说明他这时缺乏安全感,对你也有一定的戒心。

脚部的小动作最能反映一个人的内心,因为脚离脸部最远,是人最不注意控制的地方,比如双脚不停抖动,或者双腿叠在一起,或者来回晃动,都是不安、没有兴趣或没有诚意的表现。

谈判中双方有时故意做一些小动作,用语言之外的方式给对方传达信息。比如摇头、皱眉、说话时故意将头部提高等,用这些小动作来迷惑对方,使他不知道你的真实想法,从而控制谈判的进程和气氛。

当自己在谈判时出现紧张、不安或者任何不愿让对方察觉到的情绪时,尽量控制自己的表情和手部、脚部的小动作,如果难以控制,就想办法将对方的注意力引到其他地方。当发觉对方的小动作所表达的含义时,如果他的这种情绪将对己方的谈判不利,应当马上调整谈判的进程和内容。

很少有人能将他的内心完全隐藏,而不露出一点蛛丝马迹,人体各部位的小动作,有时比他的语言泄露得还要多。在谈判桌上,不仅注意对方的言语,还需要从对方的细微动作中,判断对方真实的心理。

选择好的谈判地点，以逸待劳

俗话说："强龙压不过地头蛇。"虽然蛇的体魄比不过威风凛凛的龙，但是一旦蛇掌握了"地利"之便，龙也只能甘拜下风。原因在何？因为对地理环境的熟悉，决定做事的信心与效力。

选择自己熟悉的环境谈判，使对手处于客人的身份，对手就会觉得拘谨，不敢过分侵犯主人的利益。并且在自己熟悉的环境中谈判，比较有利于自己水平的正常发挥，更容易进入角色。

A国某公司的谈判小组到美国谈判，刚下飞机就与对方接触，并参加对方公司举办的各种活动。由于时差没有倒过来，A国一方所有成员都非常疲惫，晚上到了该睡觉的时间，可这时是A国国内的白天，大家虽然疲惫但却都睡不着。第二天，正式谈判开始，A国一方人员由于疲惫和睡眠不足，脑子都不清醒，双方没有达成任何协议。

几天后，A国代表适应了美国时间，但是谈判即将结束。结果，A国在这次谈判中没有得到任何好处。

时间的变化打乱了A国谈判人员的生物钟，也使他们谈判时的精神状态十分不好，从而影响了谈判的最终结果。A国代表没有意识到地点的变化会带来这么严重的后果，不进行集体休息调整，还参加对方举办的各种活动，使地点改变带来的负面影响又进一步加深，谈判结果当然不尽如人意。诸如此类的例子举不胜举，地点的变化不仅会让人在身体上受不了，而且会让人心浮气躁，做出很草率的决定。下面有一例可以证明。

有两个公司对合作进行谈判，双方一直对盈利的分红不能达成共识，谈判进行了将近一个月，时间马上就要到中国的农历新年了，各公司也都准备放假，两公司还在为自己的利益坚持，而合作项目必须在过年前谈妥。

甲公司的领导了解到乙公司派出的主谈是乙公司的董事长，并且已经买了回家的机票，于是甲公司的领导将最后一次谈判安排在对方公司董事长回家的当天进行。

企业操作实务方略：商务谈判与沟通技巧

谈判开始，乙公司董事长明显很着急，而甲公司的代表却显出一副慢慢谈的样子，开始时，双方依然都不愿让步，随着时间的流逝，乙公司的董事长越来越动摇，最后，他看看表说："就按你们说的办吧！"

甲公司在这场谈判之中的胜利，很大程度上不得不归功于谈判地点的优势。如果谈判地点是在乙公司所在地，或谈判地点是在双方都不熟悉的地点，结果可能完全不一样。

拿奥运会来说，往往东道国的运动员取得的成绩会比在其他国家参加奥运会的成绩好，以至于去年，我国的奥运健儿取得令国人骄傲、让世界惊叹的成绩。为何运动员会发挥出这样好的水平呢？首先，在本国开奥运会，有众多观众的声援与鼓励，在气势上就能够具有压倒之势。其次，对周围环境的熟悉。无论是气候条件还是其他自然因素，本国的运动员们都非常适应了，不会产生其他的负面效应。最后，要对得起家乡父老的心理因素。在本国开展运动项目，运动员会认为只有自己努力取得好成绩，才能够对家乡父老有个交代，他们会想到，场内、场外那一双双期待的眼睛，往往会奋力拼搏。这就是在自己的地盘具有的优势，谈判也是同样的。

当然，如果对方要采取这样的方式操控你，你就必须想办法避免，尽量要求把谈判地点安排在你熟悉的地方，实在不行，也应该要求在双方都熟悉的地方谈判。

人的情绪很容易受到环境的影响。身处让人不舒服的地方，很容易心烦意乱，很可能做出违背本意的行为。在谈判过程中，选择一个令对方感到陌生的地点，会对己方有利。双方都愿意选择自己熟悉的地点谈判，但为了公平起见，至少也要选择一个双方都熟悉或是双方都陌生的地点来谈判。

如何转移对方注意力

某瓷厂为酒厂生产包装瓶，到年底时经核算，由于受原材料涨价等因素的影响，每个酒瓶的单价应当有所上调。但是如果直接向酒厂说明调价，又担心酒厂另找供瓶厂而使本厂的生产计划受到影响。经过谋划，瓷厂向酒厂

第三章 商务谈判中的策略

展开了如下攻势："由于国家控制信贷、抽紧银根及物价上涨等因素的综合作用,瓷厂目前流动资金不足,生产遇到困难,希望酒厂能预付下一年酒瓶的 1/3 的货款。否则,瓷厂减产,将会给酒厂的生产带来不利影响。"酒厂自然不愿预付那么多的款项,于是派人去和瓷厂协商。最后瓷厂做出"让步",适当提高空酒瓶的价格。酒厂以为自己省下了一笔钱,瓷厂却如愿以偿地达到了提价的目的,此乃声东击西的成功范例。

在实际谈判中,很多谈判人员往往为了尽快签单,而一味穷追猛打,以为通过密集轰炸就可以把对方搞定,但殊不知这样很有可能会适得其反,令对方产生逆反心理。因为在初期接触时,对方自然会有戒备之心,如果此时只是一味强调己方产品如何好,功能如何强,很容易会被对方认为是一个纯粹的产品推销员,从而失去了对用户的信任。因此,在同对方的接触中,不要太急于暴露自己的意图,尽量将对方的注意力转移到他所感兴趣的地方,使对方逐渐对你产生信任感,从而建立起良好的关系,此时对方的心理防线已经逐渐放松,谈判成功的机会也就更大了。比如,在谈判之前,先列出一长串的要求给对方,如价格、付款条件、订单最低量、到货时间、包装等,而且表现出你非常在意这些问题与要求,坚持你要坚持的条件,仅对无关紧要的条件做出让步,使对方增加满足感。

从一定程度上说,只有在谈判过程中更好地隐藏自己的真正利益,才能更好地实现谈判目标,尤其是在你不能完全信任对方的情况下,更要使用这种策略。

美国著名的管理学家贝勒大学教授佛瑞德·杰特曾经有一次代表一家公司与工会进行谈判。这家公司的总裁由于在与工会领导人进行谈判时发表了不当言论,记者就把这些言论广为传播,这使工会领导人极为愤怒。工会方面强烈要求公司总裁必须公开道歉,而且声称这是没有谈判余地的要求。

事实上,公司总裁也察觉到了自己的失言,已经准备公开道歉。但是杰瑞德·杰特却这样对工会领导人说:"我了解道歉的重要性,我一定尽力去达成,但我不能保证。不过,如果你们希望我去争取这件事,你们是不是应该在其他方面与我合作?"

杰特教授故意拖延了几天,用以表示让总裁公开道歉尚有困难。不过,他却先提出了原来争执重点的解决方案,并说:"如果我能为你们争取到总

裁的公开道歉,有关某某问题和某某问题,你们是否同意我的看法?"工会领导人觉得公开道歉才重要,况且杰特教授的方案也合乎情理,于是同意只要让那个至今"不肯"公开道歉的总裁做他应该做的事,其他方面他们愿意让步。

结果,公司总裁以公开道歉的方式结束了纷争并换取了工会原本要求在工资和福利上的重大让步。

讨价还价再加上实际行动,才能取得较好的效果。所以有经验的谈判者常常采用边打边谈的策略,转移对方的视线。

以自己不太关心、不太重要的内容吸引对方,并和对方不断地讨价还价,然后借由在这一问题上做出较大的让步,隐藏自己的某些真正意图,来换取对方在自己真正争取的问题上让步。

如何达到事半功倍的效果

"好风凭借力,送我上青云。"简短的句子,浓缩了做人做事的哲理。大企业的老板,并非都是样样精通的精英,但他们都具有一个重要的共性,就是懂得利用他人的优势,帮助自己成就事业。福克兰是美国鲍尔温交通公司的总裁,他年轻的时候,由于成功地处理了公司的一项搬迁业务而青云直上。当时,他是该公司机车工厂的一名普通职员,在他的建议下,公司收购了一块地皮,准备用来建造一座办公大楼,而这块地皮上原来居住的100多户居民,都得因此而举家搬迁。但是居民中许多人都拒绝搬走,而且这些人抱成一团,决心与机车工厂周旋到底。

如果通过法律手段来解决这个问题,不仅费时费钱,而且采取这种强硬的手段驱逐他们,还会给公司增加许多仇人,即使大楼建成,人们也不得安宁。这时,福克兰主动请缨,要求处理这件棘手的事务。

福克兰找到那位爱尔兰老妇人时,她正坐在房前的石阶上。福克兰故意在老妇人面前忧郁地走来走去,以引起老妇人的注意。

果然,老妇人开口说话了:"年轻人,你有什么烦恼?"

福克兰走上前去。他没有直接回答老妇人的问题，而是说："您坐在这里无所事事，真是太可惜了。我知道您具有非凡的领导才干，实在可以成就一番大事。听说鲍尔温公司将建造一座新大楼，您何不劝劝您的老邻居们，让他们找一个安乐的地方永久居住下去，这样，大家都会记住您的好处。"

福克兰这几句看似轻描淡写的话，却深深地打动了老妇人的心。不久，她就变成了全费城最忙碌的人。她到处寻觅住房，指挥他的邻居搬迁，把一切办得稳稳妥妥的。而公司在搬迁过程中，仅付出了原来预算代价一半的数目。

福兰克正是抓住顽固的爱尔兰老妇人好大喜功的性格，以巧妙的赞扬获得她心理上的认同感，由此激发她内心深处的一种主人翁意识，从而主动配合企业的搬迁工作。

"巧借人力"，用于谈判活动中，主要指谈判信息的传达不是谈判者自身发出的，而是借助于他人或通过一定的媒介去传达。他人作为信息的载体，无意识地成为谈判信息的发出者、义务宣传员和"活广告"，这种传播信息的强度和广度是谈判者本人很难企及的。

巧借人力，达到顺水推舟谈判效果。在上述实例中，便是典型的巧借自己的合作伙伴或谈判对手之力。在理论上讲，就是借助有利害关系的人。因为谈判是一种互惠合作的事业，所以可以借由给对手一定的好处或优惠，让对手同意给你以通融，并在经济上、人力上给你以支援，从而帮助你渡过难关。

美国有一位石油巨子，当初只是个默默无闻的穷青年，但他认定开发石油大有前途，到处奔波，反复考证，选择了一块表面看来并不起眼实际却很有潜力的油田，接着就筹措必要的资金，悄悄准备工作人员和工程开发等各方面的事宜。但对这块油田感兴趣的大有人在，无论实力、经验，他都无法同这些人匹敌。他却知难而进，经常进入地产拍卖所，熟悉地皮的价格和行情，对那些有兴趣开发油田的人进行深入了解，不仅掌握了他们的资金、人员、技术等情况，更是深入剖析这些人的心理状态，寻找取胜的办法。

拍卖场上聚集了石油事业家、经纪人、地产商各式人等，他也不露声色地混迹其中。大家都不急于报价，有的在暗中盘算，有的在私下议论，都想后发制人，一举战胜所有的对手。场上充满了钩心斗角的紧张气氛。

一个大腹便便的石油资本家站了起来,他并不开口报价,只是用两眼威严地扫视了一周,就这么一下,吓退了一半实力不那么雄厚的竞争者,他们哪敢同这个石油资本家抗衡呢?

但也有不服气的,一个瘦小精干的地皮商连身子都没有挪动,只是轻轻地干咳了一声,这下子把另外的一小半人也震动了,许多人都领教过这个地皮商的高明手腕,有的还不止一次地成了他的手下败将。

报价还是开始了,石油资本家和地皮商都摆出"非我莫属"的架势。别的人是凑凑趣,垫垫底,所以报价都在低水平上徘徊,要等这两员大将出马,才会出现真正的恶战。

两员大将还没开始交手,拍卖场上又进来了一位衣冠楚楚的绅士,"呵——"人们发出了一声长呼。此人是本地最具财力的银行家,平时从不涉足拍卖行。此番出场,看上去是不达目的绝不罢休的。

石油资本家和地皮商自知不敌,知趣而体面地退出了拍卖场。囊中羞涩的、赶场凑趣的、不知底细的也纷纷离场而去,偌大的拍卖场所剩人数廖寥无几。

那位颇有心计的故事主人公觉得时机已到,终于以500万美元的低价买进了这块油田的地皮。原来他把所有筹集的资金都存入了本市最大的银行里,并特地请了银行家为他压阵助威。等到人们搞清事情真相后,那块油田已开始动工建设了。

了解参加谈判人员的谈判经验和技巧对谈判策略的制定也很重要。对方的谈判经验和技巧无须语言就可以反映出来。比方说:他的姿势、表情以及他"入题"的能力。如果他在寒暄时不能应付自如,或者突然单刀直入地谈起生意来,那么可以断定,他是谈判生手。谈判高手总是留心观察对方这些微妙之处。

如果你的力量不足以取得谈判的胜利,要善于借助对手和第三方的力量。要学会借助东风,懂得狐假虎威,达到自己的目的。利用他人的优势也是智慧的表现。

从对方话语中获得有用信息

在谈判中,通过认真倾听谈判对手的谈话,并仔细加以分析和提炼,就可以获得很多有用信息。因为对方说得越多,越容易暴露他的缺陷,你便越容易找到应对之法。

设法成为好的聆听者是重要的谈判技巧,理由在于:首先,聆听能使己方和谈话方处于和谐的环境,能促使自己更好地了解对方的需求,从而达成有效的沟通。其次,如果谈判中有一方认为自己说的话对方根本不听的话,对谈判会造成极大危害。可以把谈判的对话当作羽毛球比赛,而不是高尔夫球比赛。在羽毛球比赛里,两位球员互相影响、互相作用、互为牵扯。但是在高尔夫球比赛中,两个人各打各的球,其中一人打球时,另一位仅是等待。谈判时要尽量避免打高尔夫球式的沟通。

精力集中地听,是倾听艺术最基本、最重要的问题。据心理学家统计,一般人说话的速度为每分钟120个到180个字,而听话及思维的速度,则要比说话的速度快4倍左右。因此,往往是说话者话还没有说完,听话者就大部分都能够理解了。这样一来,听者常常由于精力的富余而"开小差"。那么万一就在这时,对方讲话的内容与我们理解的内容有偏差,或是恰巧传递了一个重要信息,那听者就会后悔莫及了。

因此,我们必须注意时刻集中精力倾听对方的讲话。用积极的态度去听,而不是消极地或心不在焉地听,这样的倾听,成功的可能性就比较大。在倾听时还应注视讲话者,主动地与讲话者进行目光接触,并做出相应的表情,以鼓励讲话者。比如,可扬一下眼眉,或是微微一笑,或是赞同地点点头,抑或否定地摇摇头,也可不解地皱皱眉头等,这些动作配合,可帮助我们集中精力。

倾听用得好,和讲话一样具有说服力。谈判专家麦科马克认为,如果你想给对方一个丝毫无损的让步,只要倾听他说话就行了。倾听在特定条件下往往可以收到事半功倍的效果。

企业操作实务方略：商务谈判与沟通技巧

在某商店里，一位顾客气势汹汹地找上门来，喋喋不休地说："这双鞋鞋跟太高了，样式也不好……"商店营业员一声不吭，耐心地听他把话说完，一直没打断他。等这位顾客不再说了，营业员才冷静地说："您的意见很直率，我很欣赏您的个性。这样吧，我到里面去，再另行挑选一双，好让您称心。如果您还不满意的话，我愿再为您服务。"这位顾客的不满情绪发泄完了，也觉得自己有些太过分了，又见营业员是如此耐心地回答自己的问题，也很不好意思。结果他的态度来了个180度的大转弯，称赞营业员给他新换的实际上并无太大差别的鞋说："嘿，这双鞋好，就像是为我定做的一样。"

营业员以静对快，以冷对热，让顾客把怒气宣泄出来，达到了心理平衡，化解了一场纠纷。"静"在论辩中也是一种很好的"制怒"之术。论辩中唇枪舌剑，自控力较差的人很容易激动。在这种情况下，要说服过分激动的人，宜用慢动作、慢语调来应付。以静制怒，以冷对热，才能使其"降温减压"。只有对方心平气和了，你讲的道理他才能顺利接受。

倾听是了解对方需要、发现事实真相的最简捷的途径。谈判是双方沟通和交流的活动，掌握信息是十分重要的。一方不仅要了解对方的目的、意图，还要掌握不断出现的新情况、新问题。因此，谈判的双方都十分注意收集、整理对方的情况，力争了解和掌握更多的信息，但是没有什么方式能比倾听更直接、更简便地了解对方了。

倾听能使你更真实地了解对方的立场、观点、态度，了解对方的沟通方式、内部关系，甚至是小组内成员的意见分歧，从而使你掌握谈判的主动权。

有一家美国汽车公司，想要选用一种布料装饰汽车，有3家公司提供样品，供汽车公司选用。公司董事会研究后，请他们分别来公司做最后的说明，然后决定与谁签约。3家厂商中，有一家的业务代表患有严重的喉头炎，无法流利地讲话，只能由汽车公司的董事长代为说明。董事长替这家公司的业务代表介绍了产品的优点、特点，有关人员纷纷提出意见，董事长代为回答。而布料公司的业务代表则以微笑、点头或各种动作来表达谢意，结果他博得了大家的好感。

会谈结束后，这位不能说话的业务代表却获得了45.72万米（50万码）

布的订单，总金额相当于160万美元。事后，他总结说，如果他当时没有生病，还可以说话，他很可能得不到这笔订单。

如果谈判人员很多的时候需要互相介绍，这时，一定要注意听，尽量多地记住对方的名字和职务，如果没有听清，可以再问一次，尤其是外国人的名字对于我们中国人来说有些长，记忆起来更不容易。这时，可以选择主动要一张名片。记住对方的名字和职务是对他的尊重，如果谈判时你叫不出他的名字或者不记得用什么职位来称呼他，则会使对方在人多时感到尴尬，也会让他认为你不尊重他，从而影响他谈判的心情和对你的印象。如果你能准确地叫出对方的名字或者职位，那么对方将会非常高兴，也会对你的印象很深。

注意倾听能够给人留下良好印象，改善双方关系。因为专注地倾听别人讲话，则表示倾听者对讲话者的尊重，能使对方对你产生信赖和好感，使讲话者形成愉快、宽容的心理。

善于倾听是一个成功的谈判者应该具备的修养和素质，因为善于倾听不仅可以发掘谈判事实的真相，而且还可以探索谈判对手的真正动机。

利用缓兵之计，获得有利时机

解决一个问题需要有利的时机，如果在谈判中遇到障碍，说明解决这个问题的时机并不成熟，那么盲目行动只会给你造成损失。举个例子，当你与对方谈判时，对方的要价很高，但是你知道过了一个月后，市场价格就会明显降低，而你解决价格问题的时机应该在一个月以后。那么你就应该拖延时间，给对方造成压力，同时也赢得好的环境以讨价还价。

很多人在谈判中都会用到拖延策略，这一策略形式多样，目的也不尽相同。由于它具有以静制动、少留破绽的特点，因此成为谈判中常用的一种战术手段。

实际上，这种拖延非常类似于战略上的缓兵之计，即如果你没办法解决眼下的问题，那么就应该缓一缓，等找到对策再说。

拖延战术还有一种战略意义,即通过拖延时间,静待法规、行情、汇率等情况的变动,从而掌握主动,迫使对方做出让步。

有几个著名的案例可以说明在谈判中运用战略拖延赢得时机的意义。例如,1986年,香港一个客户与东北某省外贸公司洽谈毛皮生意,条件优惠却久拖不决。转眼过去了两个多月,原来一直兴旺的国际毛皮市场货满为患,价格暴跌,这时港商再以很低的价格收购,使我方吃了大亏。再如,1920年武昌某一纱厂建厂时,向英国安利洋行订购纱机两万锭,价值20万英镑。当时英镑与白银的兑换比例为1:2.5,20万英镑仅值白银50万两,英商见银贵金贱,就借故拖延不交货。到1921年底,世界金融市场行情骤变,英镑与白银兑换比例暴涨为1:7。这时英商就趁机催纱厂结汇收货,50万两白银的行价,一下子成了140万两,使这个厂蒙受了巨大损失。

战略战术是变通的,从上面的例子中可以看出,每个人都可能因为对方使用战略拖延策略而导致谈判失利;反过来,自己也可以运用这种策略使自己占据先机。

缓兵之计是延缓对方进兵的谋略。当论辩局势不宜速战速决或时机尚不成熟时,应避免针尖对麦芒式的直接交锋,而应拖延时间,等待时机的到来。一旦时机成熟,就可后发制人,战胜对手。

第四章

谈判中如何获得对方的信任与好感

当谈判双方首次见面时,往往都会怀有一种戒备的心理。毕竟从来没有接触过,也不了解对方的真实动机和目的。出于安全的考虑,往往会将自己的真实情感隐藏起来,使你无法判定他将会采取什么策略,不得不知难而退。有时出于戒备之心,对方开始时往往会用丝毫不带感情的外交辞令与你周旋,表面上毫无敌意,暗地里却在冷眼观察你的一举一动,试图从中发现你的意图。这种情形常使你尴尬不已。还有的时候,出于戒备心理,对方甚至从一开始就对你唯唯诺诺,仿佛唯命是从。但当你以为时机成熟,可以说出自己的想法时,对方却给你来个180度大转弯,让你的计划泡汤。

表达自己的诚意，消除对方的戒备

消除对方的戒备心理，避免在谈判中出现尴尬情形，最关键的一点就是在谈判中以诚相待。以诚相待的原则首先体现在真诚地关心对方。一位从事人际关系研究的专家认为：人最关心的是自己，而且希望他人也关心自己，就好比他拿起一张有他在内的集体照片，他首先看到的是自己。他听你说话也一样，首先也希望在你的谈话中能找到他，并会以你关心他的程度来决定他关心你的程度。因而在谈判伊始，先拿出一定的时间，以寒暄、问候的形式真心实意地表达你对对方的关心是十分必要的。这样，可以使谈判在一种相互关心、诚挚友好的气氛中进行。从你的关心中，对方感到他是在同一个富有同情心和爱心的人打交道，他不必担心自己会受到欺骗和不公正的待遇，从而消除戒备之心，积极与你合作。

关心对方还体现在真诚地关心对方的利益。谈判不是角斗，在角斗中，非胜即败，为了取胜，当然不必关心对方的失败。谈判的宗旨是要双方都获益，从关心对方利益的角度提出问题，使对方认识到接受你的提议会使自己受益，他才会接受你的方案。如果你只顾讲自己的利益，要求对方处处为你着想，你就很难说服他。

国外的一位学者曾经做过这样的一个试验，他列举出多个描绘人的个性品质的词语，然后让人们说出他们喜欢的那些个性品质的词语，并说明喜欢的程度。结果排在前八位的人们最喜欢的词语分别是：真诚、诚实、理解、忠诚、真实、信得过、理智、可靠。其中竟然有6种与真诚有关。而在人们最不喜欢的词语中，虚伪居于首位。

可见，人们都把真诚作为与人交往的基础。谈判不仅仅是一种竞争，更重要的是一种合作的行为。因此，合作在谈判中尤其重要，若合作，则必须以诚相待。历史上，谈判曾经被作为一种政治手段而使用，它是以非暴力的手段战胜对方的一种形式。而今天谈判已经成为人际交往的重要手段之一。

谈判的成败更多的不是取决于谈判者的智慧和计策，而是在于是否具有谈判的诚意。即便是一项很容易达成的协议，如果缺少了诚意，也可能失败。

真诚的关心

谈判过程中，只有慷慨地投入才能获得丰厚的产出。谈判要遵守以诚相待原则，还要求谈判者要有诚实的态度。在许多场合，谈判是由于我们犯了错误而引起的，比如，当你闯了红灯，当你不小心打碎了别人的东西，你要对此负责。但是，通常情况下，人们不会心甘情愿地接受处罚，往往会千方百计地开脱自己，使自己承担的责任最小化。但是，这种努力往往会适得其反，它也许会为你挽回一定程度的利益上的损失，但你却因此丧失了别人对你的信任和尊敬。一方面是由于你的强辩甚至狡辩表明你的不诚实和不可信赖，另一方面，与对方强辩，无疑损伤了他人的自尊心。人的自尊感常常是在履行自己的职责和批评他人中得到体现和满足的。你的抗拒行为，不仅妨碍了他履行职责，而且刺伤了他的自尊心。这样，你挑起了他的敌对情绪，为了维护尊严，他将以毫不妥协的态度与你力争到底。因而，在谈判中，如果你有错误，那么减少错误的损失以及使对方原谅你的唯一方式就是老老实实地认错。你认错了，对方的自尊心得到了满足，这会触发他的同情心，他会反过来以宽容的态度谅解你，从而达成对你有利的协议。

同样，当对方有了错误而请求你的原谅的时候，你也应该采取同样宽容的态度，因为真诚地关心对方，不仅会使对方受益，也会使自己受益。

开诚布公

在谈判中，为了双方的利益，谈判者应该乐于向对方提供有关谈判的信息和自己一方的情况。如果总是怀揣着"秘密武器"，封锁自己方面的情报，却要求对方为你提供情况，以谋取个人私利，是不会促进双方积极合作的。在谈判中，态度要诚恳而坦率。适当地流露出自己的感情、希望和担心，公开自己的立场和目标，会增加谈判的透明度，消除对方的戒备之心。谈判者越坦率，越可能逐步引导对方采取同样的态度。谈判者的智慧、技巧固然重要，但它取代不了谈判者态度的诚恳，一项缺少诚意的谈判，即便成功了，从价值判断的角度来看，它只是一项没有价值的交易。

最高明的谈判者所追求的谈判结果是双赢。以诚相待，开诚布公是获得

双赢的基础。

言必信，行必果

在谈判中，信用是双方建立信任关系的前提条件。任何一种谈判，没有信任，是不可能达成协议的。如果对方信任你，谈判就会在轻松和谐的气氛中顺利进行。反之，如果对方顾虑重重，就会使谈判气氛紧张，就有可能达不成协议，甚至谈判破裂。神经处于高度紧张状态的人们不可能取得好的谈判结局，他们会要求更多的保证。而在两个相互信任的谈判者中间，谈判的气氛必然是坦诚的，开诚布公的，真挚的。他们不会相互戒备对方，把自己的真实意图深深埋藏，处心积虑地打探对方的信息。在他们之间，信息的传递是一目了然的。在彼此信任的前提下，他们能直截了当地触及问题的核心，而不必纠缠于细枝末节。

大家都知道商鞅变法的故事，起初商鞅的新法准备就绪后，正式公布之前，他担心老百姓不相信。于是，商鞅在南城门外立了一根3丈高的木柱，并许下诺言：谁能将此木搬到北门，赏10金。围观的人都很感到奇怪和疑惑，没有人来搬。后来商鞅又增加了赏金，涨到五50金。这时真的有人把木柱搬到北门，商鞅也履行承诺赏了他50金。这一举动，使百姓们确认了他是一个很讲信用的人。于是他的新法获得了人们的信任，在秦国得以推广。可见，信用与信任的产生是多么的重要。试想，如一个谈判者轻率地毁约失信，对自己在谈判中所做的承诺采取出尔反尔、不负责任的态度，有谁会相信他呢？

作为一个讲信用的谈判者，在谈判中应该以诚实的态度向对方提供必要的信息，运用智慧和技巧取得应得的合法利益，并且一旦许诺，就要竭尽全力、千方百计地践约。

守信，是信用的主要内容。在谈判中，一个谈判者可以是难以对付的人，可以机智嬗变，甚至可以有一种软磨硬泡的谈判作风，但他一定要是守信的，说话算数的。失信，是一种腐蚀剂，它将使双方的关系恶化。由于一方的失信，对方会认为他是一个毫无信义，无正直之心的人，从而对谈判失去信心。他即便不中途退缩，也会变得毫无生气和诚意，最后双方难以达成协议。有时，另一方还会由于对方的失信产生一种被愚弄和欺骗的愤怒情绪。他也许会把它发泄出来，使对方难以承受。

守信还要求诚实的践约，履行诺言固然重要，但允诺本身也是不可忽视的。谈判者对自己的许诺要采取慎重的态度，要清醒地估计履行诺言的条件。首先，自己是否具有这种实力，是否能够如期向对方提供许诺的好处，或兑现某一条件。其次，要对客观情况做深入细致的了解，使诺言符合客观实际。最后，许诺要留有余地，不要把话说绝，否则很容易使自己陷入绝境。

谈判是一种策略性很强、技巧性很强的活动，狭路相逢，往往智者胜。你可以淋漓尽致地发挥你的智慧、才华，运用高超的技巧出奇制胜，但它们必须严格区分于欺诈。欺诈是一种破坏信用的行为，靠欺诈谋取利益不仅有悖于谈判的宗旨，在公共道德方面也是行不通的。即使用各种狡猾、欺骗的手段获得一时的成功，但同时也注定了失败的必然结果。在谈判中，如果你希望得到对方的信任和尊重，得到他人的积极合作，那么，千万不要忘记信用这一最基本的原则。

第四章　谈判中如何获得对方的信任与好感

谈判不要自我封闭

当今的社会充满了激烈的竞争，多数的谈判者对于自己的真实情况总是保持着一种自我封闭的态度，不仅不让对方对自己有实际的了解，反而故布疑阵，让对方感到难以琢磨。其实这种谈判风格给人的印象是不能以诚相见，不仅不能起到蒙蔽对手的作用，反而往往引起对方的反感甚至产生抵触情绪。这样一来就会在很大程度上阻碍双方真实信息的交流和进一步合作的可能性，有时候还会对谈判气氛造成不利局面。

随着人们之间合作领域的不断扩展，谈判事业也在不断地向前发展，一种以诚相见、开诚布公的谈判风格正在越来越受到谈判者的青睐与重视。成功的谈判专家往往将与对方开诚布公作为一种效果非常明显的谈判技巧与方法来使用。这样反而能够达到事半功倍的效果，尽快地促成双方达成一致。

企业操作实务方略：商务谈判与沟通技巧

克里斯蒂娜是意大利一家国有公司的总经理。在她刚刚接手这家公司的时候，公司正处于濒临破产的边缘，几乎每年都要亏损1亿欧元左右。克里斯蒂娜上任伊始，发现问题的严重程度远比她想象的要严重得多。原来公司年年亏损的一个主要原因就是，由于是国有公司，公司里的员工生产积极性非常地差，不仅编制冗繁，而且公司内部千丝万缕的联系非常复杂。过多的公司员工不仅不能够创造出更多的生产效益，反而成为公司的累赘。为了解决这一根本矛盾，克里斯蒂娜决定对公司进行裁员。但是按照意大利的法律，要解雇国有公司的正式员工，必须得到工会的同意与批准，否则将因为触犯法律而不能够实施。由于工会代表的是大多数职员的根本利益，以至于许多年以来，工会与公司的关系都相当地糟糕。双方的矛盾冲突非常严重，而克里斯蒂娜又从没有同工会打过交道，同工会的谈判将会面临巨大的压力与不可预测的困难。

为了促使谈判取得成功，让工会与公司达成裁减员工的协议的最终目的，克里斯蒂娜决定改变过去的谈判方式，采用开诚布公的方式与工会进行交流和交涉。首先，克里斯蒂娜给每个公司员工的家庭都送了一份详细资料，告诉这些员工以及他们的家庭公司的想法和目的，并且详细叙述了公司之所以这样做的必要性和苦衷。同时也让工会领导知道自己是非常尊重他们的。然后，克里斯蒂娜还精心制定了一个提前退休、公司负责支付一笔数额不菲的解雇费的基本方案。与此同时，克里斯蒂娜还派人通知公司员工们，如果不采取行动，由于公司每年的巨额亏损，在不久的将来公司的裁员幅度将更大。

克里斯蒂娜的这种做法，使得公司的员工和工会都基本上对公司的现状和困难以及造成目前局面的根本原因有了一个大体上的了解，让他们自己先权衡一下利弊，替公司想想公司究竟应该怎么做，裁员的方式是否可行与必要，如果不裁员而是按照现在的局面往前发展，会造成什么样的结果等等。

然后，在双方的直接谈判过程中，克里斯蒂娜再次采取直截了当的方式，襟怀坦白，对工会和员工进行晓之以理、动之以情的磋商，权衡利弊以图解决问题，内心怎么想的就怎么说，公司有什么实际情况就实事求是地告诉员工和工会。这样反而使对方消除了疑虑和不满，心悦诚服地表示同意与公司进行配合。结果当然是谈判双方顺利地达成了协议。公司在两年之内将15000名员工削减到了9000名。而公司裁员的最终结果不仅使公司减轻了巨大的负担，同时提高了生产效益，而且还在很大程度上改善了劳资双方多年的紧张关系。

从克里斯蒂娜与工会以及公司员工之间的谈判我们可以看出，尽管工会与公司之间的关系并不融洽，但是由于公司一方巧妙地运用了开诚布公的谈判方式，表现出了公司对工会领导的尊重，既满足了工会方面自尊和权威的需要，同时由于向员工开诚布公地通报了自己的真实情况和处境，又解除了员工的疑虑和戒备心理，使员工感觉到公司的做法合情合理，无形中就赢得了对方的同情与信任，使对方能够与己方顺利达成协议。

第四章 谈判中如何获得对方的信任与好感

谈判中不要过于强势

为了实现各自的谈判目的，有的谈判者善于硬拼抢攻，用尽浑身解数，但这在多数情况下并不适用。谈判的结果，不仅不能达成一致意见，反而会影响双方的人际关系，损伤和气。另外一种谈判者，他们既不向对方过分显示自己的势力和吸引力，也不采用硬拼抢攻之术，而是心平气和地把问题和困难陈述出来，促使双方提出解决问题和困难的办法，而不是自己提出解决的办法。

这种策略的巧妙之处在于，谈判者提出的这些问题和困难以及解决问题的办法，犹如精心编制的一张罗网，或者一口陷阱，设置在那里让对方自己钻进去。对方提出的解决问题的办法，正是自己所希望的结果。这就是谈判中的巧设陷阱法。

某外贸进出口公司作为出口商同国外买主就合同的交货条款进行谈判。该公司在这个条款上的主要谈判目标是劝说买方取消关于货物须由买方国家航运公司装运的规定，因为该航运公司的航期不稳定和服务不可靠的情况是众所周知的。在这种情况下，该公司为了避免买方国家航运公司承担运输任

务的结果，特意向对方提出了如下论点：公司很理解买方希望 12 个月交货到工地的愿望，但具体情况则需要双方进一步研究和讨论。实际情况是，双方此前已经商定的合理期限是 10 个月。这 10 个月还包括买方希望自己的工程师在场观察一个月时间的工厂检验。至于买方坚持必须以其本国航运公司的船只装运货物，公司对此并没有特别的意见。问题正在该国的航运公司身上。该航运公司的代理说，货物运到进口港需要大约 7 个月，加上海关验货放行需要 5 个月，再运到工地需要 1 个月，以上总共需要 13 个月的时间，这个期限是必不可少的，除非买方另有建议或其他运输途径。

根据出口公司的意见，可供买方选择的办法只限于三种，一种是取消买方一个月时间的工厂检验，一种是取消装货航运公司的限制，还有一种是与海关直接交涉，要求海关为这批货物做出特殊安排。如果选择第一种办法，买方必须取消自己工程师在场观察一个月时间的工厂检验，如果真是这样的话，缺少了自己工程师的检验，对于货物的质量方面买方肯定不会放心。而一旦出现质量问题，买方自己也必须承担相当一部分责任。这是买方绝对不能够接受的，因此他们肯定不会选择第一种办法。而第三种办法则是与海关直接交涉，在没有任何特殊理由的情况下，要求海关取消对这么一大批货物的验货并且直接放行，简直没有任何希望。因为这毕竟涉及两国的贸易往来，而在这种国与国之间的贸易中，海关是必须严格执行有关法律和程序的。

除了以上两种办法，买方就只有选择取消装货航运公司的限制这一条路可走。该公司明明知道买方无论如何也不会同意第一种办法，对于第三种办法买方也没有权力去和海关进行交涉。因此，根据排除法，如果要按照买方要求做到 12 个月交货的话，只有取消航运公司的限制，此外别无他法。实际上取消航运公司的限制正是该公司真正想要的结果。出口公司的高明之处就在于他们并没有直截了当地要求对方这样，而是把选择的权力留给买主自己。在这种情况下，买主方面可能会做出以下考虑：看来装运问题需要重新考虑，因为海关需要的时间是没有办法避免的，用一个月检验并让工程师熟悉设备也是必要而不可缺少的，如果允许出口商选择装运公司，不知道他们是否愿意保证 12 个月交货的期限？谈判进行到这里，买方已经钻进卖方所设下的陷阱中，等于自投罗网，落入圈套。出口公司的主要谈判目的也就是劝说买方取消关于货物须要由买方国家航运公司装运的规定，谈判成功已是不可更改的事实了。

在这个案例中，出口公司想要劝说买方取消货物装运公司的限制，但是他们并没有直接将自己的意见向对方提出，而是把关于交货期限的问题和困难向对方做出心平气和的分析，并由此设下陷阱，让对方自己做出选择。这正是巧设陷阱引对方自行钻进圈套的谈判策略的最成功之处。

洞悉对手的全部需求

谈判大师荷伯·科恩曾代表一家大公司去购买一座煤矿。公司给荷伯一个可以接受的心理价格是 2400 万美元，但矿主长期经营煤矿，对自己苦心经营多年的煤矿有深厚的感情，并且十分固执，开口要价 2600 万美元，荷伯还价 1500 万美元。

"你在开玩笑吧？"矿主粗声吼道。

"不！我们不是开玩笑，请你把实际售价告诉我们，我们好做考虑。"荷伯说。

但矿主坚持 2600 万美元不变。这次谈判陷入了僵持局面。在以后的几个月时间里，荷伯的出价逐渐提高：1800 万、2000 万、2100 万、2150 万，但是卖主毫不心动。

这个时候，2150 万与 2600 万对峙起来，谈判又形成僵局。如果就价格问题继续谈下去，而不从对方需要方面考虑，肯定不会有所进展。那么，卖主为什么固执己见，不接受这个显然是公平的还价呢？荷伯始终没有了解到。

在不断的接触中，荷伯反复向矿主解释自己的还价合理，可是矿主就是不说话或说别的。一天晚上，矿主终于对荷伯的反复解释正面应对了。他说："我的一个朋友的煤矿卖了 2550 万美元，而且还有一些附加利益。"

这句话终于使荷伯明白了症结所在,荷伯马上跟公司的有关经理人员联系。荷伯说:"我们首先要搞清楚他朋友究竟得到多少,然后我们才能商量我们的建议。我们首先应该处理好个人的重要需要。这跟市场价格并无关系。"

公司同意了,按照荷伯这个思路进行工作。他们对煤矿进行了更深入的走访,最终他们发现了该矿主的另外一些需求:

(1)矿主对他苦心经营的煤矿有很深的感情,他不希望将煤矿卖掉后就和煤矿没有丝毫关系了——这是从和他一同创业的一个同事那里了解到的。

(2)这个煤矿的大部分工人都在这里工作了很久,他们和矿主的关系很好,矿主很担心煤矿卖掉后这些老兄弟丢掉饭碗——这是从一位老工人那里了解到的。

(3)矿主所提到的他的朋友是他一直以来的竞争对手,他一直都不想输给他——这是荷伯和他一起吃饭时了解到的。

针对这些需求,荷伯与矿主又对交易的额外条件进行了商谈,最后达成了几个附加条件:

(1)收购后的煤矿仍旧沿用老煤矿的名称,并且聘请矿主担任技术顾问——事实上,公司也缺乏一个经验丰富的人来把关。

(2)煤矿中80%的工人与新东家签订了劳动合同,继续为煤矿服务——其实公司也为招聘人手正在发愁,这只是顺水推舟。

(3)公司一次性付清款项——这比他的那位朋友的5年之内付清的条件好得多。

不久,谈判就达成了协议。最后的价格以2250万美元成交——并没有超过公司的预算,但是附加条件却使矿主感到自己干得远比他的朋友强。而正是这些附加条件使矿主得到了更大的满足,而公司为此却没有真正付出什么。

唇枪舌剑、不屈不挠是为了需要,满面春风、携手共庆也是为了需要;故布疑阵、暗度陈仓是为了需要,开诚布公、坦率直叙也是为了需要;委曲求全、言辞谦恭是为了需要,义无反顾、据理力争更是为了需要。需要是旋转的魔方;需要是谈判运作的答案;需要是人们谈判的目的;需要是一种谈

判的策略。不明确对方的需要,也就不能更好地满足自己的需要;探明对方的需要,才能更好地满足自己的需要。

一般来说,人的需求在主观上通常是以愿望、欲望、理想、志向、兴趣、爱好等形式为人们所体验的,它是人们从事各项活动的最根本的动力来源。因此,研讨谈判活动也就离不开对谈判活动中的需求理论进行分析。

行为科学曾得出过一个公式:在客观条件基本相同和追求目标一定的前提下,人的能力、积极性和工作成绩这三者之间存在着如下关系:工作成绩=能力×积极性。所谓积极性正是与人的需求强度有关。

我们把上述行为科学的公式转换到谈判领域中,就可以表述为这样一种关系:谈判成果=能力×需求性。

显而易见,在谈判的实践活动中,人的相关能力一般很难在短时间内发生较大变化,它需要一个长期实践经验积累的过程。而评判、了解乃至调动双方有关需求性的层次与强度,却会及时、有效、直接地影响到谈判成果。

掌握"需要理论"能使谈判当事人知己知彼,找出与对方相联系的需求,懂得如何选择不同的方法去适应和运用,以便选择最佳的谈判方法。

下面主要谈谈需求理论在谈判中的实际运用情况。

满足谈判者的各种基本需求

在谈判的各个阶段,应让谈判者相互间关系轻松、融洽而不感到拘束,建立一种良好的商谈气氛。例如,在物质需求上安排好住宿、饮食,包括点心、茶水、娱乐等,创造一个使双方有安全感的环境来满足谈判者的最基本需求。在谈判过程的协商统一意见阶段,更要增加社交活动来满足谈判者个人的需求。

然而,自尊需求的满足主要依赖于谈判者内心深处对自己的成就所做的评价。如果谈判者对自己的成就是满意的,即满足了他对自尊的需求,这时候,他就会要求"达成协议",谈判双方的需求层次就会达到较高层次,并且有希望达成双方满意的协议。

满足谈判者的需求,以达到过程中实现利己

谈判者需要得到对手的尊重。当他非常注重自身利益时,他会认为对方对他的尊重程度取决于他赢得了多大的成果,同样与他能否达到谈判目标息

息相关。

由此可见,谈判者所追求的是想方设法取得自己的利益。遇到这种情况,我们就可以在谈判初期想法满足他的前五层次需求,并在利他过程中实现利己,使谈判取得成功。

运用需要理论选择谈判策略

需求理论应用于谈判实践最主要就是用来选择一定的谈判策略或方法。

有些专家学者按照谈判成功控制力量强弱不同进行排列,划分出以下六种基本的谈判策略或方法。

(1) 谈判者顺从对方的需求。

谈判者在谈判中站在对方的立场上,顺应对方的需求,从而使谈判获得成功。这种谈判最容易取得成果,当然,这种顺从战略是建立在不损害自身利益的基础上的。

(2) 谈判者使对方服从其自身的需求。

这是一种定向诱导的谈判策略。商店的营业员与顾客之间的"谈判"普遍使用这种方法,营业员表面上用种种热情的方法满足顾客的需要,实际上是为了推销商品,从而实现自身的利益。

(3) 谈判者同时服从对方和自己的需求。

这是指谈判双方从共同利益出发,为满足双方每一方面的共同需要进行的谈判,采取符合双方利益的策略。这种策略在谈判中被普遍用于建立各种联盟,或扩大生产规模、降低生产成本、固定产品价格等。

(4) 谈判者违背自己的需求。

这是谈判者为了争取长远利益的需要,抛弃某些眼前或无关紧要的利益和需要的谈判策略。

(5) 谈判者不顾对方的需要。

这是一个强硬的谈判策略,即谈判者只顾自己的利益,完全忽视或者不顾对方的需要而实施"鱼死网破"的手法。采用这种策略的一方往往依仗于自身的强者地位,以强凌弱。而这不仅容易导致激烈的"你死我活"的抗争,最终使谈判出现僵持或破裂,而且违背了谈判双方对等与互惠互利的原则。

(6) 谈判者不顾对方和自己的需要。

这主要是谈判者为了达到某种特定的预期目的，完全不顾双方的需要与利益，实施一种双方"自杀"型的谈判方法。

上述这六种不同类型的谈判策略，当人们运用它们去实现某种目的时，谈判的控制力量从第一种到第六种依次逐渐减弱，而谈判桌上的危机则逐渐加重。在把握与运用需求理论与谈判策略的关系上，首先我们确实要规范地认识人们的本能化需求及其转换关系，要了解人的各种不同需求在时间上是继起的，在空间上是并存的，在现实上是可交换的。

总而言之，需求理论与谈判策略之间有着多重的联系。熟练地掌握相关的理论，并有效地运用到谈判的实践活动中去，这对于提高谈判能力、增强谈判效果无疑是十分重要的。

建立有效的客观标准

日本经营之神松下幸之助在与荷兰飞利浦公司的谈判中，也是运用以理服人的谈判技巧，迫使飞利浦公司认可3%经营指导费的。松下幸之助介绍说："人们对于那些看得见摸得着的东西比较容易判断其价值，而要认识无形的东西的价值则十分困难。但是，正确认识无形的价值是非常重要的，在事业上也是如此。经营活动本身虽然不能以数量来衡量，但它却是可以被判明价值的。除了软弱无力、毫无成效的经营，大凡真正的经营都能取得辉煌的成果。它能促进企业的发展，提高员工的福利，进而推动国家和社会的进步与发展。只是我们尚未正确认识到这种经营的价值罢了。1952年，松下电器公司计划与外国企业进行电子方面的技术合作，为了寻求合作对象，我前往美国和欧洲各国，进行实地考察。经过调查了解，我发现美国在规模及其他方面与日本相去甚远，其先进的技术对日本不大合适。而荷兰这个小国的国情倒与日本相似，并且荷兰的飞利浦公司也是60年前靠个人起家逐渐发展壮大的，其发展史与松下电器公司相似。因此，我决定选择飞利浦公司作

企业操作实务方略：商务谈判与沟通技巧

为松下电器公司的技术合作伙伴，并且立即开始谈判。谈判中遇到的一个最大的问题，就是飞利浦公司索要高达6%的技术指导费。这个数目与美国公司的3%相比要高出1倍。飞利浦公司坚持提取如此高的技术指导费，似乎有着不可辩驳的理由。他们认为，其责任心之强是美国的公司所不能比拟的，即使同美国公司合作没有成效的项目，改同飞利浦公司合作后，也一定会成功。以往的合作业绩就是最好的证明。

"飞利浦公司遍布世界48个国家的工厂，无一不是成功的典范。面对飞利浦公司的这种自信，大多数谈判对手往往把目光从提成6%这一苛刻的条件上挪开，转而注视飞利浦公司的雄厚实力，并且暗自庆幸能与它合作。实际上，任何人经过冷静的思考，都会对6%这个数字望而生畏。我虽然感到技术指导费的要价太高，不能接受，但仍然认为飞利浦公司是个理想的合作对象，而不愿放弃这个机会。当然，我对迫使对方降低条件也充满信心。通过认真的分析，我悟出了一个道理：无论美国的公司，还是飞利浦公司，它们的技术本身并没有多大差距，差距仅仅在于技术以外的其他因素，即运用自己的技术取得成功的能力。甚至可以这样说，它们的技术输出能否获得成功，在很大程度上取决于引进技术的国家、公司内部情况的优劣及其经营能力的高低。这就好比教师和学生，即使教师的教学水平再高，由于学生的接受能力参差不齐，其教学效果也会各不相同。飞利浦公司要求提取6%的技术指导费，无异于在表明其教学水平高，但是他们显然忽视了我们松下公司作为学生的能力因素。根据这一认识，我对飞利浦公司方面说：'与我方合作，获得成功的概率将大大超过你方以前同任何公司的合作。假设与其他公司合作的成功率为100%，那么同我方合作的成功率将是300%。我们松下电器公司既然有如此高超的经营指导能力，那么，提取3%的经营指导费就是理所当然的了。而飞利浦公司的技术援助费则应降为4.5%。'对方还是第一次听说经营指导费，显得十分惊讶，随之提出了种种反对意见。但是，由于我方耐心说服，以理服人，对方很快表示理解。最终，双方按我的条件，以4.5%的技术指导费对3%的经营指导费达成了合作协议。于是，由我们两家公司资助指导的松下电子工业公司便应运而生。"

这个例子足以说明，运用以理服人的谈判技巧，应特别注意论证的逻辑性,而对方的失败则在于论证没有逻辑性:"设计理论依据具有权威性,就会使产品具有权威性。"这种逻辑不成立。因此可以说,以理服人的技巧利用不当,会让对方抓住把柄,处于谈判的不利地位。

当利益冲突不能采取其他方式协调时,客观标准的使用在谈判中能起到非常重要的作用。

在谈判的过程中,你可能已经充分理解了对方的利益所在,并且绞尽脑汁为双方寻求各种互利的解决方案,也非常重视与对方发展关系,然而,你还是遇到了一个令人非常棘手的利益冲突问题。双方就某一个利益问题争执不下,互不让步,即使强调"双赢"也无济于事。例如,房东与承租人之间的房租问题,在国际贸易中的交货期长短问题等。

在上述情况下,谈判者多数会采取立场式谈判方法。这时,解决的方法有可能是,一方如果极力坚持自己的立场,那么另一方就不得不做出一定的让步来达成协议。为什么会出现这种情况呢?这种谈判,双方的假设前提是:(1)我之所失即你之所得;(2)谈判协议的达成取决于愿意达成协议的意愿;(3)不考虑其他的因素,只考虑单一价格因素。

那么结果如何呢?这样,谈判就演变成一场意愿的较量,看谁最固执或谁最慷慨。谈判的内容就集中在看谁更加愿意达成协议。许多情况下,谈判会陷入另一场持久的僵局中,其结果不利于双方以后的进一步合作。

下面是谈判一个固定价格的土建项目的例子。就地基问题,业主与承包商各执己见:承包商认为地基5米就足够了,而业主认为至少6米。承包商说:"用钢筋结构来做房顶,地基没有必要做那么深。"业主不肯让步。那么如何才能保证房屋坚固呢?业主可以用一系列客观的安全标准来进行讨价还价:"也许我是错的,5米的地基就可以了;我所坚持的是地基要坚实牢固,深度要足以使房子安全。政府对此类土地的地基是否有安全标准?这一地区的其他建筑物的地基深度如何?这一地区的地震风险有多大?"遵循一些客观的标准来解决这一地基问题,很可能就是谈判的出路。

实践证明,此种方式的谈判非常有效,它可以不伤和气地快速取得谈判成果。但是,有一点谈判人员一定要把握,那就是谈判遵循客观标准的基本原则应该是:公平有效的原则、科学性原则和先例原则。

在谈判中，谈判者要想有效地运用客观标准，就应注意以下几个问题：

尽量发掘可作为协议基础的客观标准

一般说来，谈判中遵循的客观标准往往不止一种。例如：市场价、先例、科学的判断、行业标准、效率、成本、道德标准、同等待遇、互惠原则等等。发掘越多，越有可能择取好的标准并帮助达成公平协议。

接受对方合理正当的客观依据

一定要用严密的逻辑推理来说服对方，对方认为公平的标准对你来说必须也是公平的。运用你所同意的对方标准来限制对方信口开河，甚至于两个不同的标准也可以谋求折中。

让双方认同同一标准

所引用的客观标准至少在理论上能使双方都感到合适，而且要独立于双方的意志之外，否则也会使人感到不公平。

始终保持冷静的理性态度

谈判的实际情况可能是复杂多变的，对手可能只从自己的利益出发提出某种标准，甚至于将它发展成不可让步的原则立场。这时作为谈判者一定要保持冷静：首先，客观标准本身有多元性，你不一定非采纳不可，别的更为公平的标准也是可能存在的，应该通过比较来进行取舍；其次，如果几个客观标准都必不可少，是否可以考虑折中的方式以打破僵局，如我国过去实行的福利分房便综合了多种标准：工龄、职称、职务、学历等等，然后将它们折算成可相加的分值。

不要屈从对方的压力

来自谈判对手的压力可以是多方面的：贿赂、威胁、摆老资格、以人格担保、拒不让步等等。坚持客观标准就意味着绝不屈从压力，无论对方如何千变万化，回答都一样：请说明理由，明确双方认可的标准。除非对方真的不让步，否则，只要还能谈下去，你就能取得优势，因为你的力量在于坚强的意志、合理合法的态度和希望公平解决问题的良好意愿。

谈判中要善于观察

美国菲德尔费电气公司的推销员韦普先生去宾夕法尼亚州推销用电。他看到一所整洁的农舍，便前去叩门。敲门声过后，门打开了一条小缝，户主布朗·布拉德老太太从门内向外探出头来，问来客有什么事情。当得知韦普先生是电气公司的代表后，"砰"的一声把门关上了。

韦普先生只好再次敲门。敲了很久，布拉德老太太才将门又打开了，仅仅是勉强开了一条小缝，而且还没等韦普先生说话，就毫不客气地破口大骂。怎么办呢？

韦普先生并不气馁。他决心换个法子，碰碰运气。他改变口气说："很对不起，打扰您了。我访问您并非是为了电气公司的事，只是向您买一点鸡蛋。"听到这句话，老太太的态度稍微温和了一些，门也开大了一点。韦普先生接着说："您家的鸡长得真好，看它们的羽毛长得多漂亮，这些鸡大概是多明尼克种吧？能不能卖给我一些鸡蛋？"这时，门开得更大了。老太太问韦普："你怎么知道这些鸡是多明尼克种呢？"

韦普先生知道自己的话打动了老太太，便接着说："我家也养一些鸡，可是，像您所养的那么好的鸡，我还没见过呢。而且，我养的来亨鸡只会生白蛋。夫人，您知道吧，做蛋糕时，用黄褐色的蛋比白色的蛋好。我太太今天要做蛋糕，所以特意跑您这里来了……"老太太一听这话，顿时高兴起来，由屋里跑到门廊来。韦普则利用这短暂的时间，瞄一下四周的环境，发现他们拥有整套的养鸡设备，便接着说："夫人，我敢打赌，您养鸡赚的钱一定比您先生养乳牛赚的钱还要多。"这句话说得老太太心花怒放，因为长期以来，她丈夫虽不承认这件事，而她总想把自己得意的事告诉别人。

于是，她把韦普先生当作知己，带他参观鸡舍。在参观时，韦·普先生不时对所见之物发出由衷的赞美。他们还交流养鸡方面的知识和经验。

就这样，他们彼此变得很亲切，几乎无话不谈。最后，布拉德太太在韦

普的赞美声中，向他请教用电有何好处。韦普先生实事求是地向他介绍了用电的优越性。两个星期后，韦普收到了老太太交来的用电申请书。

后来，他便源源不断地收到这个村子的用电订单。

在这里，韦普先生非常巧妙地说服了老太太用电。它给我们以什么启示呢？至少有如下4点：

第一，作为一个经济谈判人员和经销人员，知识面一定要宽。试想，如果韦普先生不懂养鸡技术，他就不可能和老太太谈得很投机。

第二，头脑要灵活，应变能力要强。当老太太不愿接待韦普先生时，他马上找到借口，说太太的鸡蛋好，以购买老太太的鸡蛋做蛋糕为由接近老太太。

第三，善于观察。韦普先生从门缝里看到老太太家养的鸡，看到她家有整套的养鸡设备，便马上找到话题，借题发挥。这也是韦普先生得以制胜的重要一条。

第四，称赞老太太，满足她的自尊心。这是取胜的最重要的一条。一般说来，人们都有一种自尊倾向，渴望得到人们的肯定和称赞。当一个人受到真诚的称赞时，就会产生亲和力，对你产生好感，并乐意接受你的请求，满足你的需要。韦普先生恰恰利用了这一点，他极力称赞老太太养的鸡好，羽毛长得漂亮，并说老太太赚的钱一定比她先生养牛赚的钱多，从而极大地满足了老太太的自尊心，博得了老太太的好感，为他的成功奠定了基础。

观察对方为谈判的首要步骤。参与谈判的双方通常是在谈判桌上首次见面，而这第一回合的正式接触，则是一次观察对方的良机。因此，必须留意对方的表情、动作，找出他的特殊习性，以迅速获得正确的资料，如此才能决定该采取什么样的谈判战术和技巧。

从与谈判对手有所接触的人身上取得资料，对于"熟识敌情"非常重要。如果这个第三者与谈判对手有深交，他所提供的资料尤其具有参考价值，但这也可能是一个陷阱。所以，你必须考虑到下面两种情况：（1）资料的提供者对你的谈判对手是否存有误解或偏见？而他本身是否是个喜欢夸大其词的人？如果是，就不要轻易相信你所取得的资料了。（2）资料的提供者是否与你的谈判对手私下串通好了，故意暴露一些假情报给你，引诱你误入歧途？这也并非不可能。

在谈判前，对于谈判对手的访谈录、演讲稿及其他相关资料，必须详细研究。访谈记录和演讲稿所传达的信息比较直接，更应该多加重视。如当你代表员工，将要与公司方面就有关重新制定工资问题进行谈判时，在搜集资料的过程中，发现了该公司董事长在以前的会议中，曾说了这么一段话："我从未受过正规的教育，能有今天，完全是我多年来不断奋斗，不向困难低头的结果。如今公司的经营已经上了轨道，在同行中也占一席之地，我感到由衷的高兴。"

如何把这段话运用到谈判之中呢？公司的运营状况以及在同行中的地位，可以从企管杂志或有关报道中得知。但是，董事长个人的身世背景及其经营理念，就只能"道听途说"了，有时这对谈判的结果具有极大的影响。不过，现在你已经掌握住了相当重要的一点——"我从未受过正规的教育"。在劳资双方的谈判中，最容易引起争议的是有关支付体系以及工资的附加给付问题。而对这些专业性的问题，可以假设，董事长由于未受过正规教育，所以了解不多；在这样的情况下，出面与你交涉的，可能是董事长特别聘来的专家。那么，你所要对付的，就是这些专家，而非董事长本人了。只要专家肯接受你的提议，董事长自然无话可说。当然，董事长未受过正规教育不代表他不懂专业性问题，所以从谈判一开始，你就必须仔细地观察，以检测自己的判断是否正确。另外，董事长是个不断奋斗，不向困难低头，历经千辛万苦而后才获得成功的人——这种人通常是不会轻易接受员工要求的。白手起家的人总有一种观念：不能让步，万一让步，多年努力的成果便将毁于一旦。所以，你必须准备足够的资料，并且设法让董事长明白，员工的要求不但不会妨碍公司的成长，反而会对公司的未来发展做出贡献。

由此可见，在面对面的谈判中，多听是谈判者的基本功。不仅仅是多听，更要用心去感受，除了听出对手谈话的直接内容，更要听出对方的"弦外之音"。如果连听都没有听明白，自然就无法去理解和回答对方的问题了。

不能只听不说，因为谈判必须是让双方都能够了解对方的态度与想法，如果只是一味地聆听而拒绝同样地做到信息发出的义务，那么双向沟通的渠道就会阻塞，也就无谈判空间可言。

关注对手的表情

你必须要明白，在绝大多数情况下，话是说给别人听的。说不说由你做主，有没有用由别人决定。没用的话没必要说，说了也白说，很简单，那是废话。所以，要让说出来的东西有用，至少不至于成为废话，你需要学会关注对手的表情。

关注对手的表情，说俗了实际上就是"察言观色"。古人其实并不反对"察言观色"，甚至有的时候还极为提倡。只是到了20世纪，"察言观色"才逐渐成为人们口诛笔伐的对象。而现今，随着学术理论的不断完善，人们认知水平的不断提高，"察言观色"已经成为许多人信奉和推崇的一种极其重要的职场能力。

加德纳博士在他的"多元智能"理论中，把察觉并区分他人的情绪、意向、动机及感觉的能力（包括对他人脸部表情、声音、动作的敏感性，辨别不同人际关系的暗示以及对这些暗示做出适当反应的能力）称作"人际智能"。缺乏"人际智能"的人，很难与他人进行有效的沟通，也很难在社会实践中取得成功。沟通学者的研究发现，人们在沟通时，有7%的效果来自于说话的内容，38%取决于声音（音量、音调、韵脚等），而有55%取决于肢体语言（面部表情、身体姿势等）。因而，在解读他人心意时，重要的不只是听他说了些什么，更要紧的是看他怎么说。可见，由于人们之间超过50%以上的交流都是通过非语言方式完成的，所以说话不仅要用嘴巴，更要用眼睛。

当然，"察言观色"不是拍马奉承，关注别人的表情也不是说要投谁的所好，要用假话去蒙蔽别人。我们赞同"察言观色"，提倡与人交流时"关注别人的表情"，目的是为了使我们在说话的时候能够尽量选择别人容易接受的方式，使别人能够真正听懂和接受我们所说的东西，增强说话的效果，提高交流的效率。

从这则小故事里我们不难发现，推销自己，影响别人，让别人听我们的

"话",不是简单的仗义执言就能够办得到的。人际交往中,对他人的言语、表情、手势、动作以及看似不经意的行为进行较为敏锐细致的观察,往往能够使我们与他人的交流更加容易,取得意想不到的效果。

当然,关注对手的表情,也是要有重点的,除了对方的喜怒哀乐外,对眼睛的观察最为重要。从医学上来看,眼睛在人的五种感觉器官中是最敏锐的,大概占感觉领域的70%以上,因此,被称"五官之王"。孟子云:"存乎人者,莫良于眸子。眸子不能掩其恶。胸中正,则眸子瞭焉;胸中不正,则眸子眊焉。"从眼睛里流露出真心是理所当然的,"眼睛是心灵之窗"。

深层心理中的欲望和感情,首先反映在视线上,视线的移动、方向、集中程度等都表达不同的心理状态。观察视线的变化,有助于人与人之间的交流。爬上窗台就不难看清屋中的情形,读懂人的眼色便可知晓人们的内心状况。有人总结了一些关于眼色的所谓规律,尽管不一定全部正确,但即使仅仅只是作为一个参考,也未必不能触发我们的思考,给我们以借鉴。

(1) 我们看眼睛,不重大小圆长,而重在眼神。

(2) 你见他眼神沉静,便可明白他对于你着急的问题,早已成竹在胸,稳操胜算,故只需向他请示办法,表示焦虑。如果他不肯明白说,这是因为事关机密,不必多问,只需静待他的发落便是。

(3) 如果你见他眼神散乱,便可明白他也是毫无办法,徒然着急是无用的,向他请示,也是无用的。你得平心静气,另想应付办法,不必再多问,这只会增加他六神无主的程度,这时是你显示本能的机会,快快自己去想办法吧!

(4) 如果你见他眼神横射,仿佛有刺,便可明白他异常冷淡,如有请求,暂且不必向他陈说,应该从速借机退出,即使多逗留一会儿也是不适的,退而研究他对你冷淡的原因,再谋求恢复感情的途径。

(5) 你见他眼神阴沉,应该明白这是凶狠的信号,你与他交涉,须得小心一点。他那一只毒辣的手,正放在他的背后伺机而出。如果你不是早有准备想和他分个高低,那么最好从速鸣金收兵。

(6) 你见他眼神流动异于平时,便可明白他是心怀诡计,想给你苦头尝尝。这时应步步为营,不要轻进,前后左右都可能是他安排的陷阱,一失足便跌翻在他的手里。不要相信他的甜言蜜语,这是钓鱼的饵,是毒物外的糖

衣，要格外小心。

（7）你见他眼神呆滞，唇皮泛白，便可明白他对于当前的问题惶恐万状，尽管口中说不要紧。他虽未绝望，也的确还在想办法，但却一点也想不出所以然来。你不必再多问，应该退而考虑应付办法，如果你已有办法，应该向他提出，并表示有几成把握。

（8）你见他眼神似在发火，便可明白他此刻是怒火中烧，意气极盛，如果不打算与他决裂，应该表示可以妥协，速谋转机。否则，再逼紧一步，势必引起正面的剧烈冲突了。

如何看穿对手的真实意图

提出两面性的质问

说话模棱两可的原因，大概不外乎下面三种：

第一种：有意掩饰自己的真心。

第二种：对自己的意见没有信心。

第三种：故意不表明自己的立场，以免卷入某种是非。

学者或是评论家，应记者的要求对微妙的问题发表意见的时候，虽然会说出一个结论，最后总是再加一句："但是，也有另一种可能。"

富有经验的企业主管在开会时，就懂得把这种"两面性"很技巧地运用在他的话里，以便事后有个申辩的机会。

例如，他会说："这个问题是为了解燃眉之急，因此，我必须慎重考虑。我打算尽可能迅速地想出一个万全的对策。"

这句话，既可解释为"很快就想出对策"，也可以解释为"花点时间好好去研究"。

妙就妙在不管事情如何演变，他都可以自圆其说。

交谈之中，如果所说的内容有浓厚的"两面性"，那就表示对方为下决定犹豫不已，有意避免造成统一性的印象。

而乍看下，好像意志已定，其实不然。若想洞悉他的真心，这种"两面性"的理论，也可以成为有效的利器。

也就是说，当对方只强调事情的一面来下结论，你就要发出强调另一面的质问，借此套出他的真意。

当然，"欲速不达"是真理，"打铁趁热"也是真理。每一件事情必有它的两面性，关键是看他如何视情况而作应变。

他做出的决定如果站不住脚，只要向他强调"两面性"，他的结论就会轻易地有了改变的空间。

相反的，如果意志甚坚，则任你如何强调"两面性"，他还是无动于衷，绝对不会改变他的结论。

轻易回答"我懂了"

俗语说：闻一知十。世上就有只听对方说出"一"，就能知道"十"这种脑筋奇灵的人。

但是，这种人毕竟不多，以一般人脑筋，闻"一"知"一"才是正常。

如果，跟你初交见面的人，来个闻"一"知"十"的态度，你得有个戒备心才是。

因为对你的性格或是想法了解不多的人，闻"一"就摆出知"十"的态度，那就表示他很可能"不愿意再听你说下去"。

他之所以不明示拒绝的态度，是因为屈服于你给他的心理压力，才无法把拒绝之意说出来。

"面无表情"，其实是"表情特多"

初次见面的时候，如果"面无表情"，谁都觉得这个人既难看穿其真心，也难以对付。

一般双方初次见面，该来个社交辞令。不管心里有何感想，微笑一下总可以的吧！可是就有一见面便"面无表情"，使你无从接近的人。

有此表情的人，你问他什么，他总是显得比较迟钝，脸上也无喜怒哀乐的表情。

到底对你的话有没有兴趣？有没有困扰？他有什么感想？想着什么？一切的一切，他都不会积极地显现于表情上。

当面对这样的人时，敬而远之或者视为无法应付，那倒不必。

因为，他的"没有表情"，则完全证明了他内心的"表情丰富"。

一个人，如果内心深处有了强烈的不满，或是有些敌意，而且这些感情又是他不愿意别人知道的，为了防止它显现于外，内心就起了一种抑制作用，使他变得"面无表情"。

"面无表情"绝不是由于无可表现而起，而是由于内心有了某些感情——一些不能直率显现的感情而起。

这么一分析，你就该了解，"面无表情"的人，事实上，在假面具背后藏了某种不欲人知的心理纠葛。你应该从这个角度去探测他内心的纠葛到底是什么。

当对方突然变得饶舌

有些人初次见面就对着你滔滔不绝，这种人，至少会让你觉得心情轻松。因为，你不必为该接什么话而动脑筋，也无须想尽办法揣测对方的为人（他自己会源源不断地提供这方面的资料）。

可是，善于言谈的人，是不是在任何场合都会积极地表现自己，那就很难说了。

有一位心理学家，曾经介绍一对年轻人相亲。双方客客气气地交谈着，不久，他发现男方突然变得话多起来。

这位心理学家据此推断他不愿意触及自己收入的事，这个判断并没有错，至少在当天的会话中，双方都没有说到薪资多少的事。

这个例子告诉我们，有些人除了为表现自己而饶舌之外，也可能为了阻止别人，不想让别人说话而饶舌。

饶舌并非雄辩，它往往是隐藏自己的烟幕。

故作笑容的真意

一位推销保险的能手曾经说过："如果对方故作笑容满面，这次推销八成就不会成功。"

这种顾客当场会告诉你，考虑几天再给你电话。事实上，隔几天他就打电话表示无意购买。

以常理而言，对方一直笑容满面地听你的推销，按说这次推销应该成功在望，而事实上却成交无望，这是什么道理？

他之所以满面笑容，不能断然认为他对你的话有共鸣，应该认为他是在隐藏某种心理。

人们往往为了掩饰不安，显现相反的态度。心理学称之为"反作用行为"，是属于防卫机能之一。

由此可知，跟你初次见面的人，如果笑容满面，你就老实地自以为受到欢迎，那可能在一开始就陷入误区了。

故意反驳对方的意见

面试的时候，由于考官必须在限定的时间内，把应征者的为人、能力做某种程度的了解，所以为了准确起见，经常使用一些深层次的技巧。

"压迫式面试"就是其中之一。这个方法的特点，是故意发出一连串使对方不大好受的问题或是使对方处于孤立状态，逼他做两选一的决断。

总而言之，这是故意"虐待"对方，把对方逼入危机之下，以观察其反应的一招。

在危机状况之下，一个人的自我就在不知不觉中显现无遗。

日本有一位评论家，他访问一个人的时候，为了洞悉对方真心，经常要设法使对方先生气。

为了达到这个目的，他会故意摆出不礼貌的态度，或是讲出足以触发对方怒意的问题。

这也算是"压迫式面试"的一种。他之所以有办法取得其他传播机构无法取得的独家消息，完全是靠这个抓住人的微妙心理的方法。

跟初见面的人交谈时，如果对他的真意有所怀疑，或者要探出他对话题的关切度有多大，你就不妨使用出"压迫式面试"这一招。

当然，过犹不及，如果为了探索出对方的真意，而不惜使对方勃然大怒，说不定反而造成不利于你的局面。

无法用"是"或"不"来回答的问题

向别人问话时，先用几个容易回答的问题问了对方之后，你得逐渐增加无法用"是""不"回答的问题。否则一直用这种方式问话，对方就变得被动，你问他什么，他只会点头或摇头，到头来，还是问不出更深的问题。

例如，把"你喜欢什么""你为什么喜欢""你希望到哪里""你觉得如何"之类的问题，一直问下去，对方就给逼得非使用自己的言辞说出答案不可。

要探出对方的真意时，首先应该是设法使对方说得更多，你才能如愿以

偿。上面所说的方法，必然有助于发掘对方本来是隐藏不露的真心。

中断话题让对方接下去

有一种心理测验叫作"投影法"，这是从一个人对某些头绪不清的图形以及言语所做的解释中，探讨他的性格或是精神状态的方法。

使用言语来达到这个目的的方法，叫作"成句法"。例如：给对方一段上文（"孩提时代，你是……""你的父亲是……"之类），然后，请他接下文，把一句话说得完整。

他如何把不成形的文章接成完整的文章，从那个内容里就可以轻易地探出其无法隐瞒的真心。

面对不太肯说话的人，要他说出真心话，就得运用这个方法。

例如："这么说，你的意思是……""照你的说法，这件事就该……"用这一类方式，把你的话说个开头就中断，然后，静听对方如何回答。

处于这种情况下，对方通常会接下去说话，无意识中把自己的真心，"投影"在接下去的话里。

如果，对方不接下去，那就表示他对那个问题有"抗拒感"（无意作答）。从这个反应，你至少也可以探出他当时的心态，以及对你的感受如何了。

第三者的看法如何

座谈会的主持人必须有个本领，那就是有时候得设法使出席者说出他不爱说的话。

精于此道的主持人，绝不正面问对方个人意见，而是故意采用"第三者的看法如何"这个方式。

例如，向年龄大的人问话："你对时下的年轻人有何看法？"

对方一定会说："不错，他们做得不错。"如此把你的话轻易搪开，不轻易地显露他的真意。

要是改个方式，问道："你的那些朋友，对时下的年轻人有何感想？"情况就不大相同，他会滔滔不绝地说出一大串意见。

这个例子告诉我们，借"第三者"使人说出意见，是探测那个人真心的秘诀之一。

发表意见的人由于心里存着"我只是代替第三者说话而已，这件事与我无关……"这种念头,说起"意见"来就显得特别起劲,不知不觉中就吐露了他自己。

如何看穿对手刻意要你说"是"

贴上"标签"

任何人对自己的长处都会十分自信,并且希望别人对他的长处有所承认。

巧妙利用这种欲望,对方就会为了不辜负别人的期待而努力。

例如对一个功课做得不好的孩子,说一句:"你的脑筋真差。"他的功课就愈来愈差,毫无进步的迹象。

这种心理作用叫作"标签效果"。

一个人,很容易受到这种"标签"的暗示,因此,只要活用这种暗示作用,你就可以左右对方的心。

丘吉尔曾说过:"要让一个人有某种长处,你就要说得好像他已经具备了那种长处。"跟初次见面的人谈话时,如果他说:"你是个很有决断力的人。"他的目的则是让你表现得像个"有决断力的人",然后,根据暗示作用的原则,打算左右你的意志使你对他的话"唯命是从"。

刑警设法使嫌犯自白的时候,也经常使用这一招。

"你呀,本来就不是会做出杀人放火那种勾当的坏人。你的邻居,都说你是个很孝顺的儿子,如今,你坚持不说实话,这不等于让你的母亲伤心吗?一个以孝顺闻名的儿子,怎能如此让母亲伤心呢?"

这就是为嫌犯贴"孝顺的儿子"的标签,使他受到暗示作用,他就不得不表现得像个"孝顺的儿子"。

一开始就宣布"最低目标"

曾经闻名全球的拳王阿里在比赛之前写了赞美自己的诗,还宣布在第几回合要把对方击倒。阿里的这些行为使他有了"吹牛阿里"的外号。

其实,这就是阿里的策略,他在比赛之前就宣布了"目标",目的是要

使对方"未战而心怯",靠这一招使自己先拥有心理上的优势。

对初次见面的人,如果也来个这样的"抢先一击",就能够在对方的心理上造成一种压力以使自己占得先机。

例如,对方在初次见面时,一开始就向你宣布:"今天,只是初步接触,你只需要记住我的姓名就好了。"或是说:"今天,我们只谈5分钟好了。"

这时候,如果接受对方的宣言,你就被逼入"必须记住他的姓名"。"必须听他说5分钟的话"这种心理劣势,言行不得不受他的左右。

阿里在赛前宣布对方"难以接受的目标",目的是借此引起对方的怒意和焦虑。而初次见面的人,对你宣布"容易接受的最低目标",目的是在借此使你"唯他的话是从",岂能不慎?

以"忽视一般礼节"的行为待你

久居国外的人,曾经说过这样的经验之谈——

在欧美,遇到交通事故的时候,绝不能先说"对不起"。此言一出,即使错在对方,欧美人士就马上抓住这句话说:"错在于你,否则你为什么开口就说对不起?"

不管习俗如何,在那种场合,先说"对不起"的人,一定是处于劣势。也就是说,一句"对不起",已经决定了当时谁是肇事者了。

这个道理,也通用于一般的礼节上。

在社交礼节上绝不可缺的"敬礼"(点头,或是鞠躬)一般人只当做它是一种"礼节"而已,其实,它却具有显示社会地位不同的一面。

拿敬礼来说,依照礼节,地位低的人要先向地位高的人敬礼。

拿吃饭来说,依照礼节,是由一座之中地位最高的人先开始夹菜。

由此可知,"礼节"有着显示序列关系的意义,因此,只要采取"地位最高"那种行为,就使对方居于"地位较低"的次序关系,使对方在心理上处于劣势。

据此推论,跟你见面的人,如果"敬礼"的动作,故意拖在你之后,夹菜故意抢在你之前,那就表示,他有意居于"优势",在双方之间造成"我的地位比你高"的那种气势。用意何在,不难明白。

这是绝不能忽略的"大事",别以为它是芝麻小事而不在意,否则,你将在交谈中给逼得采取"被动",这就表示你在这一场心理战中,吃了一次

"大亏"。

握手时握得比你强而有力

握手的目的，是借互握着手来增加彼此的亲密感，这是一种习惯性的社交动作。

由于见面则握，很多人都不认为它有什么大作用。所以，这种习惯性的动作，一旦发生了"出乎意料"的变化，往往令人产生心理上的动摇。

如果设法使对方发生这种心理动摇，就极有可能逼使对方处于"被动"，而使交谈变得有利于自己。

跟你初次见面的人，要是握手握得比你强而有力（或者还特别摇动几下），你会自然地想："这个人好像蛮有自信呢！"或者想："他这样握手，是不是别有用意？"

这么一来。你就在心理上容易陷入一种"被动"。

改用他的话作为你的意见

有一个以说服力强而闻名的杂志编辑，约稿时几乎是马到成功。他的秘诀是这样的——

假设，他访问了一个作家A，目的是约他写一篇稿子。即使A以工作忙碌为理由，表示拒绝，他还是不以为意，继续跟A聊天。

聊天当中，他一直以倾听为主，然后看准了时机，对A说："刚才你说的那段话，使我想起社会上目前存在的一个问题……不知你对此有何高见？"

"你的话使我想起一个问题"，说穿了，是他事先准备要A写的题材，而A不知是计，就对那个"问题"说出一些意见。

这一位编辑趁他说完后，就称赞一番："这个意见有独到的剖析，实在有公开的价值，就请你把它写成一篇短评吧！"

如此这般，A就无法拒绝，这位编辑的约稿目的也顺利达成。

生活中，运用这个方法而达成目的的人有很多。叙述自己的意见时，总是先说："就像你刚才所说的……"或是说："借你的话来说，这件事就写成为……"

这种引用对方的话，或是把对方的话，改变形态说出来，就很容易使对方以为"主角"是自己而容易被说服。

说服时最忌讳的，是片面地把自己的意见强加于对方。由于是强加于对

方的，当然难以达到说服的目的。

由此可知，跟你初次见面的人，如果处处引用你的话，或是改用你的话，那就表示他存心要你陷入"被说服"的境地，你要懂得应变才好。

如何判断对手是否紧张

身上佩带了某些豪华、贵重的东西

任何人要到高级饭店的时候，通常会穿上一件好衣服，若是到附近的超市买东西，通常只会穿上便装。穿上一件好衣服，就是表示那是精神上的一种武装。高价的武装，可以强化自我，造成跟高级饭店对等的关系。

假如谈判对象是社会地位很高的人士，初次见面的谈判对手就跟这个例子中的高级饭店颇为相似，因此，如果身上佩带某些足以使自己跟对方产生"对等"关系的饰物，紧张和畏缩感就能被降低到最低限度。

不管是什么，只要有某种可以扩大自我，给自己无限信心的豪华、贵重的东西，佩带或穿在身上，跟对方的心理距离就能大为缩小。

要求提早见面的心理

如果谈判对象社会地位相当高，或是传闻中很难交往的人，自己难免会产生畏缩的心理。

一般说来，碰到这个非见个面不可的场合，只要提早约时间见面，心情就不会那么紧张。因为，既然是非见不可，还不如提前见个面，借此将见面之前必有的不安心理降到最低限度。从心理学上说，这有两个理由——

第一个理由是：离见面的时间越短，越不至于对对方产生扭曲的印象。

第二个理由是：提早见面的时间，足以表明这一方握有主动性和积极性。

由此可知，非见你不可时，如果对方一再要求提早见面的日期，那就表示，他可能对这次见面感到紧张、不安、畏缩，打算以提前见面来消除他心理上的这些压力。

提早到达约见的地点

现代社交活动中存在着一种不成文的规矩,那就是:"不守时间的人就是不值得信任的人。"

当然,这并不仅仅是道德层面的问题,在谈判心理分析中,它有更多的内涵。比如说,约定见面,你却迟到了,这时候你当然要向对方道歉赔个不是,而如此一道歉,你往往在心理上就有了"欠他什么"的感觉。

一位经验老成的商人曾经说过,只要跟某位顾客约好见面的时间,他总是提早二十分钟到。他利用早到的时间,对即将交谈的内容,做最后一次的检查。

他说,只要做到这个程度,任对方有多难缠,他都会信心十足地面对。

因为,事前的准备如果十分周全,就有了自信,心理上就产生一种有恃无恐的优越感,人也不至于紧张、胆怯。

要是你迟到,对方就在心理上占尽了优势,初次见面时的主导权,便稳稳地握在他的手里。

见面的地点在自己的地盘内

美苏两国正处于"冷战"状态的时候,为了打开僵局,肯尼迪和赫鲁晓夫曾经会面开了一次高层会议,会面前,双方就在何地会面问题上争论了很长的时间。

为什么双方对召开高层会议的地点如此重视?原因是双方会见之时,除了当事人的人格、能力之外,环境之类的外界条件,也往往能左右大局。

拿竞技体育来说,在环境熟悉的地方比赛的时候,总是比得很顺,这就是一个很好的例子。

在纸上胡乱涂写

双方初次见面时,不经意地在纸上胡乱涂写的行为,有它的心理作用。

这种心理效用,可以分为对人、对自己两种:

(1)对自己:在备忘录或是便条上,胡乱涂写,可以借手的动作缓和初见面时候的紧张,并且为反扑对方做一种心理准备。

相亲的时候,当事人往往猛揉手帕,或者抓弄身上的东西,就是属于这一类。

当身体某部分在动的时候，精神上的紧张就为之大减。胡乱涂写也是基于这种心理。

当然，如果你是在记录对方的话，情况就迥然不同了。记下对方的话，表示你失去了优势，在唯对方是尊的情形中进行初见面的交谈。

（2）对别人：胡乱涂写给对方的影响，首推"搅乱其心"。

你看到他边涂写、边听你的话，心里会想："这个家伙，未免太瞧不起人了，怎么不用心听我的话呢？"

你会有受到戏弄的感觉，而受到戏弄，换个说法就是等于承认对方的嘲弄："这个家伙不像是个大人物嘛。"

而且对方好似在听你的话，又不像在听你的话，这种模棱两可的态度，更会使你疑惑满腹："这家伙是边听话边整理内容，还是正在准备提出反驳？"

还有摆出这种姿态的另一个好处是，当你向他发出难以回答的问题时，他就可以回答你说："抱歉，我没听清楚你刚才说的话……"

如此暂时闪开，在你重复说明之时，他就摆好阵势，准备应付另一个场面。

初见面而言谈的内容若涉及重要事件之时，对方常常会搬出这种"搅乱战略"来缓和他的紧张，并且为反扑预作准备，岂能不慎？

突然把动作放慢的人

一位大企业的人事主管曾经说过："大家都说近来的毕业生跟以前大不相同，我倒觉得他们面试时候的态度，还是一点也没变。"

他说被面试的人尽管有意装得轻松、自然，不知不觉中还是紧张得浑身发软，说起话来，奇快无比。

这种场合只有一个办法使人消除紧张，那就是把各种动作都尽量放慢。

走的时候、开门的时候、敬礼的时候、坐下的时候、说话的时候……无不来个慢半拍的动作，慢到连自己都怀疑是不是太慢了——只要有这种感受，那就是恰到好处。

如此一来，他就心情笃定，言笑自如。

也就是说，动作放慢之中，心志就集中，因初次见面而来的紧张、不安就可以化为乌有。

跟你初见面的人，如果有这种现象，那就表示，他正在设法缓和紧张。

第五章

商务谈判中如何获得最大利益

报价和讲价是谈判的核心,因此必须重视掌握报价和讲价的技巧。一则这些技巧将决定能否成交。二则还将在很大程度上认定赢利的幅度。至于出价多少才合适这个问题,一些有关报价的理论指出:报价前必须计划得十全十美,并考虑两个基本要素:一是对出价者最有利;二是成交的可能性最大。

报价的原则

以"取得优势"为谈判方针,卖方理想的开价自然是"最高可行价格",对于买方而言,相应的开价自然最好是"最低可行价格"。

卖方的"开价"最好是最高的,因为:首先,开价应是我方要价的一个最高限度,开价一经确定,一般情况下就不能再提出更高的报价了,更不能以为对方有可能会接受更高的价格。其次,开价会影响对方对我方提供产品或劳务的质量的印象和评价。再次,开价高,则为随后的磋商留下了充分的余地。最后,开价对最终成交价具有实质性的影响,要求和目标越高,最终能得到的好处也越大。

在强调开价要尽可能报高的同时,必须注意要合乎情理,使对方能信服。如果报价过高,讲不出所以然,就必定会不利于谈判,还会令对方感到这是一种无礼的举动。如果对方提出质问,双方就会陷于无言以对的尴尬境地,不但影响卖方信誉,而且往往被迫会很快做出让步。

"最高可行价格"是一个取决于各种情况的相对数字而非绝对数字。它与对方进行交易的方式和态度直接相关,如果对方为了自己的利益向我方施加压力,我方则必须以高价向他们施加压力,以保护我方利益。如果我方有许多竞争对手,那就必须把价格降低到对方至少能继续谈判的程度,否则就无法进行谈判。不过,如果双方已建立了诚挚的关系,我们也就了解了他们的谈判作风和双方的合作程度,也就知道了什么价格最为稳妥。

此外,每一单项的开价都应该是"最高可行价格"。因为,在我方设法为自己谋求优势利益时,对方肯定要迫使我方在一两个项目上让步。只有到了具体磋商阶段,我们才会知道对方会在哪些项目上迫使我们让步。因此,必须在所有项目上报出高价,才能为以后的讨价还价留下充分的回旋余地。

报价的方式

报价要坚定而果断，这样才会给人以诚恳而认真的印象。同时，报价要清楚，务必使对方准确地了解而不发生误解。报价合乎情理，就没有必要进行解释，也不必多做说明。事实上，对方肯定会提出有关问题，如果在对方提问之前，主动去加以解释，实际上就等于告诉对方我方最关心的是什么问题，而这些问题或许他们根本就从来没有考虑过。因此，报价的三原则是：坚定、清楚、不加解释和说明。当然，在有些情况下，特别是在合作型谈判中，应当在报价前，将对该项交易的态度和看法做一番陈述。

谁先报价

谈判双方在结束了非实质性交谈之后，就要将话题转入到有关谈判内容的正题上来。一旦转入正题，双方即开始相互摸底，摸底的内容主要是了解对方对这次谈判的态度、兴趣和注意焦点，谈判的大致内容和范围、谈判的议题等。摸底的目的是为提出本方报价作准备。

在双方摸底工作结束之后，由谁来先报价呢？在谈判中报价是必然的，商业谈判中主要表现为价格、交货期、付款方式、保证条件。谈判中先报价有利还是后报价有利？对这个问题谈判界仍存在争议。

先报价的利在于：

先行报价，其影响较大。先报价的一方实际上为谈判规定了一个框框或基准线，最终协议往往在这基础上达成，在商业谈判中，如果对方先报价1万元，很少有人有勇气还价800元。有一些服装的标价远远超出我们所能接受的价格。如一件衣服，摊主心里愿意以20元成交，但却标价60元。因为很少有人有勇气面对一件标价60元的服装还价20元。某摊主说：一天中只要一个人愿意在60元的基础上与我讨价还价，我就成功了。

先报价的不利之处在于：

（1）泄露了一些信息。对手听完报价后可以对他们自己的报价进行最后

的调整，从而获得本来得不到的好处。

例如，爱迪生做电气技师时，他的某项发明获得了发明专利。公司经理派人把爱迪生叫到经理室，表示愿意购买爱迪生的发明专利，并问爱迪生，希望要多少钱。

爱迪生回答："我的发明对于公司有多大价值我是不知道的。请你说一说吧。"

"40万元，怎么样？"经理报价了。

谈判顺利结束了。

事后，爱迪生这样说："我原来只想把专利卖到5000美元，因为以后在实验上还要用很多钱，所以再便宜些我也肯卖的。"爱迪生就是依靠经理的先报价，及时修改了自己的想法，得到了继续他的研究发明事业的经济力量。

(2) 对手将试图在磋商过程中迫使先报价方按照他们的路子走下去，换句话来说，后报价方会集中力量对报价发起进攻，逼迫降价，而不泄露自己的报价。

后报价的好处在于，较晚泄露己方的信息，能根据对手的报价及时调整自己的想法。爱迪生就占了后报价的便宜。其不利之处在于对谈判过程影响较小。先后报价各有利弊，我们要根据谈判的具体条件来选择报价方式：如果己方的谈判实力强于对方，或者说与对方相比，在谈判中处于相对有利的地位，那么己方先报价是有利的。特别是对方对该交易的行情不怎么熟悉的场合，先报价更有利。相反则让对方先报价，从对方的报价中观察对方，以便扩大自己的思路和视野。

怎样报价

报价所必须遵循的基本原则是：

1. 开盘价就己方来讲必须是"最高的"，就对方来讲显然必须是"最低的"

若己方是卖方，开盘价给己方的要价确定了一个最高限度，开盘价一经确定报出，如果没有特殊情况，一般说来，己方就不能提出更高的要价了；开盘价会影响对方对己方交易条件的印象和评价；开盘价高，能为以后的讨价还价留下充分的回旋余地，使己方在谈判中更有弹性；实践表明，开盘价对最终成交水平具有实质性的影响，开出的条件高，最终达成的协议或合同的条款会对己方更有利。

2. 开盘价或提出的谈判条件必须合乎情理

开盘价要报得高一些，但绝不是漫天要价，毫无控制，它同时必须合乎情理，要能够讲得通。如果开价过高，又讲不出道理，对方必然会认为你没有谈判诚意，或者中止谈判扬长而去；或者以牙还牙，相对地来个"漫天杀价"；或者一一提出质问，而你又无言以对，从而使自己丧失信誉，并很快被迫让步。在此情况下，即使你将交易条件降到比较公平合理的水平上，对方仍会认为尚有"水分"可挤而穷追不舍。

此外，报价时还应考虑到当时的谈判环境及与对方的关系状况。如果双方关系比较好，特别是有过较长的友好合作关系，那么报价应当稳妥点，出价过高，有损双方关系。

如何对待对方的报价

在对方报价时，己方要认真听取并尽力完整、准确、清楚地把握住对方的报价内容。在对方报价结束之后，对某些不清楚的地方可以要求对方予以解答。同时，应将己方对对方报价的理解进行归纳总结，并加以复述，以确认自己的理解准确无误。

在对方报完价之后，己方较为明智的做法是不急于还价，而是要求对方对其报价或交易条件等做出详细的说明和解释，以便己方了解对方报价的实质、态势、意图及其诚意，寻找破绽，从而动摇对方报价的基础。在此基础上，针对一方的报价，另一方有两种选择：一是要求对方降低其要价或减少、修改条件；二是提出己方的报价或条件。一般来讲，要求对方降低其要价或减少、修改条件比较有利。因为这是对报价一方的反击，如果成功，可以争取到对方的让步，而己方既未暴露自身的报价或条件内容，更没有做出任何相应的让步。而报价方在报价完毕后，受到对方的提问时，应采取不问不答、有问必答、避虚就实、能言不书的策略。

报价的实用心理策略

低价主义

低价主义在谈判中是指报出一个合理价格,并公开声明决无二价、决不讲价的方法。

美国的商业界,绝大多数都是在低价主义的基础上进行的。例如:店铺中的商品都是不二价——有的价钱确实公平,可是大部分的价格是由于规定而成为固定的价格的。许多工商业产品和服务便是以相同的方法,以相同的价格卖给所有的顾客。无论如何,它们代表了卖主的价格政策,也是一个便利买主的方法。

在某种情况下,"接受这个价格,否则就算了"还是蛮有道理的:

(1) 当你不想和对方继续交易时。

(2) 以免由于对某个客户减价,而导致对所有的客户减价。

(3) 当对方无法负担失去这项交易后的损失时。

(4) 当所有的客户都已习惯于付出这个价钱时。

(5) 当你已经将价格降到无法再降的时候。

假如你迫不得已采取这种策略,要尽量设法降低对方的敌意。首先,你必须尽可能地委婉,因为"就是这个价,不买就走"这种语气是大多数人都不愿意接受的。如果我们能够引用政策、法规、制度的力量,就不致触怒对方了;当某个价格得到公平交易法、印制的价目表、标签或者商业惯例的支持,就比较容易被接受了。同样的道理,坚定不移的价格如果能搭配委婉的解释和令人信服的证据,也能减低对方的敌意。

采用低价主义的有利之处在于:

(1) 保持谈判者的声誉。自信,有助于树立一个坚持原则、坦白真诚的谈判形象。这毫无疑问会对谈判,特别对以后谈判带来好处。

(2) 它能节约谈判费用支出。接受,还是不接受,可在极短的时间里做出选择，一旦成功，效率很高；就算交易不成，谈判费用也很低。

然而，任何事都有两面性，既有好的一面，也有不好的一面，采用低价主义也不例外，也有其不利之处，即弊端。低价主义也叫博尔维尔主义。博尔维尔曾是美国通用电气公司的前副总经理，他在与工会的工资谈判中的做法和其他公司不同（通常长期的工会谈判并不使用低价政策），这家大公司在谈判刚开始的时候便提出了一个铁定的价格；这家公司同时也很审慎地提出了一大堆详细的分析表、统计数字和事实来支持它的出价。从1947年到1969年的22个年头里，这一决策很有效，但1969年后就行不通了。接着就发生了使通用电气公司损失大量资金的大罢工。

由此可知，采用低价主义会引起对方的敌意，它迫使对方承担所有让步，剥夺了对方的选择自由和自尊。因此在你采取这种方法时要注意：

（1）要尽量设法降低对方的敌意。

（2）给对方讨论的时间以适应你的条件。

高价政策

高价政策是指在报价时的漫天要价。缺乏经验的人常常不知道如何报价才能为自己带来较多的利益。他们往往把自己所追求的目标作为谈判的要求向对方直接提出来，这样做的结果使他们在谈判一开始，便处于被动挨打的局面。因为在对方看来这是你作为讨价还价的条件而提出的要求，有很多的水分，而其实你已无路可退。这种老实人的做法显然会招致自己在谈判中的不知所措，或者吃大亏。

许多实践表明，任何谈判一开始就要提出尽可能高的要求，以便同时对对方必然的讨价还价进行讨价还价，细心的谈判者在日常商业交易中不难发现：

（1）倘若买方出价较低，则往往以较低的价格成交。

（2）如果卖方标价较高，则往往以较高的价格成交。

（3）漫天要价的卖主，在谈判不至于破裂的情况下，若能坚持到底，往往会有理想的结果。

所以在谈判中，开始时要向对方提出尽可能高的要求，这是许多谈判者都会使用的技巧。例如在A、B双方谈判中，假定A方的真正要求只有三

项，但A方故意添加另外五项，以八项一并提出。在谈判过程中A可以从附加的项目中做出让步，以造成一种牺牲的假象，来换取B作相应的让步；又如劳资谈判中，劳方心目中希望增薪5%，但是却提出增薪10%的要求，同样是为谈判创造有利于自己的条件。这种技巧不仅仅为自己进一步的讨价还价创造了条件，还降低了对方的期望值。

可见高价政策能够使开高价者获得更大的利益，而且为以后的讨价还价留有让步的余地。当然，采用高价政策要有一定的理由和限度，否则对方会断然拒绝，使你下不了台。

如果你在谈判中遇到对方使用高价主义，你可以从几个方面去对付：

（1）首先你要明白高价主义是一种常用的谈判策略，对对方来说这种做法是很自然的，你没有必要把它当作对手真正追求的目标。

（2）要探讨这种高价主义是不是一厢情愿的想法。

（3）要探讨它是不是一种虚张声势的手法。

（4）要探讨它是不是一种为让步、为讨价还价而预留回旋余地的做法。

在此基础上采取反其道而行之的策略去应付。

除法报价

除法报价法是以化整为零的策略为原则的一种报价技巧。它以价格为被除数，以商品的使用时间、商品的数量为除数，得出的价格商极为低廉，使买主的感觉错位。

一个本来不很低的价格通过除法报价技术能使买主心理上感到便宜。

吹毛求疵

这种方法常用于讨价还价之中。买主通常会利用这种战术来和卖方讨价还价。买主先是再三挑剔，接着又提出一大堆问题和要求。这些问题有些是真心的，有的却只是虚张声势。

陈先生的冰箱坏了，急需买一台，为求物美价廉，他采取了吹毛求疵法：在商店里，售货员指着他要的冰箱，告诉他价格为3500元。

陈先生说："可这冰箱外表有点小瑕疵！"

售货员说："我看不出什么。"

陈先生说："这一点小瑕疵似乎是个小割痕，有瑕疵的货物通常不都应打点折扣吗?"

陈先生又问:"这一型号的冰箱一共有几种颜色?"

售货员说:"3种。"

"可以看看样品吗?"陈先生问。

售货员回答说:"当然可以。"说着马上拿来样品本。

陈先生边看边问:"你们店里现货中有几种颜色?"

售货员回答:"有这两种。请问你要哪一种?"

陈先生指着商店里没有的颜色说:"这种颜色与我的厨房颜色相配,其他颜色同我厨房的颜色都不协调。颜色不好,价格还那么高,如果不调整一下价格,我就将重新考虑购买地点了,我想别的商店可能有我需要的颜色。"

陈先生又打开冰箱门,看看说:"这冰箱附有制冰器吗?"

售货员回答:"是的,这个制冰器一天24个小时可以为你制造冰块,1小时只需2分钱电费。"(他以为陈先生会满意这个制冰器)

陈先生说:"这太不好了,我孩子有慢性咽喉炎。医生说绝对不能吃冰,绝对不可。你可以帮助我把这个制冰器拆掉吗?"

售货员说:"制冰器是无法拆下的,它同冰箱的门安装在一起。"

陈先生说:"我知道……但是这个制冰器对我根本没用,却要我付钱,这太不合理了,价格不能便宜点吗?"

陈先生如此这般,其目的不外是:

(1) 压价。

(2) 表现自己的精明。

(3) 为对方的让步创造条件。

经过如此艰苦的讨价还价之后,售货员做出让步,他向其上司交代时,说自己只作了极小的让步,并说这种让步是有理由的。售货员往往把客户刚才的抱怨作为自我辩解的理由。

换个角度来说,若你是卖方时,又该如何抗拒这种吹毛求疵的战术呢?

(1) 必须很有耐心。那些虚张声势的问题及要求自然会逐渐地露出马脚,并且失去影响力。

(2) 遇到实际的问题,要能直攻腹地、开门见山地和买主私下商谈。

(3) 对于某些问题和要求，要能避重就轻或视若无睹地一笔带过。

(4) 当对方在浪费时间、节外生枝，或作无谓的挑剔或无理要求时，必须及时提出抗议。

(5) 向买主建议一个具体且彻底的解决方法，而不去讨论那些毫无关系的问题。

货比三家

在商业谈判中货比三家是不可缺少的一环。事物的利弊，价格的高低都是比较的产物，有比较才能有鉴别，才能使我们做出更有利的选择。货比三家就是通过掌握同类商品的不同价格，同类质量的不同商品的价格，利用价格与质量的差别，利用卖主们相互竞争来迫使对方降价，达成有利于自己的成交方式的一种方法。

货比三家这种方法看似简单，然而，对商品质量与价格的比较是一件比较难做的事。

一个熟悉业务的买主，一个富有经验的谈判者知道问题之所在。他会请会计师、工程师与成本分析专家来整理、分析有关资料，并和卖主会谈，然后分几个阶段进行购买工作。首先取得每个卖主的标价单，只要可能就设法得到详细的价格分析，使各产品能标上各种不同的价格，以供比较选择，然后再挑出一个价廉物美的产品来。

故意出假价

故意出假价的目的在于消除竞价，排除其他对手，使自己成为唯一的交易对象，可是一旦卖主要卖给他时，他便开始削价了。

杰克想以4000美元的价格卖掉一艘船。他在报纸上登了广告，使得几位有兴趣的买主来看货，其中有位出价3800美元，并且预付了60美元的定金，杰克也接受了。他不再考虑其他的买方，只等对方开出支票，完成这桩交易，可是等了一周也不见动静。买主终于来电话了，对方很遗憾地说明，由于合伙人的不同意，实在无法继续完成交易。同时，他还提到他已经调查并比较过一般的船价，这艘船的实际价值只有3500美元，何况……杰克当然非常地生气，因为他已经拒绝其他买主。接着他开始怀疑，也许市面上的价格不像对方所说的那样，同时他又不愿意一切从头开始——再去登广告，

再和买主接洽以及再做那些零碎的事情。结果双方以3500美元的价格成交。

由此可见，出假价是一种通常认为不道德的购买策略。那么，如何防备对方施诈呢？

（1）要求对方预付大笔的定金，以免他轻易反悔。

（2）你自己先提出截止日期，逾期不候。

（3）对于条件过于优厚的交易，要保持怀疑的态度。

（4）在交易正式完成之前，保存其他买主的名字和联系方式。

最后出价

这种方式是以"这已是最后的出价"或者"这是最低的价钱"的说法，给对方施加压力，使对方接受你的价格的报价技巧。

"这已是最后的出价"听起来似乎已没有任何回转余地了，其实不然，你可以婉转地表示，使他听起来像是最后的决定，但在必要时，又能允许你有风度地让步。所谓的交易要诀，便是要找出使这句话能说得模棱两可的办法。

举个例子来说明：

假设你是一个买主，想告诉卖主说："这张支票乃是我对于房子和家具最后的出价，我给你4天的期限，倘若你还是不能决定接受，便可以把支票撕了然后再通知我一声。"

买方可根据自己的情况采用不同的谈话语气表达自己的企图和许诺：

（1）这是我对房子最后的出价了，即使包括了室内设施和院子，我也只能出这么多了。

（2）我给你4天的期限，倘若你还是不能接受我的出价，打电话给我。

（3）我给你4天的期限，倘若你还是不能接受我的出价，我再和你联络。

（4）如果4天之内你不通知我，这笔交易就告吹了。

（5）如果4天以内你仍不接受我的出价，我将要购买另一栋房子。

（6）如果4天以内你仍不接受我的出价，我们仍然是朋友。

（7）如果4天之内，你仍不能接受我的出价，撕掉支票，祝你好运，把这件事忘了吧！

(8) 支票将在4天后截止，所以你有充足的时间考虑。

每句经过修正的话都企图表达某种许诺，同时也为自己留有回旋余地。关键在于把握好分寸感，出言得当。即使在交易不成时，仍有机会不失风度地撤退。

"最后出价"能够帮助也能够损害到你议价的力量。假如一个人所说的话不被人采纳相信，谈判的气势便被削弱了。遣词用句和伺机而行，对于这个战略的成功与否至关重大。从对手的立场来说，了解这种策略的微妙是有必要的。如果不慎而忽视了这些问题，所付出的代价则未免太大了。因为"最后出价"方很可能只是虚张声势而已。

如果有人向你表示"最后出价"，不要轻易相信，以下建议会给你帮助：

(1) 仔细倾听他所说的每一句话，他可能正在闪烁其词。

(2) 假如能达到你的目的，必要时，佯怒含嗔也是可行之法。

(3) 让他知道，如此一来就做不成交易了。

(4) 考虑是否要摆出谈判的样子，来试探对方的真意。

(5) 假如你认为对方将要采取"最后出价"战略时，不妨出些难题，先发制人。

再多没有

再多没有法用起来简单又符合道德水准，买卖双方都能巧妙使用，并达到各自的目的。

李先生想要装修他的房子，同时也想在院子的四周围上篱笆。一承包商愿意以5000元承包，此价既不是最高的，也不是最低的。可是李先生却只想花4400元，而不是5000元。

李先生就对商人说："我对你的建议很有兴趣，但是我所有的钱不过4400元，再多就没有了！"接着他试着使这个承包商相信，4400元，是一个合理的价格。就一般情形说来，这个承包商将会改变他对篱笆、灯光、砖块、植物、水道等的预算，以便配合这个价格；一旦如此，承包商便能处在一个有利的地位了。

再多也没有这个策略在学校或者一些机关也经常被使用到。例如，学校必须以有限的公款来建造学生宿舍，或者企业必须按照会计部门的预算来进货的时候，唯有运用这个战略才能使卖主让步，进而才能使自己处于选择的地位。

再多也没有这个策略之所以会有效是因为，每当买主说"我非常喜欢你的产品，问题是我只有这么多钱"的时候，卖主就被卷入买主本身的问题。此时，卖主和买主距离一下子拉近了，便于买卖的协议达成。"协议"就是双方因了解同情而由互相对立的局面改变为同心协力的一体。卖主知道买主是有诚意或有购买预算的，当他看到买主被这种既无意义又无感情的预算缠绕着，大多会不由自主地予以同情，甚至会用另一种新的眼光来看买主的真正需要，渐渐会发现原来的价格还是有调整的余地；至于买主，虽然在预算的限制下，还是会稍作调整以求达成协议的，双方相互合作来达成一个共同的目标——满足预算。

当买主使用再多就没有的策略时卖主也可使情况向有利于他转化。

（1）要大胆地试验对方的战略。绝大多数的买主虽然采用此战略，但他的实际价格还是有弹性的。

（2）必须在和他商议之前，预先准备好另一份不同的底价。

（3）找出真正的决策人，看他是否曾经作过买主所说的预算。也许你会发现他所做的决定和你的建议正好一样，因而你的计划根本不需要修改。

（4）建议改变付款的方式。如果买主钱不够，也许可以分期付款。

（5）让买主修正他的计划来迎合他的战略，以牙还牙。

还价的原则

一个合格的谈判者，首先要使自己完整而准确无误地明白对方所报的价格。为此，他需要向对方确认，并最好把自己对对方报价的全面理解归纳总结，再加以复述，以此检查双方的理解是否一致。需要注意的是：还价的一方可以向对方提问题，要求他解释清楚他的报价。但是，这时他不应当向对方提出"为什么这样报价""这个价格是如何计算出来的"之类的问题。而

报价的一方对于对方提出的要求解释报价的依据的各种问题，一般应予以回避，因为他已经报过价了，完全有权要求对方做出反应，先进行还价。

在谈判一方报盘后，如果双方以往合作得很顺利，而现在仍能求同存异，关系融洽，则大家有可能很快达成协议。但在多数情况下，对方未必会完全无条件地接受前者的报价，因此，谈判双方就都会想尽一切办法，进行艰苦的甚至是长时间的讨价还价，顽强较量，尽管疲惫不堪，也要坚持下去，一切都是为了竭力促进谈判朝着有利于自己的方向发展。

运筹性原则

谈判决不能打无准备之仗，正如人们常说的"凡事预则立，不预则废"。因此，一定要做好还价前的运筹帷幄。

1. 研究对方报价的程序

研究对方报价的一般步骤是：

（1）了解报价的大致内容及重点内容，掌握对方报价的方法。

（2）仔细看商务报价部分，对不清楚的地方在报价材料上做出标记，比较对方报价和我方询价要求，比较对方现时报价和过去往来价格，找出不同之处和相同之处，分析原因，准备问题。

与此同时，还要注意对方的报价附件资料，如产品样本、有关购买和出售许可证情况等。如有多家报价，则要详细比较各家报价的方法、项目、范围等，并须考虑各家所提出的支付条件、交货方式、承担的责任与义务等款项。

2. 研究对方报价的内容

（1）分析对方报价特点：首先要找对方弱点部位，也要分析历次修改变动价格的情况和特点。

（2）分析对方的态度：主要分析对方对本项交易的态度和表现。在以往和我方做交易时的态度、表现以及减价的幅度。

（3）分析减价因素：要详细分析有利于促使对方减价的因素。

3. 研究对方的报价意图

对方报盘意图中一般有4个内容：

（1）对方至关重要，必须得到的内容。

(2) 对方较为次要，可以让步的内容。

(3) 对方希望得到，但又有回旋余地的内容。

(4) 诱导我让步的筹码。

这样，我方将面临三种选择：

(1) 可以接受的。

(2) 必须拒绝的。

(3) 可以继续谈判下去的。

为此，我方可以采取一些具体步骤以保证自己在还价过程中的总体意图的贯彻。如：

(1) 列两张表。一张按合同条款形式写出我方原则上不能做出让步的问题和交易条件，一张则包含我方可以考虑让步或给以优惠的那些具体项目，最好附上数字，形成一个阶梯式的让步和范围。

(2) 列一张提问表，以便掌握所提问题的顺序。什么时候谈什么问题是有一定成规的，例如，在进口谈判中，我方往往在其他各项主要合同条款已一项一项地同对方拟定之后，临了才抛出价格条款，向对方还价。

(3) 提出各种谈判方案。一场谈判往往需要许多回合，要根据需要随时调整，并提出新的谈判议程，在每一回合谈判的结尾，对那些难于解决的、双方相持不下的问题，重申我方立场，或提出应变的解决方案。

回旋性原则

就探测阶段的结构来说，一般有开局发言、策略评估、立场澄清等多方面的内容。谈判人员在探测阶段的开局发言设计可以是：既开门见山，又心平气和地阐明自己的立场。

比如，卖方报价："人尽皆知，我们的面粉一直畅销国际，因此，比较合理的单价是每吨450美元，交货时间可以快些。"买方接着澄清一下对方的观点："您刚才谈到每吨450美元，我觉得您这是最高价格吧？"而不要提出挑战式的、令人不快的问题，如："您这是最高价格吧，咱们痛快一点，报个合理的价格来。"否则，必定会引起对方的反感，甚至是愤怒，导致对方的反唇相讥和谈判的告吹。当对方澄清以后，买方阐述自己立场的发言设计可以是："实不相瞒，如果贵方价格超过我方所能支付的水平太多，我们

也可以考虑其他国家的报价。直率地说,我们比较感兴趣的价格是每吨×××美元。"

再比如,策略估价的设计可以是在多样化中寻求统一,创造出更大的合作机会。仍以面粉交易为例,卖方希望买方以现汇支付,而买方则希望以橡胶支付。为此,双方就可以广泛地设计各种想法:"把价格同销售额联系起来怎么样?""价格同交货期挂钩比较好。""需不需要规定奖惩条款来保证及时交货?""60%的面粉以现金支付,40%以橡胶换货是不是更好?""我们现在分析一下哪种设想好些,行吗?""当然可以,您看把售价与交货期挂钩怎么样?""这是一种可能,不过您看把售价同销售额联系起来,是不是更符合商业习惯?""这也不失为良策,但我认为最佳方法是不是将货价同交货期、销售额、付款方式等等一起结合起来呢?"以上种种策略设计谁也没有攻击谁,这样便将友好和睦地推动着探测阶段的顺利发展。

通过以上例子中的几句简短对话,可以发现双方都是态度鲜明友好、愿意合作的对手。假如发现对方在"破冰"阶段开局过程以及探测阶段都是闪烁其词,态度暧昧,那么就可判断他缺乏诚意。当然,要在几分钟内详细分析、揣测每一件事是不可能的,但要努力抓住有代表性的若干环节,集中地分析对手的谈判态度、风格和策略。

比如,在开局的几分钟内对手是如何做的,是坦诚友好的,还是令人莫名其妙?对方在发言中是否开宗明义?我方发言时对方是认真聆听,还是寻机牟利?对方的谈吐是灵活巧妙,还是平铺直叙?根据这些判断,我们该采取什么策略为宜都要审时度势,努力争取到比较理想的讨价还价氛围,如果双方谈话范围广泛,有足够的余地进行周旋,双方观点的交锋并非双方人员的冲突,双方就能诚心诚意地探寻解决问题和达成交易的途径。

适量性原则

适量性是指让步不要一下子让得过快、过多,因为人们总是比较爱惜难以得到的东西,总是比较爱惜付出了艰苦努力所取得的成果。谈判中,如果让步一下子让得太快、太多,就会使人觉得我方地位软弱,这样反而增强对方的自信心,使对方掌握谈判的主动权。但是,让步又必须有足够的速度和数量,使对方得到一些好处,看到最终成交的前景,为在其他重要的交易条件上，达成对我方有利的合同条款奠定基础。

挑剔性原则

讨价还价中还可以同时运用其他战术，比如买方可以采取吹毛求疵的方法，细致地再三挑剔，提出许多问题和要求，抓住对方产品或方案中的薄弱环节大做文章，当然这只是虚张声势之举。这样做的好处是争取到更多的讨价还价的回旋余地，以求最大限度地降低售价，也能让对方明白自己是精明的内行，产生知难而退的想法，至少不敢实行欺诈行为。同时，谈判即使对对方不利，对方也能拿我方挑选的许多问题回去交差。

时序性原则

在我方认为重要的问题上，要设法使对方先让步。而在较为次要的问题上，则可根据实际情况，我方可以考虑先作较小的先行让步，给对方以较大的满足，并换取对方在我方认为重要的问题上的让步。

让步的原则

坚定的让步形态

坚定的让步形态是指让对方一直以为没有什么妥协希望的让步，在这一让步形态之下，如果对方是一个软弱的谈判者，可能早就放弃讨价还价了，若对方是一个坚强的谈判者则会坚持不懈，不达目的决不罢休，继续迫使对方让步。若己方承受不了对方强硬的让步要求，那么，对方最终会有所收获。但需要注意的是，采取这一让步形态，谈判很有可能会陷入僵局。

等额让步形态

在己方做出让步的情况下，假如对方耐心地等待，这种让步形态将会鼓励他继续期望更进一步的让步。如在谈判中，当对方争取到第二期让步数额与第一期让步数额一样时，对方有理由作这样的推测：如果再加把

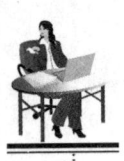

劲,很有可能还可以争取到与第二期让步额相同的结果。果然不出所料,对方实现了这一推测。从许多实践经验里也可以得出,对方完全可以再争取到一个让步。

递增的让步形态

递增让步形态往往会造成己方的巨大损失。因为它导致对方相信:只要坚持住,更令人鼓舞的日子还在后头,因为我方的"水分"越挤越多,使得对方的期望值随着时间的推移而愈来愈大。

小幅度递减的让步形态

小幅度递减的让步形态显示出己方的立场越来越强,表示着己方愿意妥协,但是防备严密,不会轻而易举让步;它也告诉对方,己方可挤的"水分"是越来越少了。

中等幅度递减的让步形态

中等幅度递减的让步形态表示较强的妥协意愿,不过也告诉对方,己方所能做出的让步仍然是有限的。在谈判的前期,这样做有提高对方期望的危险,但随着让步幅度的减小,己方趋向一个坚定的立场之后,危险也就逐渐地降低了。对方如是一个明智的谈判者,就会意识到更进一步的让步是不可能了,如再坚持下去的话,谈判就有陷入僵局的危险。

大幅度递减的让步形态

这是一种危险的让步形态,因为刚开始就让大步,将会大幅度地提高对方的期望值。不过以后拒绝让步,最后又让一小步会很快抵消一开始让大步的效果。这使对方认识到,即使再讨论也是徒劳无益的。但从对方争取己方让步的心理来讲,这样做不大容易被接受,因为习惯上让步当是一个逐渐递减的过程。从己方的角度看,一开始大让步是不妥的,因为己方无法知道对方是否愿意付出更高的价钱。如一笔买卖,卖主预定减价70元,也许第一次让步为36元,买方就可能准备成交,若一下子让步56元,反而会出乎其所料,促使买方快速调整自己的谈判目标和对让步的期望值。

大幅度递减但又有价格反弹的让步形态

这是大幅度递减让步形态的延伸。刚开始大幅递减,然后轻微涨价,表示出卖方更坚定的立场，或者说是使买方喜出望外而感到特别珍贵。

一次性让步形态

一次性让步形态会给对方造成极强的影响和刺激。一次性让步会使对方把期望值大大提高，如果其把这种兴奋带回自身组织或企业中去，其上司或同事会鼓励他再作一番努力，争取更大的让步。然而，紧接而来的是卖方拒绝让步，这往往使买方难以接受和理解。如买方争取不到新的让步，他会觉得难堪，甚至会在同事中留下吹大牛的印象，于是他必极力争取得到让步，这样一来谈判难免陷入僵局。

以退为进的报价策略

运用以退为进策略的着眼点应放在两个方面：一是要保证自己的基本利益不受损害；二是要为将来的发展创造必要条件或环境。这两方面是互相促进的，只有在己方的基本利益不受损害的情况下，才有可能为将来的发展创造条件或环境。同时，只有将来有了发展，才能更好地保障自己的基本利益。

总之，运用以退为进的策略应该注意以下几点：

（1）替自己留下讨价还价的余地。如果你是卖主就适当地喊高价，如果你是买主，就出价低一些。不过不能漫天要价，务必在合理的范围内。

（2）让对方先开口说话，让他表明所有的要求，先隐蔽住你自己的要求。

（3）让对方在重要问题上让步，如果你愿意的话，你可以在比较小的问题上，率先让步。

（4）要努力争取所能得到的每样东西，因为人们对于轻易获得的东西都不太珍惜。

（5）不要让步太快，晚点让步比较好。因为对方等得越急等得越久，他就会越珍惜。

（6）不要做无谓的让步，每次让步都要从对方那儿获得某些让步。

（7）有时不妨做些对你没有任何损失的让步。

（8）如果你无法吃到大餐，便要想办法吃到三明治；如果吃不到三明治，至少也要得到一个承诺。这个承诺也是一种让步，虽然是已经打过折扣的。

（9）不要掉以轻心，记住每个让步都包含着你的利润。

（10）不要不好意思说"不"。大部分的人都怕说"不"。其实，如果说了多次之后，他便会相信你真的是在说"不"。所以耐心些，而且前后一致。

（11）不要出轨。尽管在让步的情形下，也要永远保持全局的有利情势。

（12）假如你在做了让步后想要反悔，也不要不好意思。因为那不算是协定，一切都还可以重来。

（13）不要太快或过多地做出让步，要随时注意己方让步的次数和程度。

增加让步的合理性

谈判开始前，参与谈判的各方总是要订出一个较高的谈判目标。由于双方都出于同样的考虑，所以他们的目标一般都难以完全地实现。而大多数情况下双方都会降低自己的标准和要求，以求得一致和共同利益。这就是谈判中的让步。让步是谈判中的一种非常普遍和合理的现象。没有让步，谈判双方就很难达成协议，也就很难使各方的利益得到满足。无论是哪种形势的谈判，将让步作为一种技巧和手段来促使谈判达成协议，是让步的基本意义。

在谈判过程中，凡是比较能控制自己的让步幅度，不停地修改自己的谈判标准和满意程度的谈判者往往更容易取得谈判的成功。而不能很好地控制让步的幅度，开始时只肯做极小的让步甚至丝毫不肯让步，直到谈判临近结束时又不得不做出极大让步的谈判者，无疑是相当失败的。

某机械进出口分公司计划向外订购一台设备。在收到了众多的报价单后，公司进行了多方面的比较和权衡，最后决定邀请拥有先进设备和先进技术的某西方国家的客商前来中国进一步具体洽谈。谈判过程中，双方矛盾的焦点集中在价格问题上。对于该设备，开始我方的出价为10万欧元，而对方的报价则为20万欧元，与其报价单上开出的价格一致。在比较了第一回合双方各自的报价之后，双方都预计有可能成交的价位应该在14万到15万欧元之间。由于都对后面几个回合的讨价还价有充分的思想准备，于是双方都开始考虑进行一系列的让步。

关于还价的节奏和让步的幅度，我方谈判代表展开了讨论。主要的意见有几种，第一种是本着速战速决的原则，认为双方报价相差太多，为了取得一致和消除差距，双方最好都能够互谅互让，这样可以直接提出14万欧元的公正价格，同时还能够兼顾双方的利益，因而相对现实一些；第二种意见则认为第一种意见是典型的过大过快的让步方式，别说14万欧元，就是12万对比我们开始的报价，让步幅度都觉得过于大了，因此应该向对方表示我方愿意考虑让步，以10.5万欧元的价格购买设备；第三种意见认为前面两种意见都不妥当，不是让步幅度过大就是让步幅度太小，或者让对方觉得我们对自己的报价缺乏信心，或者对方会因让步幅度太小而认为我方没有合作诚意，认为比较稳妥的合理让步应该是从10万欧元增加到11.5万欧元，然后再增加到12.5万欧元，然后再增加到13.5万欧元左右。这样几个回合之后，在报价与实际成交价格非常接近的时候，就非常有可能达成协议了。

与前两种意见不同，第三种意见所提出的让步节奏和幅度是比较合适的，而前两种意见则非常的危险，没有真正掌握让步法的技巧和艺术。双方再次坐下来进行谈判，最终我方代表还是按照第三种让步原则与对方进行交涉，而对方也是由20万欧元逐步向下降价。双方一共进行了四个回合的讨价还价过程。每一次双方都是不约而同地采取了幅度相差不大的让步原则，结果以13.8万欧元达成了最后的协议。

在谈判过程中让步是必不可少的，而让步一定要本着幅度要小的原则，因为做出较小的让步，对方更愿意相信你并付出较高的代价，做出较大的让步对方就难以信任你并且也不愿意付出大的代价。因此，最佳的让步幅度和

让步方式应该是开始时采取比较强硬的态度,在谈判过程中做出一些必要的和较小的让步,这样既可以增加对方的信任感,同时又能够为自己争取到较大程度的利益。

阻止让步的心理策略

以限制来阻止让步

在谈判中,若遇到对方的有力进攻又缺乏充分的理由予以反驳时,为了避免让步,保护己方利益,可以以受到某种客观因素或条件的制约而无法满足对方的要求为理由,拒绝对方的要求,从而使得这种客观因素或条件对己方的限制,转变成对对方要求己方让步的限制。在谈判中,经常运用的限制性因素主要有:

1. 权力限制

通常,一个谈判者所拥有的权力不会无限地大,他只拥有有限的权力。他的权力大小主要由上司的授权、国家的法律、自身组织的政策和谈判的惯例等所决定。外国一些谈判专家说:"一个在权力上受到限制的谈判者要比大权独揽,一个人就可以拍板算数的谈判者处于更有利的地位。"谈判者的权力受到限制,可以使他的立场更坚定。正如有句名言所说:"在谈判中,受了限制的权力是真正的权力。"

为什么权力限制能成为挡住对方进攻的有力武器呢?是因为一个谈判者的权力受到限制之后,可以坦然地对对方的要求给予拒绝。在谈判中,有些问题不是某个谈判者个人是否愿意的问题,他本身,因为受到国家法律、政策以及谈判惯例等限制而无能为力,而任何谈判者都不能迫使对方不顾上述诸因素,超越其权力而接受己方所提出的要求。

有过谈判经历的人都会发现,自己的权力被限制,却往往成为对方的一大烦恼。对方此时只有两种选择:要么是根据我的权限来考虑这笔交易,我只能在我的权限范围内进行谈判,你不能提出超越我权力范围的要求;要么是你认为我无法满足你的要求,而找权力比我大的人去谈,但如此一来又要重新建立关系,甚至会影响双方的关系;或者是中止谈判而使交易破裂,但这样一来前面的努力就白费了。如果权力不受限制,某位谈判者声明,他可以拍板做出一切决定,那么这样做是很愚蠢的,同时,也是很危险的。其原意也许是想让对方知道他的权力很大而愿意与他谈判,或者更加尊重他。殊不知他这样做等于丢掉了自己在谈判中可以利用的一个有力的挡箭牌。但在运用权力限制的方略时,也应注意如果过多使用,对方会认为你或者缺乏谈判的诚意,或者无谈判的资格而对你不予理睬。因此,权力限制的运用次数与其在运用中的效力是成反比的,运用得多,效力就小,甚至会起相反的作用,若在关键时刻运用则效力最大。

2. 资料限制

由以上可知,权力限制不能常用,为此资料限制有时也能帮上忙。在谈判中,当对方就你的某一个问题要求你给予进一步的解释,或者直接要求你在这个问题上做出让步时,你可以抱歉地对对方说:对不起,有关这个问题的详细材料我手头上没有,或者没有准备,或者这属于机密,不能泄露,因此暂时还无法作出答复。这样,暂时将对方的问题放在一边,轻易地阻止对方咄咄逼人的攻势。而当经过一段时间,在讨论了其他议题之后,对方或者已将这个问题忘了,或者被其他问题纠缠而顾不上,或者认为此时这个问题已不重要,无须再提。即使对方以后再提及这个问题,你已做好了回答的准备,并且当初对方的逼人气势可能已不复存在,你回答这一问题时就会不那么紧张而显得自在些。然而,此策略运用过多,对方也会认为你缺乏谈判的诚意,或请你把资料准备齐全后再来谈判。

除了权力限制、资料限制外,自然环境、人力资源、时间要素等,也都可作为限制让步的重要因素。

以坦白求宽容来阻止让步

在谈判中,当己方被对方进逼得难以应付时,干脆把己方对本次谈判的真实希望和要求,以及所受的限制条件全部陈述出来,以期望求得对方的理解和宽容,从而阻止让步。这种策略能否成功,取决于对方谈判者的个性,以及其对你所坦白内容的相信程度,因此有极大的冒险性。

以示弱求怜悯同情来阻止让步

通常,人们均同情弱者,而不愿乘人之危。外国一些谈判者常利用人性的这一特点,将之作为谈判中阻止对方进攻的一种策略。在己方就某一问题要求对方让步时,对方无正当理由拒绝,但又不愿让步,就装出一副可怜巴巴的样子,进行乞求,这就是以示弱求怜悯同情的做法。

以攻对攻来阻止让步

以上所陈述的以限制来阻止让步、以示弱求怜悯同情来阻止让步以及以坦白求宽来阻止让步,策略主要是防守型的,谈判中仅靠这一类型是难以挡住对方进攻的,此时就应该以进攻来对付进攻,以进攻来阻止让步。这一策略的主要内容是:在对方就某一个问题逼我方让步时,我们可将这个问题与另一个问题联系在一起,在那个问题上要求对方做出让步。比如对方要求你降低价格,你就可以要求对方增加订购数量,或者延长交货期,或者改变支付方式和计价货币。这样,或者双方都让步,或者双方都不让步从而阻止了让步。

迫使对方让步的心理策略

通常,谈判中的利益可分为三部分:可以放弃的、应该维护的、必须坚持的。对于第二、三部分的利益,特别是第三部分的利益,在谈判中难于获得,往往需要经过激烈的讨价还价,才能逼迫对方让步。下面介绍几种常见和主要的逼迫对方让步的心理策略。

情绪爆发策略

在一个和平、没有紧张对立的氛围中工作和生活是人人所希望的。当人们突然面临激烈的冲突时,在冲突的巨大压力下,往往惊慌失措。在绝大多数情况下,人们会选择退却,以逃避冲突和压力。人的上述心理特征往往在谈判中被利用,从而产生了"情绪爆发策略",作为逼迫对方让步的手段。

在谈判中,情绪爆发有两种情况:一种为情不自禁地爆发,一种为有目的的爆发。情不自禁地爆发一般是因为在谈判中，一方的态度和行为引起了另一方的反感，或者一方提出的谈判条件过于苛刻而引起的，是一种无意识的、自然的、真实的情绪发作。有目的的爆发则是谈判者为了达到自己的谈判目的而有意识地进行的情绪发作，确切地说，这是情绪表演，是一种谈判的策略，这正是以下所要研究的。

在谈判中，当双方就某一问题而互不相让，或者对方的态度、行为欠妥，或者要求不太合理时，我们可抓住这一时机，忽然之间情绪爆发，大发雷霆，严厉斥责对方无理，有意制造僵局，缺乏谈判的诚意。情绪爆发的激烈程度应视当时的谈判环境和氛围而定。但不管怎样，激烈程度应保持在较高水平上，甚至扬长而去，这样才能震撼对方。在一般情况下，若对方不是谈判经验丰富的行家，在这突然而来的变化面前往往会不知所措，动摇自己的信心和立场，甚至怀疑和检讨自己是否做得太过分了，而重新调整和确定自己的谈判目标，做出某些让步。

由此可得知，在运用情绪爆发这一策略时，关键是掌握时机和激烈程度。毫无理由的情绪爆发会使对方一眼看穿；激烈程度过小，起不到震撼、威慑对方的作用；激烈程度过大，或者让对方感到小题大做，失去真实感，或使谈判告吹而无法修复。时机和激烈程度的掌握要根据每局谈判的具体情况来确定。

另一方面对情绪爆发策略的进攻，又应该采取什么样的应付办法呢？首先要泰然、冷静。一旦对方利用这一策略来进攻，已方要避免与之争执，或轻移话题，或者表示理解同时又耐心地向对方解释之所以难以接受其要求的原因。其次，可宣布暂时中止谈判，给对方冷静平息的时间，让自己也冷静下来，然后再指出对方行为的无礼，重新谈判。

分化策略

谈判进入实质性问题讨论阶段，谈判双方往往会利用谈判间隙，内部进行讨论，商讨下一步对策。在讨论中可能会对对方提出的条件产生不同的看法，如果本方管理者不能有效地控制和约束这种分歧而使之表面化、外在化的话，另一方就可以积极地开展"统战"工作，分化对方。

具体做法是：把对方谈判人员中持有利于己方意见的人作为重点，以各

种方式给予各种支持和鼓励,与之结成一种暂时的无形同盟。比如对他的态度特别友善,对其意见多持肯定态度,有些意见如不能接受,则以很温和委婉的方式予以说明和拒绝;而对待不利于己方意见的对方谈判者则采取强硬态度。

己方的这一策略运用得当,能使其本人毫无察觉。只要对方谈判人员中的某一成员持有不同的看法,其内部步调必然不一致,甚至对方的气势会大大削弱,就很有可能争取对方让步。

强调双方的"共同点"

有一位说服高手说过这样的话:"如果你能和任何人连续谈十分钟而使对方感兴趣,那你便是一流的说服高手。"

说服别人最重要的就是能够尽快地找到双方的共同点,促成事情顺水推舟地发展下去。

说服别人时来点儿"投其所好"是很有必要的,多说一些美好的、赞美的话。"投其所好"要注意"因人而异"。鬼谷子指出:与智慧型的人说话,凭借的是见闻的广博;与见闻广博的人说话,凭借的是辨析的能力;与善辩的人说话,就要简明扼要;与领导说话,就要用奇妙的事来打动他;与臣子说话,就要用好处来说服他;别人不愿意做的事情,就不要勉强;对方所喜欢的,就模仿而顺从他;对方所讨厌的,就避开而不谈它。能做到这些,就已经是"投其所好"的高手了。

爱德华·查利弗先生曾为了赞助一名童军参加在欧洲举办的世界童军大会,亲自前往当时美国一家非常有名的大公司,拜会其董事长,希望他能够解囊相助。

爱德华·查利弗在拜访他之前,就听说他曾开过一张面额100万美金的支票,后来那张支票作废了。他还特地将之装裱起来,挂在墙上以作纪念。

因此,当爱德华·查利弗一踏进他的办公室之后,立即针对此事,要求参观一下他的这张装裱起来的支票。爱德华·查利弗告诉那位董事长说,自己从未见过任何人开过如此巨额的支票,很想见识见识,好回去说给小童军们听。

那位董事长毫不犹豫地就答应了,并将当时开那张支票的情形,详细地解说给查利弗听。

查利弗先生并没有在一开始就提起童军的事,更没提到筹措基金的事。他提到的只是他知道对方一定很有兴趣的事。最终的结果呢?

说完他那张支票的故事,未等查利弗提及,那位董事长就主动问他今天是为了什么事而来。爱德华·查利弗这才一五一十地将来意说明。出乎爱德华·查利弗的意料,那位董事长非常爽快地答应了爱德华·查利弗的要求,而且还答应赞助5个童军去参加该童军大会,并且要亲自带队参加,负责他们的全部开销,另外他还亲笔写了一封推荐函,要求他在欧洲分公司的主管提供他们所需的一切服务。最终,查利弗先生满载而归。

作家黄宗英写过一篇名为《谈心》的文章。黄宗英多次谈过她采访人物时运用迂回战术,从对方感兴趣的问题说起的经验。有一次她采访柑橘专家曾敏,感到很难让对方推心置腹地交谈。于是,黄宗英从这位专家最感兴趣的柑橘说起:"你1962年发现的好几种野生柑橘怎么样了?你创造的枝序修剪法特点在哪儿?"老人听到这里,脸色立即红润起来:"噢,你也懂柑橘。"一下子就有了共同的话题,找到了"切入口"。

黄宗英写《大雁情》时,开始采访主人公秦官属,对方总是躲着她。黄宗英就不说采访和写文章的事,只为请教药物知识找她。在问花问草中,特别提到了"远志"这种中药,秦官属一下子被触动了。从这时开始,秦官属慢慢地向黄宗英讲述自己的事业和遭遇。

由此可见,在说服别人之前,最好是先找到共同的话题,拉近彼此之间的距离,这样事情就好办多了。其实,从某种意义上来讲,在人与人的交际过程中,最大的难关就是怎样找到对方感兴趣的话题。如果你说话的技术到位,那么,你的说服就会获得成功,同时事情也就好办许多。

怎样才能利用"共鸣",寻找共同话题,更好地说服别人呢?

细心揣测

为了发现对方同自己的共同话题,可以在对方同别人谈话时留心分析、

第五章 商务谈判中如何获得最大利益

揣摩，也可以在对方和自己交谈时揣摩对方的心思，从中产生共鸣。

通过细心揣摩对方的谈话，可以找出双方的共同点，进而说服别人。

明察秋毫

与对方相遇，为了打破沉默的局面，开口讲话是必要的。有人以客套的打招呼开场；有人以行为开场，一边帮对方做某些急需帮助的事，一边以话试探；有的找个很好的借口，借题发挥。

李女士到医院里就诊，坐在候诊大厅里。邻座坐着的一位大姐很健谈。大姐主动问她："你是来看什么病的？听口音不像本地人，你老家是哪里的呀！"当她得知对方是山东青岛人时，很开心地说："青岛非常美，我以前出差多次去过……"李女士便问："那您在什么单位工作呀？"于是，她们亲切地交谈起来，等到就诊时，她们已经是熟悉的朋友了，分手时还互留了联系方式。

这种融洽的效果看上去是偶然的，实际上也是有其必然根源的。只有通过明察秋毫，发现共同点，交际才能自如。

照顾到多数人

面对众多的人进行沟通时，要选择众人关心的事件为话题，把话题瞄准大众兴奋的中心。这类话题是大家想谈、爱谈又能谈的，人人都可以插上话，自然也创造了氛围，以致引起许多人的议论和发言，导致"语花"飞溅。

反面激将

当对方不愿就某一话题进行沟通，说"不知道""没意见"进行搪塞时，可以抓住对方知而不说、知真说假的心理，用"激将法"激起对方的热情，进而达到合作的目的。但要因人而异，掌握分寸，不可"激将"激出麻烦来。

投石问话

向河中投块石子，探明水的深浅再过河，就能有把握地前进。与对方交谈，先提一些"投石"式的问题，在略有了解后再有方向地交谈，便能谈得更为自如。如在聚会时见到陌生的邻座，便可先"投石"询问："你和××

是老乡还是老同学?"无论问话的前半句对,还是后半句对,都可循着对的一方面交谈下去;如果问得都不对,对方回答说是"老同事",那也可谈下去。

循趣入话

根据对方爱好引发话题。当别人谈到自己的爱好时,便很容易专注,谈起来也津津有味。主动交谈者可以投其所好,同时借题发挥,巧妙地提出话题。如对方喜爱象棋,便可以此为话题,谈下棋的情趣,车、马、炮的运用等等。如果你对下棋略通一二,那肯定谈得投缘。如你对下棋不甚了解,那也正是个学习的机会,可做个倾听者,适时插话,借此拓宽眼界、丰富思想。

从心情下手

在说服中必须学会察言观色,抓住对方的心理状态,根据对方心情的波动,投其所好,引出话题。如果对方处于暴跳如雷或悲痛欲绝的情况下,就应少安毋躁,先安慰对方,使之情绪稳定下来。

即兴引入

巧妙地借用彼时、彼地、彼人的某些档案为题,借此引发交谈。有人善于借助对方的姓名、籍贯、年龄、服饰、职业等,即兴引出话题,常常取得惊人的效果。"即兴引入"法的优点是灵活自然,就地取材,其关键是要思想跳跃快,能做由此及彼的联想。

还可以针对对方的缺点引发话题,从体谅、爱护对方出发动之以情、晓之以理,委婉而中肯地提出话题,阐述自己的建议。

其实,找共同点并不难,这只是说服的初级阶段所需要的。共同点会随着交谈内容的深入越来越多。为了使交谈更有益于对方,一定要一步一步地挖掘深一层的共同点,只有这样才能得到理想效果。比如,一个度假的大学生和一位在法院工作者,在一个共同的朋友家聚餐,两人经过主人的介绍后,就开始攀谈起来。两人渐渐地发现对社会上的不正之风的看法彼此有共同点,在不知不觉中展开了讨论。他们从令人发指的社会现象,谈到其产生的土壤和根源,从民主和法制的作用,谈到对国家的期望。真是越谈越深入,越谈双方距离越短,越谈双方的共同点越多。双方在事后都认为通过这

次交谈对大学生认识社会，对法院工作者了解外面的信息和群众要求，对增强纠正不正之风的自觉性都很有益处。

寻找共同点的方法还有很多，比如面临的共同的生活环境，共同的工作任务，共同的行路方向，共同的生活习惯等等。如果你想说服别人，强调双方的共同点不失为一种好方法。

下篇　商务沟通篇

第六章
把握交流技巧，创造沟通条件

　　沟通是什么，沟通是为了设定的目标，把信息、思想、情感等在个人或群体之间传递，并达成协议的过程。沟通要做什么，沟通是要实现那个设定的目标。

　　一个人能够与他人准确、及时地沟通才能建立起牢固、长久的人际关系，进而能够使自己在事业上左右逢源、如虎添翼，最终取得成功。

寻找共鸣是沟通的切入点

人们常说的一句话是"跟着感觉走",虽然很多理智的人对此不屑一顾,但不得不承认的是,人无论做什么事,常常会被感觉左右着。交朋友也是如此,感觉对了,便继续交往,感觉不对,则淡淡相处。在人际交往的过程中,人们的态度、观点、文化背景、年龄、性别、兴趣、爱好、地位和经历等方面的相似性,可以增加彼此之间的吸引力。这种相似性类似于物理学上所说的"固有频率",当两个物体之间的频率达到一致时,它们之间就会引起共鸣,这个频率就叫作"固有频率"。如果在与朋友进行交往时,能找到和对方一致的"固有频率",就更容易交到好朋友。

流传千年的"高山流水"的故事,就是寻找共鸣的最高境界。

春秋时期,楚国有一位著名的音乐家,他的名字叫作俞伯牙。俞伯牙从小非常聪明,天赋极高,非常喜欢音乐,他拜当时很有名的琴师成连为老师。3年之后,俞伯牙成了一名非常杰出的琴师,但让他感到苦恼的是,虽然很多人喜欢听他弹琴,但真正能听懂他的曲子的人几乎没有。有一天,俞伯牙乘船沿江周游。船行到一座高山旁边时,突然下起了大雨,于是他将船停在山边避雨。俞伯牙耳听淅沥的雨声,眼望雨打江面的生动景象,顿时琴兴大发。他开始弹奏。忽然,他感到琴弦上有异样的颤动,这是琴师的心灵感应,说明附近有人在听琴。俞伯牙走到船外,果然看见岸上树林边坐着一个打柴人。此人名叫钟子期。俞伯牙将钟子期请到船上,说:"我为你弹奏一首曲子好吗?"钟子期立刻表示洗耳恭听。俞伯牙即兴弹奏了一曲《高山》,子期赞叹道:"多么巍峨的高山啊!"他又弹奏了一曲《流水》,子期赞叹道:"多么浩荡的江水啊!"俞伯牙又佩服又激动,对钟子期说:"这个世界上只有你才懂得我的心声,你真是我的知音啊!"于是两人结拜为生死之交,并约定俞伯牙周游完毕要去钟子期家拜访。

后来,俞伯牙如约来到钟子期家,但此时子期已经不幸去世。伯牙闻听悲痛欲绝，跑到子期墓前为他弹奏了一首充满怀念和悲伤的曲子，然后站起身，将自己视为生命的琴砸碎于子期的墓前，从此再没有弹过琴。

要引起他人的共鸣，达到接近对方的目的，首先就要知道如何使自己的"固有频率"和对方的"固有频率"一致，也就是要寻找共鸣点。如何寻找共鸣点，这其中也有技巧可言。

1. 寻找彼此之间的相似性

这是一种主动的方法。世界上没有两片完全相同的树叶，当然更不会有完全相同的两个人。即使是同一父母孕育出来的双胞胎，也不会完全相同。所以，想要找到一个和自己理想中的朋友完全一致的人，基本上是一件不太可能的事情，而且也是完全没有必要的。比如，虽然你的脾气与他不同，但你们的兴趣爱好相同，你们都喜欢听音乐会，谈起巴赫与贝多芬，你们就有说不完的话，这时，你们就要秉承"求大同存小异"的态度，忽略彼此间的不同之处，尽量找出两人之间的相似点，只有这样，双方才有可能感受到彼此的吸引力，进而产生想要接近和进一步交往的欲望。

2. 增加自己的透明度

这里所说的透明度，指的是一个人真实状况的"暴露"程度。也就是说，你在与别人交往的时候，是戴着面具还是用真实的自己去面对。

要与别人接近，最首要的就是让别人了解你。试想一下，一个你完全不了解的人，你会愿意和他交往吗？你对一个人的暴露程度如何，直接反映了你对这个人的信任程度。如果彼此之间无法信任，暴露程度也会随之降低。相反，如果信任对方，就会无话不谈。如果你一方面想接近对方，另一方面又把自己置于完全封闭的"安全地带"，对方会感觉到在你们的交往中一个人在唱独角戏，会感觉到你对他的不信任，必然也会对你有所保留。因此，在与人交往的过程中，只有主动向对方敞开自己的心扉，让对方增加对你的了解，才能让对方愿意接受你。不过坦诚也是要讲究合适的时间地点的，应该首先考虑到对方的接受程度，再进行适当的坦诚，否则也许会把对方吓跑。

交友忠告：换了新的环境，想交新朋友之前，不妨来做点功课：比如了解对方的喜好，以找到共同的爱好和话题；主动寒暄，打破与新朋友之间的

隔阂；还要记得展现真实的自己，用真心才能换得好朋友。

共鸣是交朋友的理想境界，也是沟通的切入点。能够找到彼此的相似之处，对于进一步的相互了解将有极大的帮助。

适时效仿对方博得好感

闭上眼睛想想看，言情片中是不是经常出现这样的约会场面：一对甜蜜的恋人坐在茶馆或者咖啡厅，悠闲地品尝着香茶或咖啡。他们的表情动作有什么特别吗？

他们是不是时不时地有着同一种表情或做着同一个动作，就像是镜外的人和镜里的影一样？一方用手摸摸头发，另一方也用手摸摸头发；一方跷起二郎腿，另一方也跟着跷腿；一方捂着嘴笑起来，另一方也跟着捂着嘴笑；一方举起了杯子，另一方也随之举杯……

看到这样一幅画面，你有什么感觉？

是不是感觉很温馨、很浪漫，感觉这两个人关系亲密、相互爱慕、心心相通？相信很多人都会有这种感觉。为什么呢？

因为他俩的步调是如此的一致。从行为科学的角度来讲，这种感觉是有道理的。

人与人之间这种表情或动作的一致被称之为"同步行为"。"同步行为"不仅存在于恋人之间，在我们日常的工作生活中也普遍存在，比如亲人之间、朋友之间、同事之间、上下级之间。

一对感情笃厚的姐妹，同时看到一盆迷人的蝴蝶兰，一个张大嘴巴，说"哇！"，在同一时间，另一个的反应也一模一样。

一对心有灵犀的朋友，一起观看篮球比赛，眼看球要进了却又溜出了篮，两人异口同声地说："再用点力就好了！"

一对志趣相投的同事，刚参加完讨论会，两人回到办公室，都带着笑容，频频向对方眨眼。

这些都是"同步行为"。是什么诱发了人们的"同步行为"？

从心理学的角度来讲，肢体动作是"内心交流"的一种方式。两人彼此把对方作为所效仿的对象，应该是相互欣赏或有相同的心理状态，即双方的相互欣赏或看法一致诱发了他们的同步行为。

换句话说，"同步行为"意味着双方思维方式和态度的相似或相通。

一般而言，同步行为的一致性与双方关系的和谐度成正比。在双方的会面中，如果两个人关系和谐、相互欣赏，那么他们的同一行为会很多、很细微。反之，同一行为则很少。

不是吗？想想会议中人们的表情，对某种意见持赞成态度的人和持反对态度的人，是不是往往各自做出相反的动作？赞成的那部分人面带微笑，不断地点头示意；反对的那部分人紧锁着额头，紧闭着嘴唇……

再想想生活中常会遇到的情景：去商场购物或去某展览会参观，你看上了一件物品，另一个人也看上了这件物品，你俩一同走近这件物品，一边看一边发出"啧啧"的赞叹声，"真漂亮"，就几秒钟，你俩便互生好感，颇有点英雄所见略同的感觉。

这种感觉从哪儿来的？就是从你们的"同步行为"来的。

回头想想你们的同步行为有哪些？眼球同时被这件物品吸引，走向这件物品，带着惊喜的眼神打量，嘴里发出一致的赞叹声……如果俩人再对这件物品的质地、做工与价格看法一致，你肯定就有了路逢知己的感觉！

可以说，两人志趣相投、相互欣赏产生了"同步行为"，反过来，"同步行为"又促进了彼此的内心交流，加深了彼此的好感与欣赏程度。

在日常生活中，通过人为地制造"同步行为"，可以赢得对方的好感，让双方的交谈在不经意间变得和谐愉快。

作为下属，很多人都纳闷：为什么自己欣赏的领导也欣赏自己，自己不喜欢的领导也不喜欢自己？其实，这其中，"同步行为"就在发挥作用。你向领导传递了欣赏，领导感觉到了，对你有了好感，也试着以欣赏的眼光看你。

由此推理，如果想得到领导的认可与欣赏，你首先应该认可、欣赏领导。你不妨这样做：与领导在一起时，当领导无意中做出某个动作时，你也

跟着做某个动作；领导做出某种表情，你也以同样的表情回应。

作为领导，有时故意与下属同步也很必要。比如，某下属在你面前很紧张，你不妨摆出与其一致的姿势，拉近彼此的心理距离，缓解下属的紧张情绪。

对于有利益往来的双方，"同步行动"的魅力也丝毫不减。

在推销或谈判过程中，如果你的请求或劝说得不到回应，不妨故意制造一些"同步行为"，快速攻破对方的心理防线。

比如，对方翻阅文件，你也翻阅文件；对方脱下外套，你也脱下外套；对方将视线投向窗外，你也掉头欣赏窗外景色……如此反复几次，自然会引发对方的好感，缓和矛盾，使对方乐于接受你的意见，满足你的请求。

不过，在效仿对方的举止时，要注意不露痕迹，否则，让人误认为你是在故意取笑他或讨好他，反而适得其反。

沟通需要显示诚意

所谓"夫书以载言，言以传意。"传意，除了需要正确清晰地传递信息、表达观点、顾全体面、言辞优雅之外，同时也需要及时收集对方的反应、全面把握话题的进行、深刻表达自己的感情。从语用学的角度看，语言的普遍有效性是要求话语的"可理解性"，即符合某种语言语法规则的话语，就是可理解的。而对应于语言的3种语用学功能，还存在着3种不同的"有效性要求"。就语言的呈现事实之功能来说，它必须满足的有效性是要求陈述的"真实性"，一个陈述外部世界事实的话语必须被认为是真实的。就语言的建立合法人际关系之功能而言，它必须满足的有效性是要求规范的"恰当性"，一个产生出共同认可的价值规范的话语必须被认为是恰当的。

就语言的表达主体内心意向之功能而言，它必须满足的有效性是"真诚性"，一个表达出说话者意图的话语必须被认为是真诚的。

与此相类似，语用原则在注重真实性、恰当性的同时，也不能忽略言语交际中的灵活性。因此在这里，考虑言语交际中一方采取主动以期有效沟通的语境，提出几点较为实用的语用原则——诚意原则。诚意原则的使用目的主要体现为——置身于全新的环境时，如何通过合理的言语交际过程建立良好的人际关系，结识新朋友；面对单个重点对象时，如何通过合理的言语交际过程赢得对方的好感，加深彼此的感情。

诚意原则可以分成以下5个准则。

1. 重视准则

它要求使对方产生重要人物的感觉，即将对方预设为善良、理性的人，让对方知道他（她）对于你有多么重要，承认对方有某些自己所不及之处。

2. 理解准则

了解对方，善解人意，投其所好。包括设身处地，从对方的角度来考虑事情；对他人的想法和愿望表示理解、同情；多征询对方的愿望、需要、意见和想法。

3. 专注准则

在对话中突出对方，而不是强调自己。包括多谈论令对方感兴趣的人事物，特别是使对方多谈论自己；认真倾听，提出引导性的问题，使话题继续；尽量减少使用"我""我的"和"你""你的"，多使用"我们"。

4. 认同准则

减少不必要的分歧，获取共鸣。交谈的一开始，就争取使对方立即说"是""是的"；迅速而诚恳地承认自己的错误，不在分歧上继续纠缠；积极寻找双方的共同意见，多使用"我也……"

5. 赞许准则

诚于嘉许，宽于称道。尽所能表现真诚的赞扬和欣赏，不要批评、指责或抱怨。

社会秩序仅靠法律很难维持，还要依靠道德的制约。法律只能告诉我们什么事情是禁止的、什么事情我们不能做，却无法告诉我们什么事情是值得提倡的、是应当去做的。现有的语用原则，多数都告诉了我们"不能怎样""应该怎样"才合理，却鲜有让我们知道"怎样"才是比较优选的方案。因此，我在上面提出了一些比较具体的做法。这其中，需要解释一下认同准

则,即跟别人交谈的时候,不要以讨论不同的意见作为开始,要在一开始就强调,而且不断地强调双方都同意的事。一个否定的反应会成为最不容易突破的障碍。当一个人说"不"时,他所有的人格尊严,都要求坚持到底。因此,在交谈的一开始,就要争取使对方立即说"是""是的",使对方采取肯定的态度。

在人际交往中遵循诚意原则可以令气氛融洽,使沟通事半功倍。表达看法、要求或建议时,话讲得慢一些,容易给人诚实的印象。如果说话很快,则易让人产生轻浮的印象。

有十足理由的观点或要求时,若能以轻声的口气说,就会较容易让人相信和接受。与人交谈的时候,上半身往前倾斜,可表现出你对交谈者和所谈的事的强烈关心。"随时随地听您的吩咐",这句话可使对方感觉到你的诚意。

认真时,有认真的表情,可笑时,则尽量去笑,这样做会给人良好的印象。

与客人或朋友、同事握手,一定得比常规距离更近一些,能表示你的友好和热情。

不论是交际或私情,无论和上司应酬客户还是消遣娱乐,翌日早晨都应该规规矩矩地上班,而且要比上司更早开始工作。因为这种做法可让上司知道自己是个公私分明、把握原则的人,因而加强了对你的信赖感。恪守在谈笑间所订的诺言,可增加对方认为你是很诚实的印象。

此外,还可以以手势配合讲话,比较容易把自己的热情与真诚传达给对方。

要物质沟通,也要感情交流

爱立信有一个这样的广告:

有一个儿子从外面回来,带了一部大彩电给父亲,他跟父亲说这是孝敬他老人家的,并且教他如何使用等。到吃饭时间了,儿子的手机响了,儿子说有急事要去办，要父亲自己看电视，父亲马上不高兴了，过了一段时间，儿子又回来了，他告诉父亲今天什么事情也不去办了，要留在家里陪父亲吃饭，但是，父亲什么也没说。父亲并不是要独生子陪他吃饭，这种基本的需求他已满足，他需要的是归属感。

当孩子在外漂泊几年，和父母的沟通也少了，好多人都说，"我在外面挣到钱再回去看他们"，但什么都不是你想的那么简单。为什么呢？因为父母需要的不只是物质生活方面的，他们现在老了，更需要的是精神生活方面的。老人不图你的钱财，他们现在的心愿是能和儿女在一起，团团圆圆，平平安安。

知道他们有多孤单吗？每天都是冷冷清清的，想要和一个人谈谈心都不能。当我们和一帮年轻人到处玩，开开心心的，有没有想过父母，到底在家好不好？

我们20岁以后，他们又在为我们的个人问题而操劳，要知道，工作永远做不完，你可能要5~10年甚至更久时间的努力，但那时你已经不如年轻的时候了，因为你也变老了。你能等，但你的父母却等不到那个时候了，所以我们在有限的时间内一定要好好关心他们，给足他们想要的。和他们不仅仅是物质上的沟通，更需要的是感情上的沟通。

同样，不单是亲情，爱情也不要仅仅追求物质上的满足，那样会使爱情大大地变味。

从牛郎织女到许仙白娘子再到董永七仙女，天仙配中，董永、牛郎家境清贫，许仙稍好点，也不过是开药铺的。看他那一介儒雅书生，难以投机取巧，生意经念得也好不到哪里去。他们何能何德，竟有这等福分，得到了神仙美女的眷顾。这真是"此情只应天上有，人间能得几回闻"。人间的爱情哪能是这般简单，纯粹和浪漫。

人间的爱情，早已变成了一个很奢侈的字眼。这是一个物质丰富的时代，我们的生活绚丽多彩，但爱情却越来越苍白。曾经纯粹的心灵在物质的诱惑下，变成了金钱的奴隶。感情不再是婚姻的首要条件，婚姻就是跳板，是捷径。有句话说"干得好不如嫁得好"，82岁的能娶28岁的，50岁的能嫁给30岁，这中间是爱的成分多，还是名利在起作用，不敢妄下定论。但

第六章 把握交流技巧，创造沟通条件

大款斥巨资征婚，应征者如云，其中不贪钱财的又能有几个呢，物质充斥着眼球，控制着灵魂，成了某些人醉心追逐的目标。可是，有钱有名有利就能有真正的爱情吗？钱能买到人，但却不一定能买到心心相印，两情相悦的境界。爱情物质化，这是褪色的爱情。

不只是物质，花花绿绿的大千世界，太多的诱惑让我们眼花缭乱，头晕目眩，神经变得敏感而脆弱，固守一份爱变得异常艰难。爱情，成了风雨飘摇中的一只小船，经不起一丝一毫的波折和动荡。我们不再善待它，我们不屑于善待它。婚姻之痒和审美疲劳让我们的心灵躁动不安。

物质时代，带给我们丰富的物质生活的同时也容易让人丧失理智，失去激情。只用物质来沟通的爱情，必定会造成精神上的空虚和颓废，让我们彻底抛弃人的脸面和尊严，没了责任心，没了道德观。最后的结果可能是，在这个浮躁的世界里，很少再有人为爱伫立片刻，细品爱的甘甜。

诚然，最需要沟通的亲情和爱情都告诉我们：沟通，不仅仅需要物质，更重要的感情的交流。只有用感情呵护出来的亲情和爱情才是沟通顺畅，美丽幸福的。

二十几岁的年轻人可能正在走向拥有物质、可以报答父母的年龄，请记住：对于父母，情感交流也很重要；二十几岁的年龄可能在爱情中被滋润，请记住：对于爱情，情感的交流远远胜过物质的拥有。

沟通先从对方关心的话题谈起

找人谈话，一般应从双方关心的话题谈起，使对方乐于同你谈，这样容易调动对方谈话的情绪，有利于造就良好的氛围，等谈话水到渠成的时候再转到你想谈的话题或者难题上去，就可能比较容易达到目的。这样谈，比起一开始就直接谈到对方不关心的话题或者难题，效果要好得多。

一位历史老师年纪大了，因为牙齿松动了，讲课吐字不清，然而他对工作一如既往的负责，对学生要求依然严格。有位同学对这位老师有看法，就

借题发挥，上教务处告状，要求撤换这位老师，还发动全班同学要将这位老师赶下讲台。班主任找这位学生谈话，没直接谈这个问题，而是先问他的父母年纪多大了，身体怎么样。学生不知班主任的用意，回答说："身体还好，就是年纪大了，记性也差，说话颠三倒四的。"班主任顺水推舟："是啊，岁数不饶人哪，我们当老师的也是这样，请你们要多体谅。"学生听出了班主任的弦外之音，惭愧地低下了头。后来，他主动向老师赔礼道歉，师生关系进一步融洽了。

这位班主任谈话的艺术是从对方关心的话题，把谈话内容逐步引向正题，使对方顺着自己的思路去认识问题，认识错误。

只有通过话题的选择才能把彼此要沟通的思想、复杂的情怀、微妙的心声用妥帖的语言表达出来。选好对方感兴趣的话题，可以打开局面，迅速地进行有效的沟通。那么，不妨从以下几个方面试试看。

1. 围绕事业追求，寻找话题的"闪光点"

事业是一个人安身立命的根本。任何一个对事业勤奋努力，对人生有追求的青年人，一旦与人谈起工作、人生方面的话题，就会神采飞扬起来。

2. 围绕兴趣爱好，寻找话题的"共鸣点"

每个人都有自己的兴趣爱好，即使一个再沉默寡言的人，只要与人谈起他的兴趣爱好，他也会口若悬河。然而，初次见面，你还不知道他的兴趣爱好是什么，这怎么办？不要紧，不妨先谈谈你自己的兴趣爱好，来个抛砖引玉，然后在彼此的兴趣爱好里寻求共鸣点，以此增加了解和增进沟通。

3. 围绕环境氛围，寻找话题的"着眼点"

环境氛围是一个充满变化、随意性较强而又具有丰富内涵的话题。它不是逢场作戏般的风花雪月、无病呻吟，而是通过抓取这种话题折射出一个人的思想观念、品德智慧、为人处世等方面的水平和品位。可以这样说，一个善于观察事物、分析问题、处理矛盾的人，只要把寻找话题的着眼点放在环境氛围上，话题就会取之不尽用之不竭。

4. 围绕社会生活，寻找话题的"兴奋点"

社会生活包罗万象，你在生活中总有一些最深切的体会、最想说的话、最厌恶或最喜欢的人和事、最关心或最希望得到的事物吧，那么，你与朋友

的谈话出现"卡壳"时,就随便地拣其中一个你最兴奋的"点"去谈吧。

你可以多留心他平时对什么比较感兴趣,在更多的时候你可以以一个听众的角色来获取信息,如果自己也感兴趣就多做些了解,加入谈话会比较方便。还可以多关心一些时事政治,或是新闻,这些是大部分人都会关注的。或者你可以主动找些你感兴趣的东西先与他们交流,当然要在适当的时候。不过也许你的热情不会有你预期的效果,不要灰心,这是正常的。

与你刚认识的人在一起谈话或与人谈论你不认识的人,最好的办法是从一个话题到另一个话题地试着说,如果某个话题不行,再试下一个。或者轮到你讲话时可讲述你曾经做过的事情或想过的事情,修整花园、计划旅行或其他你们已经谈过的话题。不要对片刻的沉默慌张,让它过去即可。谈话不是竞赛,像跑步一样拼命地冲到终点。

另一个重要的开场白(也是立竿见影的)是征求建议。例如,您可以问一个热心的园艺家:"我想把花园中的一年生植物改种多年生的,您建议种什么好呢?"或者对于一个在家或办公室办公的人,您可以问:"我想买一部传真机,您有什么好的推荐吗?"如果没有反应,可以问他的观点。问他或她有关任何方面的观点是很稳妥的:政治、体育、股市、时尚和当地新闻,所有的都可以,但最好不要是已经问过的和会引起激烈的反对或引起争论的话题。

换位思考才能了解更多

善于观察的人想必都知道,猫和狗是仇家,见面必掐。起因就是,猫狗在沟通上出了点问题。

摇尾摆臀是狗族示好的表示,而这种"身体语言"在猫儿们那里却是挑衅的意思;反之,猫儿们在表示友好时就会发出"呼噜呼噜"的声音,而这种声音在狗听来就是想打架的意思。阿猫阿狗本来都是好意,结果却是好心得不到好报,反而当作了驴肝肺!

但从小生活在一起的猫狗就不会发生这样的对立,原因是彼此熟悉对方的行为语言含义。所以进行换位思考，进行有效沟通十分重要。

医生尚未诊断就开处方，谁敢领教？但与人沟通时，我们常犯这种不分青红皂白便妄下断语的毛病。因此必须强调："了解他人"与"表达自我"是人际沟通不可缺少的要素。首先要了解对方，然后争取让对方了解自己，才是进行有效人际交流的关键，要改变匆匆忙忙去建议或解决问题的方式。

现在的人自我意识很浓，大家都喜欢从自我的角度去看待一件事物，经常看到一句话或一件事就用自己的主观意识做出判断。注重的是自我感受，很少在意别人的想法与感受。在现实的社会里有很多人主张换位思考就是让自己多站在别人所处的位置想一想，去感受别人的感受，从而寻求解决事情的最佳方法。沟通之前，多一点换位思考，就会了解彼此的想法和心情，就能够相互理解和支持。不能总自以为是，以自我为中心，以我的就是对的想法来看待问题，得到结果只会是偏执和激进。换位思考会有助于自己更加清楚透彻地看清事情的全面性、合理性，同时也会让自己多一分理解，多一分宽容。

要培养设身处地的"换位"沟通习惯。欲求别人的理解，首先要理解对方。人人都希望被了解，也急于表达，但却常常疏于倾听。众所周知，有效的倾听不仅可以获取广泛的准确信息，还有助于双方情感的积累。当我们的修养到了能把握自己、保持心态平和、能抵御外界干扰和博采众家之言时，我们的人际关系也就上了一个台阶。只有当人人都敞开胸怀，以接纳的心态尊重差异时，才能众志诚城。

我们是在"为别人"想，当事情的后果不如我们所想象或期待时，我们也多半觉得委屈、"好心没好报"。那么，是别人真的不明白我们还是其他？仔细地分析分析，我们会发现，这种换位思考并不是真的换位思考，而是以本位主义来了解别人的想法及感受，这并非真正地为别人着想，因为它忽略了"对方"真正的想法及感受。这种做法缺乏尊重别人的责任，尊重别人的能力，尊重别人的自主权。所谓的"好心办坏事"就是这种做法造成的。

好奇心，是换位思考的一味元素，好奇地去了解一下对方真正的想法和感受。就好像对于一个婴儿，我们只有好奇地站在他的角度去看他的世界，才会了解一个满是脚的世界是个什么样的世界；就好像对于一个坐在十几个大人的脚下，听着大人们高谈阔论的男孩，我们应与他一起坐在地毯上，体

第六章　把握交流技巧，创造沟通条件

会一下那是什么样的心情；就好像那个想去摆地摊不想上学的孩子，有一点好奇心，才会使我们谦虚地放下身段看看他的内心世界到底是什么样。

好奇心使我们暂时放下自己的主观来理解别人的主观，了解之后才能真正地开始"换位"，换位之后，才能开始相对正确地思考，这是沟通的第一步。换位思考不是一件难事，但却需要你和你的好奇心开始合作。

其实，许多情况下我们都可以进行换位思考。相信大多年轻朋友都有这样的经验：听到别人赞扬或附和的话，心里就会欣欣然，得意扬扬；听到刺耳的话或是不同的意见，就会心里别扭或心中火起。心理学上讲"同理心"，也是让人在沟通的时候，能够从对方的立场和视野去观察和思考，以顺应的方法去达到对方的认同，进而达到沟通的目的，这也是基于人对于"同"的接纳及对于"异"的排斥的规律。

所以，换位思考是一个对沟通大有裨益的方式，年轻朋友们可以多去培养自己这种方式，将其变为一种习惯。

沟通要注重非语言技巧

"说什么话"在沟通上相当重要，但有时候比"说什么话"更重要的是"如何去说"，也就是指，如何用谦虚有礼的肢体语言来传达意思。有些人嘴巴上虽然说："和你见面真是高兴。"眉头却深锁紧皱，这样的言行不配合，如何让对方信服？不过，当我们面对不好应付的人或是曾发生过纠纷的人，也实在很难让人言行一致，那么，在遇到这种情况的时候，要采取何种态度呢？

首先，要眉目传神。常言道：眼睛是心灵之窗。我们内心的情感总会在眼神中无意地流露出来。与亲密的人接触时，我们会直视对方的眼睛说话；在面对讨厌的人和不愿应付的人时，眼睛便会习惯地不看着对方。然而，眼睛老往他处张望，是很不好的一件事，就算是不喜欢的人，也请务必注意聆听对方说话。刚开始的时候或许需要一些勇气，但不妨尝试做做看，就可以了解自己内心深处起了什么微妙的变化，而且实际做起来并不会像想象的那么痛苦。

其次，让"手"来表达心灵。英国《自然》杂志曾报道指出，眼睛看不到的人，几乎都是使用手势来表达自己的思想，也就是说，人的心灵会跟着手运作。很多人在闹别扭时，常会双手抱胸，采取"防卫姿态"，但是当心灵开放时，身体便会很自然地放松，同时也会很自然地使用手势来加强沟通，比如立即和对方握手。所以，请用轻松的姿态、手势，活灵活现地和对方说话吧。

第三，要点是表情。当彼此关系恶化时，表情就会僵硬，而破冰法有助于打开彼此冰冷的关系，让彼此相处融洽。不过，不需要像欧洲人那样地开玩笑，只要轻松地微笑，表情柔和即可。另外，不要有虚假的笑容，这一点可时时在镜子前面练习，就会有自然的微笑了。

综上所述，请牢记3个重点：视线、手势、表情。

某外商团队来到日本视察，视察后与日方代表举行会议。会议室里坐着20位日方代表，不久，外商人员开始一个一个发表视察演说，却见日方代表全员双眼紧闭，双手抱胸点头。外商人员非常惊讶，不禁询问道："这是什么仪式？"因为以外国文化来说，倾听别人说话时，如果双眼紧闭、双手抱胸，是非常怪异且不礼貌的举止。尤其双手抱在胸前，在心理"语言"中即代表"将心灵盖住"，是一种反射性防卫行为，换句话说，双手抱胸是自我防卫的姿态，也是"NO"的意思，无疑是在和对方说："我不喜欢你，你走开。"

有一位知名的企业家，曾因为在演讲会场看到新进来的员工双手抱胸，而令他站在演讲台上，迟迟无法发表演说。这是因为这位企业家受挫于新进人员，而感到心里不舒服的缘故。然而在现实生活中，仍有很多人不自知，在面对他人时，常常习惯双手抱胸。就算对方不会联想"不想听你说的话""反对你的意见""讨厌你"等负面意思，这种动作也明显是拒绝对方的信号。

所以请注意，绝对不要在人前将双手抱胸。当与人的关系恶化时，就该反省，是否自己无言地表达了拒绝对方的信号？千万不要在不知不觉中让对方厌恶了，而自己还不知道原因所在。沟通恶化时，其中一方常会开始生起气来，但若因此而你一言、我一语地恶言相向，闹到越来越不可开交，关系

就无法修复了。在此有三个简单方法,可以让盛怒的对方冷静,那就是鹦鹉响应法、连续道歉法和全面肯定法。也就是说,不要反驳对方说的话。根据调查,人不会让愤怒的情绪维持超过 2 分 40 秒,只要我们不提供令人愤怒的新火种,对方的怒气便不会持续累增。

在沟通中,非语言的交流也很重要,一定要随时注意自己的肢体语言,使用得当,将大大增强我们沟通的效果;不加注意,可能恰恰是导致我们沟通受阻的原因。所以,年轻朋友们,在沟通中,一定要掌握这"用心"沟通的技巧。

倾听让沟通顺利进行

一般人在倾听时常常出现以下情况:有的人很容易打断对方讲话;有的人则发出认同对方的"嗯……""是……"等一类的声音。较佳的倾听却是完全没有声音,而且不打断对方讲话,两眼注视对方,等到对方停止发言时,再发表自己的意见。而更加理想的情况是让对方不断地发言,愈加保持倾听,你就越握有控制权。

要学会倾听,很有必要了解自己。人贵有自知之明,一个人只有深入地了解自我,才能有了解他人的基础,所以先深刻地认识自己才是真正具备良好的人际亲和力的基石。每个人在成长的过程中,都会有一些创伤和问题所在,也许会在童年时代感觉到自卑,或者自傲,或者是以自我为中心,或者曾经遭受到各种各样的心灵上的创伤,这些问题的存在,都会影响到成年之后的良好的人际亲和能力。深刻地认识自己和了解自己,不让童年时代的阴影影响现在的人际交往是以自我反省开始的。

在深入了解自己的基础之上,再进行人际交流实践是加强人际亲和能力的重要过程。在不断的人际交流的实践中,别人作为一面镜子,可以折射出自己的某一面,从别人的身上,可以看到自己心灵中自己看不到的侧面。在与他人的交流和实践中,又可以不断强化自己的实战能力,随时修正自己。有一些人在童年时代就很少有和人交往的机会,虽然他们在童年时代曾经是一个快乐活泼的幼儿,可是由于封闭的家庭环境,他们与人交往的潜能被压抑了,他们成年以后渐渐成为一个木讷寡言,紧张容易害羞的人。有的人虽然青少年时代很少和人交往,缺乏实践的机会,在他们成年以后,因为生活所迫,不得不去谋生,如做销售等专门和人打交道的职业,渐渐的,他们和人交往的能力在实践中就无形地增强了。所以实践是增强人际亲和力的必修课程。

每个人都有自己特定的成长环境,而他所生长的家庭环境和社会环境给他的自我意识打下了一个烙印,他对人会有自己的独特看法。这些观点在和其他人交往的时候,都会影响到对他人的评价。当他是从自己的世界观、人生观和价值观去评价他人时,就无法深入理解他人的内心深处的感受。所以在洞察自我的基础上,在人际交往的实践中,他不断地放下自己固有的价值观的标准,能耐心地倾听来自他人内心深处的声音,便会看到一个个与自己不同的全新的内心世界。在这样的过程中,他的自我意识就会扩张,对人的理解能力也在增强,一个能深入理解他人的人的人际亲和力自然就增强了。

在人与人沟通过程中,20%的说话时间里,问问题的时间又占了80%。问问题越简单越好,是非型问题是最好的。说话以自在的态度和缓和的语调,一般更容易使人接受。

懂得说的人大多是懂得听的人,听的艺术并不亚于说的艺术。

倾听的要旨在于了解一个完整的故事或事情,倾听的态度是专注和用心。如果你漫不经心地听,对方会不高兴。倾听的技巧至少包括以下几种。

1. 参与

看、听、询问,就是观其动作、声色,有时插入问话,让对方感受到你在专心地听其说话。

2. 认同别人的经验

尊重对方的感受,发出一些认同的话,如"那听来很重要"或"我感受到你十分看重此事"等。

3. 邀请对方说多些

"可以多说明一点吗?""我想多听听你对这事的看法"等,当然,如果对方离题了,你可以说:"对不起,让我们回到正题,好吗?"

4. 综合处理

若对方已说了不少,你可以做些小结,问对方是否是这个意思。

5. 提供开放式的意见或建议

开放式就是不会使人无话可说,例如"看来你很不高兴,是什么使你不高兴呢?"要避免用"为什么"而要多用"是什么"。

总之,倾听既是简单的,也是大有学问的。良好的倾听习惯是沟通顺利进行的润滑剂。

沟通需要有耐心

转向不同的两个齿轮,如何让它们转向同一方向呢?请仔细想想看。答案并不难,只要在这两个齿轮上加一条皮带即可。

人心同此理,只要彼此的心加上润滑带即可,这在心理学上,称之为"关系和睦"。关系和睦有各种形式,希望让他能回忆前面所提及的人际关系,称呼对方的姓名、积极地询问对方、笑容满面地和对方接触等,都可称之为"关系和睦"的形式。问题是,彼此处于正面关系时,是容易和睦相处的,但是,处于负面关系时,就很难和睦相处了。比如,邻居每天半夜吵闹不休,你总是一再忍耐,有一天终于忍耐不住了,跑去按邻居的电铃,一见面便指责说:"你们知不知道现在是几点啦?"这样,邻居自然也会采取强硬态度回应,彼此心中的齿轮开始往反方向快速回转,关系更加别扭,不管哪一方有理,也不论哪一方是对或是错,不能和平相处的症结即在感觉不愉快。这个时候我们的沟通就极其考验人的耐心了,因为这个时候我们往往急于去寻求结果,很多时候甚至会忘掉我们需要沟通出什么样的结果。所以,我们的沟通一定要耐心,切莫操之过急。

因此,虽然很气愤地去按电铃,如果改变态度,先和对方眼神交会,再微微笑着说:"对不起,先生,请原谅我在这个时间打扰您……"这样的招呼已经在彼此心灵加上润滑带,再进一步将人际关系思考变成暖身运动,"好几天你们都很晚睡,好像是有家庭矛盾让你们费心劳神,也让我们人家深感不安。"诸如此类和对方闲话家常,诉诸人情,然后再婉转表达吵闹情形。思考彼此的和睦关系,将复杂麻烦的人际关系单纯化,不是很好吗?当

然，面对不好相处的对方，要有更进一步的发展，彼此就必须建立和谐关系，有时候不妨特意强调彼此的"共鸣区域"："你是东北人啊？我也是。那你是哪个县市的人？""我也喜欢香槟呢。"敞开心扉表现自己，慢慢地在对方心灵上加上润滑带。

和睦关系不需特别的技巧，只是摸索对方的心，站在他的立场思考事情，顺着对方的态度说话。只要能够诚挚地向对方表达关心，彼此自然就能处在和谐关系中。请记住，要用感性的话和对方闲聊愉快的事：双方有纠纷，恶言相向之前，请先用理性调整自己的情绪。

其实，想想我们的父母，他们从小就在教我们什么叫耐心沟通了。这是一个母亲讲的故事，在这里面我们能看到耐心沟通的伟大之处。

"我的大儿子特别讨厌变化，他在冬天穿的内衣一直穿到夏天还不肯换。这时人们都已经穿上了短衣短裤，长裤实在是没法再穿下去了。我就叫他把冬天穿的衣服脱下来，可是他又哭又闹，死活不肯。最后我们达成了妥协：在夏装短裤里面继续穿以前的内衣内裤。于是孩子就穿着这样的装束去了幼儿园，结果一整天都成了其他孩子追逐、嘲弄的对象。最后因为讨厌成为别人眼中的怪物，我的大儿子还是脱下了他那套冬天的内衣内裤。

即便是到了现在，我仍能发现他对变化的强烈抵触情绪。但是我并不会因此而感到担心。我会一直等待，直到他以自己一贯肯定的自我意识，并以这种自我意识为基础真正发现了自己的潜在力时为止。这样做并不是否认自己孩子身上确实存在问题，也不是袖手旁观、无动于衷；而是在不间断地观察他的同时，在必要的时候给他以刺激。如果这样做还不行的话，我会寻找能够和孩子沟通的其他途径。但是，我并不打算采取一些着急而轻率的行动。

我的二儿子和他的哥哥则完全不一样。不仅有很强的自我意识，而且还善于接受别人的想法，并把它转化为自己的东西。同时，不论对于什么东西，都具有一种强烈的好奇心，渴望去学习。有一次，这个孩子看到我正在给我上小学的大儿子读一本英语童话，便缠着我说自己也要读。结果他把那篇文章一字不落地背了下来。这种积极的态度是与生俱来的。在这种情况下，父母就要针对孩子的特点不断地推动并鼓励孩子去满足自己的这种好奇心和成就欲。不过，很重要的一点就是父母一定要学会调节，学会沟通，凡

事都不可以操之过急。

　　从表面上看,我教育两个孩子的方法似乎是完全相反的,可是在根据孩子的特点顺其自然地加以引导这一点上却是一脉相承的。也就是说不能逆孩子自然生长的趋势而动。虽然现在在许多方面,我的小儿子要比大儿子优秀,可是谁也不敢断定将来他们中间谁会更为成功,因为他们自然成长的轨迹实在是太不相同了。说不定在将来的某一阶段,大儿子的潜在力就会显露出来,在成就上超过二儿子。谁知道呢?"

　　凡事不能操之过急,要有懂得等待的智慧。像法国一名学者说的那样:"沟通时要有背着沉重的行李去赶一条长长的路的心境,着急是绝对不行的。"

如何用语言拉近彼此距离

　　某影视学院开学后不久,新来的学生们就对课程安排颇有微词,他们认为,他们学的是电影艺术,不该开设英语、语文、微机等基础课,并说,如果再上这些课,他们就罢课甚至退学。为此学校专门召开了一次学生代表会。开始会场很乱,当院长走上台说明会议的内容后,台下竟然有人吹起了口哨。但院长既没有维持会场,也没有说他们的想法如何错误,而是说:"同学们,你们想早日成才的心情我很理解,换成我也会这样,恨不得明天就成为影星。(众笑)不过,在课程是否做调整之前,我想先讲个笑话给大家听。古代《百喻经》里记载着这样一个故事:有一个富人看到另一个富人的房子是三层楼,心中好生羡慕,他有的是钱,便叫泥水匠来造同样的三层楼房。泥水匠开始打地基、砌砖,建造最下面一层。富人见了,忙来干涉:'你们这是造什么房子呀?'工匠回答说:'造三层楼房。'富人说:'我不想要下面的两层房子,只给我造最上一层吧!'"同学们听到这里忍不住哄堂大笑。院长问:"你们大家笑什么?"有一个学生喊:"这个富人太蠢了。"有人说:"就跟达·芬奇让学生先画鸡蛋一样,干什么事不打好基础怎么行!"……"基础课该上的还上吧,只要突出专业课就行了……"不知不觉中,台上台下已亲热地交流起来。

院长巧妙地借用一个故事，就很好地化解了矛盾，融洽了关系——由此看来，如果你直接讲道理很难被对方接受时，那么就应采取迂回的方法，用比喻或讲故事等方式阐述问题，这样就可将抽象变为具体，把理念变为直观，把枯燥的说教变得耐人寻味，亲和力也就自然而然增强了。

语言友善可以迅速与对方融洽起来，使之感到亲密无间，让对方一见如故。它不仅可以拉近沟通双方的心理距离，消除距离感，还可以构建与周围人的关系。具有良好的人际沟通和亲和能力是我们每个人都梦寐以求的，良好的人际亲和力给我们带来的种种好处不仅使我们获得更多的友情，感受到人与人之间的关爱与温暖，还使我们获得更多的人际资源，让我们获得意想不到的好前途和机会。

亲和力，词典里的解释是"两种以上的物质结合成化合物时互相作用的力"，从心理学的角度看，它是指"在人与人相处时所表现的亲近行为的动力水平和能力"。一个人亲和力的高低常常取决于他的性格特征，如有的人生来不爱笑，有的人从小不爱亲近人，有的人天性爱热闹，有的人具有丰富的幽默细胞等等。但亲和力又与"亲和动机"密切相关，亲和动机强，其亲和力就高；亲和动机弱，亲和力就一定很低。亲和力很大程度上可以通过语言直观地展现出来。

良好的语言亲和力不仅是一个管理者所具备的，也是一个普通的员工所具备的，我们生活在这个世界上，每天都必须要与人打交道，无论是作为一名销售人员，还是作为一名科研工作者，还是一名行政管理人员，良好的人际沟通能力都是让我们事业通向成功的桥梁。一个具有良好语言亲和能力的人在工作中会有很好的人缘，也容易得到同事的支持和鼓励。那么，我们应该如何增强语言的亲和力呢？

1. 主动攀谈

用热情的话语表现热情的态度，是增强语言亲和力的黏合剂。如果能主动地同对方进行攀谈，哪怕是一句得体的问候，几句关心的话语，都可迅速消除陌生感，造就融洽的气氛，从而达到亲和对方、顺利沟通的目的。

2. 坦诚相见

用真挚的话语增强亲和力，言谈不仅要热情平易，而且要真挚坦诚。古

第六章 把握交流技巧，创造沟通条件

人云："精诚所至，金石为开。"这就是说，发自肺腑的真诚话语可以消雪化冰，感人至深。要想寻求深入有效的沟通，就要敢于敞开心扉说真话，该坦率、直露的地方，决不能含糊其辞。

3. 平等交流

它不仅表现为平时谈话时要谦和平等，做错了事要道歉、自责，而且还表现在遇到不懂的问题时既不会不懂装懂，又不"职"高气扬。

4. 深入浅出

同样的意思如果能用形象生动的语言表达出来，就会让人顺耳又顺心，既可让人感到亲近，又可给人以美的享受。

5. 亦庄亦谐

用幽默的话语增强亲和力，在严肃的语境、庄重的话题中，如果能适当地巧用一些轻盈幽默的话语代替严肃凝重的语言，就会产生非同一般的亲和效应。

以上只是谈了通过语言增强亲和力的几种常用的方法，值得注意的是，不论采用哪一种方法，都必须以真、善、美为基础，即情真、意善、心灵美。否则，不仅不能增加亲和的力度，还会使听众与你离心，弄不好还要落个虚情假意、两面派的坏名声。

第七章

沟通双赢的技巧

拥有沟通技巧是十分难得的,用在细微之处它有小作用,用在重要之处它有大作用,小到可以影响一个人的一生,大到可以影响一个国家的命运。

展现良好的个人形象

——争取良好的第一印象

有一位基层员工,他在工作单位不得志,觉得上司一直对他不重视,与上司的关系也很平淡,无法与上司建立起更紧密的关系。他始终不知原因是什么。

后来他的同事讲了这样一件事:他刚到单位后,出差长住上海。没多久,上司因出差来到上海,一下飞机来到酒店。在他的房间里,上司头一次见到他,他此刻却坐在沙发上略为点一点头,然后自己继续看书。而另一位同事却寒暄倒茶,非常热情地接待了上司。

试想,即使是普通同事,远道而来旅途艰辛,你也应该热情接待和安排,使他一扫倦尘,如沐春风。他会因此对你产生十二分的好感,这也是起码的待客之道。但那个员工却没有注意到这些,结果在上司心里留下"骄傲、冷漠、不懂事"的印象,恐怕这个印象将永远伴随他。他在工作单位里和上司关系搞得不太好,还有很多方面的原因,但给上司留下了较坏的第一印象,不能不说是一个重要的原因,可见,第一印象是多么重要!

——温和真诚的微笑

人类的笑容是一种重要的面部表情。一个正常人在公众场合不带笑容,会被认为是无礼的。对亲人不笑,会被认为是无情;对长者、上司不笑,会被认为是不尊重;对儿女不笑,会被认为是不慈爱;对同事不笑,会被认为是心中存有芥蒂……这都说明人际沟通需要微笑。

微笑是一种令人愉悦的表情,表达一种热情而积极的处世态度。一个热爱生活的人,一个积极向上的人,微笑是他显露最多的表情,也是他所拥有的一种高雅气质,在社交中具有很重要的作用。

微笑本身就是人际沟通成功的秘诀,它能散发凡人无法抵挡的魔力,也许有些人不以为然,"微笑?太简单了!不就是把脸部肌肉动一动而已嘛,有什么特别的作用?"

微笑正是每一个人的魔力开关。请求人帮忙时,带着微笑,别人几乎无法拒绝你的请求;感谢别人时带着微笑,别人会加倍领受你的感激之情;心情郁闷时,微笑会解除你的烦恼;开心乐意时,微笑会令你更加愉快。只要你轻轻一展笑颜,就胜过万语千言,它是"消除一切障碍的良方"。

微笑可以帮助人镇定情绪,当你第一次踏入社交场合,第一次与陌生的异性交往,或是第一次走进办公室,微笑可以帮助你摆脱窘境。

微笑可以缓解紧张的气氛,有时在某种场合,当一个人因做错事被另一个人讥笑,气氛紧张时,善于社交的人能用适时的微笑或开个幽默玩笑,转移众人的注意力,以缓和气氛,消除僵局。

微笑可以帮助你拒绝他人。由于种种原因对于别人的请求你不好拒绝时,板起面孔必然得罪他,这时候边摇头边婉转地微笑,对方容易口服心悦。

微笑还可以示意道歉。在公共场所,因不小心撞了别人,或因无心做错了事,立即面带笑容,说声"对不起",能博得对方的谅解。

微笑是自信的象征,是礼貌的表示,是心理健康的标志。假如有两个人就在我们面前,一个人面带微笑,另一个冷若冰霜,那么我们宁愿与第一个人交往,而不愿同第二个人交往,原因很简单:我们看到了微笑。

——展现真实的自我

遗传学家告诉我们,每个人都是由染色体所结合的结果。阿姆拉姆·善菲尔德在《你与遗传》里说:"每个染色体里面都有上百个遗传基因,每一个基因都能改变你的生命,所以在这个世界上你是独一无二的,这是你的财富和骄傲。"任何创造性的劳动都是个性鲜明的,而上天赐予给你的正是独一无二的个体和个性。

有人认为任何称得上艺术的作品都是"自传性的",因为它必须具有独一无二的个性,如同保持本来面目的作者在世间找不到第二个雷同的复制品一样。尺有所短,寸有所长,独一无二的小草比不上鲜花、大树那样娇美和魁伟,但它始终保持自己的本色,从而成为这个世界上绝对不可缺少的成员。

有人常为自己的性格苦恼,或内向,或外向,总是力求改变。但是,"江山易改,本性难移",人的性格是无法完全改变的。内向要变得外向,给人的感觉一定是装出来的;外向想改成内向,也一定如毛手毛脚的猴子装斯

文,产生不协调的感觉。

实际上性格本无好坏之分,各种性格都自有其魅力。内向有含蓄美,给人稳重感;外向有豪爽美,给人活跃感。个性正是一种自然的本性,是一种清淳之美,一个人只要充分展露个性,顺其自然,都有一种自然的吸引力。

女人做作是无知,男人做作是无能。矫揉造作总是虚伪的,会让人生厌,展示自然的本我会使你显得从容、成熟、潇洒,让你魅力无穷。

生活中我们不难发现:初涉情场的男性,在女性面前都会腼腆、紧张,有些人甚至说话声音都发抖,不能将自己的自然本性表现出来,也就谈不上魅力了。而那些多次恋爱过的男性,经验丰富,在女性面前能保持自然、大方,知道该说什么,该如何说。他们的成熟、老练、自然、信心,往往成为女性无法抵挡的魅力。

尤其在双方的地位、长相不平等的情况下,一方做作、刻意奉承,往往使他丧失了在对方心目中的美好形象;而做到自然、大方、从容的,却能使自己的风采长驻。

实际上这个世界上任何一个成功人士无不具有极强的个性。世上没有十全十美的事,力争完美,往往还会使你丧失特色。有个性虽然有可能使你的思维和行为有片面性,但同时却使你的特点鲜明。而鲜明的特点,有极强的感染力,就能引起深切共鸣,因为有个性本身就是一种超越,一种魅力。

——打造黄金形象的六项法则

要打造自己的黄金形象,你首先要改变自己原来的思考方法,有6项法则是大家必须首先认同的,它们就像6条金线,贯穿了整个打造黄金形象的过程。

1. 树立良好的形象,一定需要有真功夫

打造个人的黄金形象,不是要你来"演戏",也不是要你去欺骗别人;而是要你认真地学习知识,了解规律,发挥长处,改正不足,使自己真真实实地获得形象上的提升。

2. 你所树立的形象,一定要有绝对的个性

天下没有两个名牌的设计式样是完全一样的。同样,要树立自己的黄金形象,就要避免在形象上与他人雷同。有人在打造自己的黄金形象时总喜欢模仿某些名人,反而弄巧成拙,这样的你不是你,而是×××的盗版!

3. 每个人都有缺点，但不需要全摊在阳光下

打造个人的黄金形象既不是要你"隐真示假"也不是要你"露怯"，把自己的缺点摆给人看。暴露一两个无关紧要的小缺点无伤大雅，但在黄金形象还未打造之前，最好不要暴露出你致命的缺点。如果有人看到金光闪闪的菩萨原来是用泥巴做成的，他心中对佛的印象一定会大打折扣。

1. 形象的建立必须日积月累，绝不能中断。

"贵有恒，何必三更眠五更起；最无益，莫过一曝十寒。"做什么事情都贵在坚持，"锲而不舍，金石可镂"，坚持就是胜利！

2. 自己的形象打造得好不好，要学会从侧面探知。

人最难的是自知，有些人打造自身形象刚起步。有了一点小起色就沾沾自喜，以为大功告成，其实还差得远，所以要向别人询问感受，以人为镜才能知得失。

3. 个人的声誉，永远比存款数字要来得有意义。

个人的形象有无形方面，也有有形方面，如果只重视有形方面，忽视无形方面，那也不能打造出黄金形象。

如何在新环境中与人沟通

——做一个"讨被人喜欢"的人

笑具有很多功用：笑，使人变得善良友好；笑，让人觉得喜庆吉祥；笑，让人感到亲切自然；笑，表明你的心胸坦荡。作为主管不可避免地面临各种业务往来和社交场合，懂得笑能使他游刃有余、气度从容地处理各种情况。

到某个工作单位找人时，对收发室的人微笑，这样你才能畅行无阻。看到他们工作单位的格局装饰要从心里有一种赞赏之情。在见到要找的人后，要非常高兴，然后把对他们外部环境所留给你的好印象告诉对方，并对对方在如此优美的环境里工作，表示羡慕。如果在见到要找的人之前你曾问过几个人，那么也要告诉对方，他们单位的每一位都热情而彬彬有礼，你羡慕他

们这里同事的情谊。

你这种欢乐的心情和对他们单位的赞赏都会给对方带来好情绪。他会在这一天当中都有一种特别高兴的感觉，会一直想着你这个非常"讨喜"，让人感到快乐的客人，对方高兴了，商谈业务时就会有一个很好的气氛。

说话时要把每一句话都说得轻松一点，即使是一些很重大的问题也要用一种轻松自如的口气，面带微笑地讲出来。

如果遇到敏感的、难讲的问题，优秀主管会选择在与对方谈论时说一些轻松的话题，趁双方哈哈大笑时，一点一点地提出来，把这个对方容易拒绝的问题一点一点地融化在笑声里。就像往热水里加冷水一样，在水开之后注入一点冷水，温度一会儿又上去了，这样一点一点加进去，水总是开的。如果一下注入很多冷水，热水变凉了，再开就需等一段时间。因此，对于不易解决的问题，一定要在双方高兴时提出来。切记不要着急，要一点一点地提出，这样问题就容易解决了。

——如何面对陌生人

几乎所有的主管在每一天都会遇到陌生人，你要想从容地面对他们，那么首先要把他们想象成老朋友。首先要在心目中建立一种乐于与人交朋友的愿望，心里有这种要求，才能有所行动。

当你走进陌生人的住所时，你可以凭借你的观察力，看看墙上挂的是什么？国画、摄影作品、乐器……都可以推断出主人的兴趣，甚至室内某些物品也会牵引起一段故事。如果你把它当做线索，不就可以由浅入深地了解到主人的喜好与性格了吗？当你抓到一些线索后，就不难找到开场白。

应当注意的是，人都有以自我为中心的习惯。有些人你不喜欢，但你又必须与他们发生业务上的交往与联络。如果你对他不屑一顾，一句话都不说，你可能被人认为傲气，甚至有些人会把这种冷落当作侮辱，从而产生隔阂。

和自己不喜欢的人谈话时，第一要有礼貌，第二不要接触涉及双方私事，这是为了使双方自然地保持适当的距离。一旦你愿意和他结交，就要一步一步设法缩短这种距离，使双方容易接近。

在你决定和某个陌生人谈话时，不妨先介绍自己，给对方一个接受的线索。你不一定先介绍自己的姓名，因为这样人家可能会感到唐突；不妨先说说自己的工作单位,也可问问对方的工作单位,一般情况,你先说说自己的情况,人家也会相应告诉你他的有关情况。

和陌生人谈话,要比和老朋友更加留心,因为你对他所知有限,更应当重视已经得到的任何线索。此外,他的声调、眼神和回答问题的方式,你都可以揣摩一下,以决定下一步是否能进一步发展。

谈谈天气是最好的开场白,其实,这要具体问题具体分析。如果一个人说:"这几天的雨下得真好,否则田里的稻苗早就旱死了。"而另一个则说:"这几天的雨下得真糟,我们的旅行计划全给泡汤了。"你不是也可以从这两句话中分析两人的兴趣、性格吗?退一步说,光是敷衍性的话,在熟人中的意义不大,但在与陌生人的交往中还是有作用的。

如果遇到那种比你更羞怯的人,你更应该跟他先谈些无关紧要的事,让他心情放松,以激起他谈话的兴趣。和陌生人谈话的开场白结束之后,特别要注意话题的选择,那些容易引起争论的问题,要尽量避免。为此,当你选择某种话题时,要特别留心对方的眼神和小动作,一发现对方厌倦、冷淡的情绪时,就立即转换话题。

在与人聚会时,常常会碰到请教姓名的事,"请问您尊姓大名?"你要牢牢记住对方的姓名,对方说出姓名之后,你应立即用这个名字来称呼,当你碰到一个可能已经忘记了的人,你可以表示抱歉,"对不起!不知怎么称呼您?"也可以说半句"您是?""我们好像……"意思是想请对方主动补充回答,如果对方老练的话会自然地接下去。

——主动创造机会与人交谈

卡耐基说过:"一个人成功的15%是靠学历,另外的85%靠人际关系和机遇。"优秀的主管都懂得利用机会扩大自己的社交圈,他们会主动创造机会与人相识。

如果你想多结交一些朋友,你就需要主动地了解对方的兴趣爱好,你可以通过多种方式去得到他们这些方面的信息。你要注意与其相处时累积一些有关的情况,你可以通过他的朋友了解他的为人处世,也可以通过他的一些个人资料去了解他。

有一个朋友,当他要结交新朋友时,总是想方设法地想知道对方的生日,为此他常和对方谈起星座学说,半作聊资,半是打听对方生日并记录下

来。到对方生日时,他就送点小礼物或亲自去祝贺。这样,他身边的人总是对他印象深刻,把他作为好朋友。

人与人交往中会出现一些交际的好机会,多一些有益的朋友,会见一些成功的前辈,也许能够为你带来改变人生的机会。

"独木难撑大梁",朋友在关键时候帮你一把,可能会直接导致你事业的成功。所以,你应该时刻准备着,把握每一个结交朋友的机会。譬如有朋友请你去参加一个生日聚会、舞会或者其他活动,你不要因为自己手头事情很忙,一时懒得动身,这些场合是你结交新朋友的好机会。如果新同事约你出去逛逛商店或者看电影什么的,你最好也不要随便拒绝,这是一个发展关系的好机会。

人与人之间接触越多,彼此间距离就可能越近,这跟我们平时看一个东西一样,看的次数越多,越容易产生好感。我们在广播、电视中反复听、反复看到的广告,久而久之也会在我们心目中留下印象,所以人际沟通中一条重要规则就是:找机会多和别人接触。

一旦和别人取得联系,建立初步关系之后,你还不能放松,最好抓住机会深入了解一下。交际中往往会有两种目的:直接的和间接的。直接的无非就是想达到某项交易或是有利于事情的解决,或想得到别人某方面的指导。如果并不是为了解决某个问题,或者为了某种利益关系,只是为了和对方加深关系,增进了解,以使你们的关系长期保持下来,可视为间接的目的。

无论你想达到什么目的,你最好有意识地好让对方明白你的交际目的。如果对方不明白你的交际意图,会让他产生戒备心理,心想这人和我打交道到底有什么目的呢?那样就很难跟对方继续深交下去。

——及时参加社交约会

"怎么样,今晚去喝几杯如何?"当你遇上这样的邀请时,一定要抽出时间参加,这可是扩大社交圈的绝佳机会!

当对方邀请你去他家做客的时候,接受邀请的同时要问清对方什么时候去合适,然后按时赴约。

当朋友对你说:"这几天来家里玩吧,下厨请你吃饭,怎么样?"你应该确定一下时间:"下周日去打扰如何?合适吗?"然后在约定的这天去拜访并表现出由衷的高兴,那么对方一定会感到你是打从心底信任他的。其实社交

成功与否往往在你的一念之间,懂得了应邀的奥妙,你和对方的关系就会非常顺利地向前发展,甚至成为一生中难得的知心朋友。

和上司、前辈或年长者们一起去喝酒、用餐的时候一般是他们掏腰包请客。但是,即使是上司、前辈或者年长者,他们的钱包不见得比你的鼓多少,所以对方请客后,你理所应当地说声:"谢谢您的款待!"

那么,有时候你也应该自己掏钱请他们,这时你应该怀有这么一种心态:就算花点钱,但能够听到他们宝贵的经验之谈,也是值得的。

无论哪一种交际,相互邀请是一项基本原则,但如果不分时间、场合,只知道应邀喝酒的话,那么这种人的品行也显得太低劣了。时刻牢记这一点:为了加深交际,要心甘情愿地掏自己的腰包。

我们不反对应邀时带着目的性,但一味地以经济性的目的来判断朋友的邀请,则显得太肤浅了,那些没有多少人情味的人一般是不大受欢迎的。

——善找话题

也许你会遇到初次交谈中的冷场情况,发生这种情况大体上有三种原因:一是问题提出后需要思考,或者有什么干扰不便继续交谈。遇到这类情况,一方或双方可以耐心等待,不必打破这种正常沉默;二是由于时间限制或主意改变,对方不想再谈下去了,往往会以沉默不语来暗示。这种情况,就要准确判断,适可而止,及时告辞,一般不要让对方为难,不要只是"一厢情愿";第三种沉默是由于双方相互不了解,不知怎样谈才比较得体,或是问题难办,使人越发拘谨,影响了交谈顺利进行,优秀的主管懂得在此时要巧找话题,打破沉默。

怎样善找话题,打破沉默呢?那就要从具体情况出发去考虑了,如果双方是完全陌生尚未相识,那就要察言观色,予以试探,寻求共同点,抓住了共同点就是抓住了可交谈话题;如果是因为话不投机,出现难题,那就要放低姿态,求同存异,或是检讨自己的不妥之处,表示歉意;如果对方有什么顾虑,或是沉默的原因不明,那就没话找话说,随便找个话题,引起对方的兴趣,说个笑话,谈点趣闻都可以活跃气氛。

就具体情况而言,可以选择采取下列几种方法。

1. 请介绍人或"第三者"介入

许多情况下,初次交往的双方都认识介绍人,如果没有介绍人,也常有

双方都认识的一两个熟人。那么当你感到一时无话可说的时候，就可以谈谈介绍人或是共同认识的熟人，这也是善找话题，打破沉默的好办法，只是在谈论别人的时候，不要挑剔别人的缺点。

2. 你想了解什么就问什么、谈什么

在初次交往中，各自都有一定的意图，那就可以依据你的意图，提问求答，你想了解什么就可以问什么。但在这样做的时候要注意两点：不要形成一连串的盘问，以及不要探听对方的隐私。

最好的做法是你想了解对方的什么情况，你就先谈自己的什么情况。扩大自己的开放区域来促使对方相对扩大开放区域，这样就容易找到许多可谈论的话题。如你想了解对方的闲暇生活，可以问对方："平时有什么兴趣爱好？业余时间喜欢做点什么？"但是很可能对方只说了："喜欢旅游，听听音乐。"这么一句话，就不再说了，那你可以谈谈自己的业余爱好，谈得具体、详细一些，这样就会引发对方的谈兴，让交谈趣味相投。

3. 可以就社会焦点进行交谈

陌生人双方刚开始接触，纯属个人生活的事情不宜多谈，但可以对时下的人所共知的社会现象焦点问题谈谈看法，如果对方还不知道，可以稍作解说。例如近期影响较大的社会新闻、电影、电视剧和报刊文章等等，都可以作为谈话的题目和接近的媒介。

4. 从眼前和身边的具体景物上找话题

面对面的直接交流有一个显著的特点，就是双方共处同一个环境，实在无话可说的时候，也可以从目光所及的景象中和身边存在的物品上寻找话题，引出兴趣。

譬如对方在沉默中随手翻了一本书，你就可以有意地问："这是本什么书？这么厚！看样子，你一定喜欢读书吧？现在，很多青年人都热衷于看电视、听音乐、唱卡拉OK、聚会闲谈等等，这些都是有益的文化生活，但绝不能因此而忽略了读书……"这样交谈就会进行下去，并且会谈出一些很有意义的内容。

从窗外的景象、天气的变化、房间的陈设、对方的服饰等等，这些眼前的景物上也很容易找到可以交谈的话题。

关于善找话题，打破沉默，上面所讲的一些方法其实并不是什么秘密，重要的是一定要冲破自我封闭、顾虑重重的心理障碍，敢于主动地与陌生人交谈，主动地张嘴伸手，说出第一句话。

如果谈了几句就沉默冷场，也要主动地寻找话题，而不是被动等待。实际上，人与人之间交流的源头和契机，各种可以交谈的话题，随时随地都存在着，问题在于我们能不能及时地发现它、抓住它，并恰到好处地利用它。所以，只有心态积极、开朗热情、求同而随意，掌握交谈的主动权才能赢得首次效应，并取得以后互动关系的成功。

赢取"陌生人"信任的诀窍

1997年的美国经济学会上，哈佛大学的四位经济学家指出，人际关系中（特别是彼此间不熟悉的陌生人）的信任感是决定一个国家行政效率与企业规模的重要因素。因此，赢取陌生人的信任是企业领导者的必备能力之一。

——对别人感兴趣

受到欢迎，是我们做成许多事情的前提。如果你受排斥，连尝试的机会都没有。那么，怎样才能让自己到处受欢迎呢？

如果我们只是要在别人面前表现自己，让别人对我们感兴趣的话，我们将永远不会有许多真实而诚挚的朋友，甚至会引起别人的反感。生活奉行的是对等原则，你怎样对待别人，别人就怎样对待你。

豪尔·哲斯顿最后一次在百老汇上台的时候，卡耐基花了一个晚上待在他的化妆室里。哲斯顿被公认为魔术师中的魔术师，在40年的演艺生涯里，他在所到之地一再地创造幻象，迷惑观众，让大家吃惊得喘不过气来，共有6000万人次买票去看过他的表演，而他则赚了上千万美元。

他的魔术知识是否特别优越？他告诉卡耐基，关于魔术手法的书已经出版了好几本，而且有几十个人跟他懂得一样多，但他有两样东西，是其他人所没有的。首先，他能在舞台上把他的个性充分显现出来。他是一个表演大师，了解人类的天性，他的所作所为，每一个手势，每一个语气，每个眉毛上扬的动作，都事先很仔细地预演过，而他的动作也配合得分秒不差。

除此之外,哲斯顿对别人的真诚感兴趣。他告诉卡耐基,许多魔术师会看着观众对自己说:"坐在底下的那些人是一群傻子,一群笨蛋,我可以把他们骗得团团转。"

但哲斯顿的方式完全不同,他每次一走上台,就对自己说:"我很感激,因为这些人来看我表演,他们使我能够过一种很舒适的生活,我要把我最高明的手法,表演给他们看看。"

他宣称,他每一次在走上台时,都一再地对自己说:"我爱我的观众,我爱我的观众。"卡耐基认为,哲斯顿的成功秘诀就是如此简单,那就是对他人感兴趣。

对别人表示你的兴趣,不但可以让你交到朋友,在生活中成功,还可以为你的公司增加客户的信任感和好感,并赢取新客户,有助于事业的成功。了解他人,表示对他们感兴趣,是得到重视,赢得成功机会的起点。

——熟记对方的名字

每个人都很重视自己的名字,在与人交往中,记住别人的名字也非常重要。记住对方的名字,并把它叫出来,表明了你对他的重视。而如果是把他的名字忘了,或写错了,就会引起对方的反感,使自己处于非常不利地位。

在普选国家,一位政治家所要学习的第一课是:"记住选民的名字就是有政治才能,记不住就是心不在焉。"记住别人的名字,在商业界和社交上的重要性,就跟政治上的选举一样。

——出人意料的关怀

在工作或者生意往来中,不要限于工作或冷冰冰的谈判,要给人一些出人意料的关怀,往往能使对方感激备至,牢记在心。要做到这一点,你必须做一个有心人。

如果你是一位上司,经常给下属一些富有人情味的关怀,必然会得到尊重和爱戴,你的工作单位将富有凝聚力,即使在危机来临时,也能齐心协力地克服。

哈佛大学校长查尔斯·伊利特博士之所以能成为一个杰出的大学校长,也是因为他懂得给别人尊重、关怀并表现出来。有一天,一个名叫克兰顿的大学生到校长室中申请一笔学生贷款,被批准了,克兰该万分感激地向伊利特道谢。正要离开时,伊利特说:"有时间吗?请再坐一会儿。"接着,学生十

分惊奇地听到校长说:"你在自己的房间里亲手做饭吃,是吗?我上大学时也做过,我做过奶油鸡酥,你做过没有?要是掌握好火候,这可是一道很好吃的菜呢!"接下去,他又详细地告诉学生怎样挑选鸡肉,怎样用文火煎炸,怎样切碎,然后放冷再吃,"你吃的东西必须要有足够的分量。"校长最后说。

了不起的哈佛大学校长!有谁会不喜欢这样的人呢?要表示你的关切,这和其他人际关系一样,必须是诚挚的,这不仅使付出关怀的人得到回报,接受关怀的人也一样,它是一条双向道,双方都会受益。

——破解尴尬的方法

每个人都希望在社交中表现得从容不迫,洒脱大气,但是在现实生活中我们会经常遇到一些尴尬的场面,自己感到不自在,别人也不自在,结果气氛凝重,留下不好的印象。

发现自己尴尬或对方尴尬时,要运用适当的方法、技巧,将尴尬化解掉,这里提供借鉴的方法主要有以下3种。

1. 不动声色

尴尬常常是自己造成的,自己的尴尬引起别人的注意,造成了紧张的气氛,从而进一步加深了自己的尴尬,对付这种局面的办法就是不动声色,坦然处之。

2. 切勿隐瞒

当你有事隐瞒对方,而被他发现了,这时向他如实说明。一般来说,误会很容易通过坦诚的沟通得以消除,你的苦衷,也会得到他的谅解。

3. 转移目标

当别人向你提起你不愿意回答的问题时,不妨把话题岔开,对方一般会知趣的,有时自己说漏了嘴,就必须赶紧岔开话题。

——和不同类型的人沟通所需注意的要点

1. 沉默不语的人

和"闷葫芦"在一起,人们总会感到沉闷的压力,特别是对于一些性格比较外向、活跃的人,更是觉得难受。因此,在这种情况下,有些人为了活跃气氛,改善这种局面,故意找些话题打破僵局。其实这是没有必要的,因为,对于沉默寡言的人来说,他们之所以这样可能是出于其有某种心事而不愿多言,在这种情况下,你应该尊重对方,不要去破坏对方的心境,让其保

持一种内心选择的生活方式。相反地，你如果故意地没话找话，并拼命地想方设法与对方交谈，只能引起对方的反感厌恶。

2. 自私自利的人

自私自利的人尽管心目中只有自己，特别注重个人的得失和利益，但是，他们也往往会因利而忘我地工作。我们对他们不必有太高的期望，也没有必要希望他们能够像朋友那样以义为重、以情为重。和这类人的交往关系可以仅仅是一种交换关系，做多少事，给多少利，做得好坏不同，利益也不同。

3. 好胜逞强的人

这种人狂妄自大，自我表现的欲望非常强烈，喜欢自我炫耀，总是力求证明自己比别人强，比别人正确。当遇到竞争对手时，总是不择手段地打击对方，力求在各方面占上风。人们对这种人，虽然内心深处瞧不起，但是为了顾全大局，为了不伤交往中的和气，往往处处事事迁就他、让着他。殊不知，有些争胜逞强的人，并不理解别人的谦让，还以为自己真是了不起，由此而变本加厉地瞧不起别人，不尊重别人。对这样的人，则不能一味地迁就，而有必要在适当的时候，以适当的方式打击一下他的傲气，让他知道，天外有天，山外有山。

4. 自负的人

自负的人一般对自己缺乏科学的评价，他们实际上并没有多少学问，往往是自我吹嘘，他们所表现的高傲、不屑一顾等神态实际上是一种作为心灵空虚的补充剂，以维持其虚荣心。与这些人相处的方式实际上很简单，乍看之下他们似乎视野开阔，天南地北，无所不谈，好一副居高临下的样子，但只要就某一问题深入地与之探讨，他便会露出马脚，一旦露了马脚他也自然颜面扫地。另外，与这类人初次相处，可以用你的常识将之"震"住。

5. 搬弄是非的人

不要以为把是非告诉你的人便是你的朋友，他们很可能是希望从中得到更多的谈话材料，从你的反应中再编造故事。所以，聪明的人不会与这种人推心置腹，而令他远离你的办法，是对任何有关你的传闻反应冷淡，无须作答。

6. 性情急躁的人

遇上性情急躁的人冒犯你，你可要严肃对待，一定要保持头脑冷静，可以暂时置之不理，有时一笑置之则可。这一笑，在大多数场合，可以使你摆脱尴尬的局面，避免与其发生争吵。

据说歌德有一天在公园散步时，迎面碰到一个曾经对他作品提出尖锐批评的评论家，那位评论家性情急躁，他对歌德说："我从来不给傻子让路。""而我正好相反。"歌德一边说，一边满面笑容地让到一旁，于是避免了一场无谓的争吵。这种"一笑置之"的笑、可以是泰然处之的微笑，可以是表示藐视的冷笑，也可以是略带讽刺的嘲笑……

7. 城府深沉的人

他可能是一个工于心计的人。

这种人为了在与别人打交道时获得主动，出于某种目的而把自己隐藏起来并希望尽可能多地了解对方，以便在各种矛盾关系的周旋中使自己处于不败之地。

其次，他也可能是一位曾经遭遇挫折和打击，并受到伤害的人，过去的经历使他对社会，对别人有一种十分强烈的敌视态度，从而对自己采取更多的保护措施。

还有一种情况，他可能对某些事情缺乏了解，拿不出有价值的意见。在这种情况下，为了掩饰自己的无知，从而以一种未置可否的方式，含糊其辞的语气与人交往，并装出一种城府很深的样子。

显然，对第一种人，你应该有所防范，不要为之所利用，不要让他完全得知你的底细；对第二种人，则应该坦诚相见，以诚感人，对他不应有什么防范，可以不保留地对他敞开你的心扉；对第三种人则不要有什么太高的期望，也不必要求他提供某种看法或判断。

找到对方的兴趣点

"我们每一位员工都是优秀的"，管理者对于自己的部属有信心，才能有效地鼓励部属，而员工对自己有信心时，才能取得令人满意的成绩。其实，与任何人的沟通，都要善于找到对方的兴趣所在，只有这样，才能更利于达到沟通的效率与成效。

——发现对方的优点

能发现对方的"焦点",便会引起自己与他继续交往的兴趣,因此,优秀的主管应当及时捕捉部属的"焦点"。

心理学研究显示,情感引导行动,积极的情感,譬如喜欢、愉快、兴奋,往往产生理解、接纳、合作的行为效果。而消极的情感,如讨厌、憎恶、气愤等,则会带来排斥和拒绝。所以,若是你想要人们相信你是对的,并按照你的意见行事,那就首先需要做人们喜欢的,否则,你的尝试就会失败。

要使别人对你的态度从排斥、拒绝、漠然处之到对你产生兴趣并予以关注,就需要最大限度地引导、激发对方的积极情感。

唐代大诗人白居易说过:"动人心者莫先乎情。"情动之后心动,心动之后,事情自然就会朝着有利于你的方向发展了。

——发现对方的嗜好

在建立良好关系的过程中,实现双方兴趣上的一致是很重要的,只要双方喜欢同样的事情,彼此的感情就容易融洽,这是合乎逻辑的,推而广之,对其他许多事情,彼此也就愿意合作了。

每一个人都有某个方面的兴趣,兴趣可分为两种:一种是对有关系的事物的兴趣,一种是对无关系的事物的兴趣。所谓有关系的事物,是指与你和别人共同发生兴趣的事物,利用这种兴趣,常常可以在彼此之间建立良好的关系。

可是有许多人对他们工作以外的某种事情更有兴趣,通常一个人所做的工作,不是出于自愿,而是为了谋生,但在工作之余他所关心的事情,则是他自己所选择的,换句话说,他最感兴趣的事情是办公室之外的事情。因此,从工作之外的事物上与某人接近,比在工作上与他联系更容易,更有效果。

像幼儿园的教师,有许多办法去哄小朋友,把一群哭哭闹闹的小孩哄得高高兴兴,他们成功之道是他们能放弃自己的个性去迎合小朋友的兴趣和思想。

这种做法纯粹是出于热诚,而热诚却永远是应酬成功的因素,当你的内心充满热诚时,你向别人提出的,将不是一个令人难堪的问题,而是别人乐于回答,或者是他所熟悉的问题。

专家们提出实现和他人兴趣一致的3个步骤:

1. 找出别人感兴趣的事物。
2. 对他感兴趣的题目应该先进行了解。
3. 对他表示出你对那些事物确实感兴趣。

——动之以情,晓之以理

在商业经营和行销中,如何打动顾客,是一门学问,打动人心的最佳方式,是谈论他最感兴趣和最珍爱的事物,即投其所好,如果这样做了,成功就会离你越来越近,"说别人喜欢听的话,双方都会有收获",这正是经营者的成功法则之一。

投其所好,是一种艺术、一种智慧,实际上也是一种沟通,寻求不同职位、不同行业、不同经历的买卖双方的利益共同点,就像将两匹驰骋在旷野上的骏马拉入同一条跑道中一样。投其所好,是帮助你调动知识、才能的方法,向对方发起心理攻势,直达"掳获"对方的目的。

一旦发生争论时该怎么办

在人际关系中,难免会发生一些不愉快的事,产生一些摩擦,引起冲突。这时候,如果处理不当,就会加深双方之间的鸿沟,甚至让彼此的关系破裂。常言道:"冤家宜解不宜结。"缓和气氛、疏通化解,才是正确的思路。

——与人争论时保持头脑冷静

有些人口才比较好,在争论的场合,很容易取得胜利或取得优势,因此就乐此不疲,可是他们忘记了一点,无论是比拳还是斗剑,必须有一个自愿与你相争的对手,否则,就有如流氓地痞,靠着自己的威武有力,到处横冲直撞,欺凌弱小,并不是真正的勇士。

在说话时,别人最怕遇到一个沉闷没有反应的人,所以,你和别人谈话,要随时加以反应。有时可以点头,有时可以微笑;有时说"是的",有

时可以随声附和；有时说"我也觉得这样"，有时也可以说"对于这一点，我不大同意"；有时说"据我所知，这件事是这样的，并不是那样"；有时也可以说"这一点，对我很有用处"，听了别人的警句，不妨大大表示赞赏。

在与人相处的过程中，会遇到一些专门爱与人作对的人，对于那些爱唱反调的人，你采取何种态度呢？通常，大多数人所采取的态度是跟对方展开辩驳。

为了说服对方，改变他的意见及行为，必须冷静地把事实指出来，与他从容地交谈，针对这个问题，美国某大学的两位教授进行了一项实验。

这两位教授耗费了 7 年的时间，调查了实际举行过的种种争论的实例，例如：夫妇间的吵架，店员之间的争执，售货员与顾客间的斗嘴等，甚至还调查了联合国的讨论会。

结果，他俩证明了凡是去攻击对方以自我为中心的人，绝对无法在争论方面获胜；相反地，能够在尊重对方的人格方面动脑筋的人，则往往能够改变对方的想法，甚至能够按自己的想法操纵对方。

从这件事，我们不难获知，人们都有保护自己、避免被他人攻击的强烈冲动。当你对他人说："哪有这种荒谬透顶之事"或者"你的思想有问题"之时，那个人为了保全自己的面子，以及守住自己的立场，一定会紧紧地关闭起他的心房，因此，与人展开议论之时，还是以采取冷静的态度为妙。

——避免在工作中抬杠

留心我们的周围，争辩几乎无所不在，一场电影，一部小说能引起争辩，一个特殊事件、某个社会问题能引起争辩，甚至某人的发型与装饰也能引起争辩。每个人都会遇到不同于自己的人，大至思想、观念、为人行事之道，小至对某人、某事的看法与评判，这些程度不同的差异可能会转化成人与人之间的争执与辩论，任何独立的、有主见的人都应正视这个问题。

而且往往争辩留给我们的印象是不愉快的，因为争辩的目标指向很明白，每一方都以对方为"敌"，试图将自己的观念强加于别人。

所以，争论不适合个人与个人之间，而如果是用于团体之间，像辩论会似的，则又应另当别论。比方说，由于最近发生的某个社会问题而引起两者间的争论，最后，虽然你用某种事实或理论来证明你的意见是正确的，你通过争论的手段达到了胜利的目的，让对方哑口无言，但你却万万不可忽略了

这一点,他不一定就放弃他的想法来信奉你的主张,因为,他在心里所感觉到的,已经不是对与错的问题,而是对你驳倒他而怀恨在心,因为你让他的颜面扫地了。

有些人在和朋友翻脸之后,明知大错已经铸成,也故作不后悔状,还经常这样认为:"这样的朋友不交也罢!"其实这样对你又有什么好处?而坏处却很快可以看到,因为和别人结了怨仇,你就少了一位倾吐心事的人,这种现象我们应该尽量去避免。

基于上述理由,当一场唇枪舌剑的争辩到来之前,你必须首先冷静地考虑一番,弄清楚以下几个问题:

1. 这次争辩的意义,如果是一些根本就很不必要的小事情,我们还是避免争论为妙。

2. 这次争辩的欲望是基于理智,还是情感上(虚荣心或是表现欲)?如果是后者,则不必再继续争论下去了。

3. 对方对自己是否有很深的成见?如果是的话,自己这样做岂不是雪上加霜?

4. 自己在这次争论当中究竟可得到什么?究竟又可以证明自己什么?

沟通中的倾听技巧

倾听(Listening)技巧因常与 Hearing 混淆,Hearing 只是接收声波的振动,而倾听则是去了解所听到的内容。

——倾听的规则

无论你与人交往的目的是什么,都要掌握听人讲话时应该注意的事项,从而提高沟通的效率。现将听的十项规则列举如下。

1. 要弄清自己听的习惯

首先要了解,你在听人讲话时有哪些好的或坏的习惯?是否对别人的话匆忙作出判断?是否常常打断别人的话?是否经常造成交往的障碍?了解自己听的习惯是正确运用倾听技巧的前提。

2. 不要逃避"倾听"责任

交往的双方缺一不可,既有说话者,也有倾听者,而且每个人都应轮流扮演倾听者的角色。作为一个倾听者,不管在什么情况下,如果你不明白对方说出的话是什么意思,你就应该用各种方法使他知道这一点。在这里,你可以向他提出问题,或者积极地表达出你听到了什么,或者让对方纠正你所错之处,如果你一言不发,或者一点表示也没有,那么,谁能知道你是否听懂了对方的话呢?

3. 集中注意力

要面向说话者,与他保持目光接触,要以你的姿势和手势证明你在倾听,无论你是站着还是坐着,与对方要保持在对于双方都最适宜的距离上。要记住,说话者都愿意与认真倾听、举止活泼的人交往,而不愿意与"木头人"交往。

4. 边听边记

既然每个人集中注意力的时间都无法持久,你在听话时就要有意识地把注意力集中起来,要努力将环境干扰降到最低程度,避免走神分心,边听边记有助于将注意力集中到对方所说的话上。

5. 努力理解对方的言语和情感

这就是说,不仅要聆听对方传达的信息,而且要"听"对方所表达出来的情感。例如,一个工作人员说:"我已经把这些信件处理完了。"而另一个工作人员却说:"谢天谢地,我终于把这些该死的信件处理完了!"尽管这两个人工作人员所出发信息的内容相同,但后者与前者的区别在于他还表达了情感,一个不仅倾听工作人员讲话的内容,而且理解他的情感的细心领导者,在下达新的任务以前,就已经取得了高效率的互动。

6. 要观察领会讲话者的非语言信息

既然交往在很多时候是通过非语言方式进行的,那么,就不仅要听对方的语言,而且要注意对方的非语言表达方式,这就要注意观察说话者的面部表情、说话的语气及音调和语速等,同时还要注意对方与你的距离,从中发现对方的言外之意。

7. 要努力表达出理解

在与人交谈时,要努力去了解对方的感觉如何,以及他到底想说什么。

如果你能全神贯注地听对方讲话,不仅表明你理解他的情感,而且有助于准确理解对方的信息。

8. 要倾听自己讲话

倾听自己讲话对于培养倾听他人讲话的能力是特别重要的。倾听自己讲话可以让你了解自己。一个不了解自己的人,是很难真正地了解别人的。倾听自己对别人讲些什么,是了解自己、改变和改善自己聆听的习惯与态度的一种手段。如果你不倾听自己如何对别人讲话,也就不会知道别人应如何对你讲话,当然也就无法改变和改善自己聆听的习惯与态度。

9. 要以相应的行动回答对方的要求

对方与你交谈的目的往往是想得到某种信息,或者使你改变观点,或者迫使你做某件事情等。在这种情况下,采取适当的行动就是对对方最好的回答。

——倾听十戒

在加强听的能力的过程中,除了掌握上述规则之外,还要注意防止与人交往时容易犯的错误。这就是以下要讲的"十戒"。

1. 不要假装在听

假装倾听是有害而无益的。不论你如何伪装,如果你对对方的话没有兴趣、感到无聊,这种假装的听不可避免地会在面部表情或手势、姿势上表现出来。一旦对方看出你是假装在听,他的自尊心就会受到伤害,甚至认为你的表现是对他的莫大侮辱。如果你实在不愿意听对方所讲的内容,可以婉转地要求改变话题,或者是找个借口停止交谈。

2. 不要轻易打断别人的话

大多数人在社会交往中常常打断别人的话,自己却意识不到这一点。一般说来,领导者打断基层员工讲话的时候比较多,而基层员工打断领导者讲话的时候则比较少;男人打断女人讲话的时候比较多,而女人打断男人讲话的时候比较少。如果在严肃场合,你必须要打断对方讲话,那么,说完后要帮助对方恢复被你打断了的思维过程。

3. 听人讲话不要带着偏见

偏见是影响你与他人关系的因素。如果你对某人有偏见,在听他讲话时也会带上偏见;或者从心里认为他的话没有什么吸引力,不值得一听;或者

认为他的话句句带刺,是针对你而说的,因而你就不能客观地听他说话。即使他的话对你很重要,你也不会从他的话里获得有益的信息,这样就会影响你与他的交往。所以,在听人讲话时首先要尽量排除偏见。

4. 不要匆忙下结论

通过观察证实,每个人都喜欢对交谈的话题作出判断和评价,表示赞许或不赞许。这些主观评价,往往迫使讲话者退居防御地位,因而成为交往的障碍。

5. 不要让自己陷入争论

当你从内心里不同意讲话者的观点时,对他的话也不能充耳不闻,只等着自己发言。一旦发生争论,更不能一心只为自己的观点找根据而把对方的话当作耳边风。一定要认真听完对方的话,完全弄明白你到底在哪些地方不同意对方的观点,等对方说完以后,再阐述自己的观点。

6. 提出问题不要太多

为搞清楚对方所说的话的含义,提出问题是有好处的。但是,对于具体的、需要对方明确回答的封闭性问题,必须压缩到最低限度。同时,对于那些能鼓励说话者详细说出自己思想的开放性问题,也应谨慎提出。提出问题过多,在一定程度上会使对方感到压抑,并且退居防御地位。

7. 不要说很理解对方的心情

任何时候也不应对讲话者说:"我很理解你的心情。"通过这种声明使对方相信你在听他讲话,却是多余的。实际上,要想准确知道对方的心情怎么样、感觉如何,这是很困难的。况且,这种表示理解对方的应答会导致对方对你产生怀疑,让谈话很快终止。

8. 对带有情绪的话不要过分敏感

在听情绪激动的人讲话时,要小心谨慎,不要受他的情绪影响,而应集中精力体会他所说的话的含义。如果你自己也受对方的情绪的影响,就会妨碍你对那些要必须真正了解的东西的理解。

9. 别人没有提出要求时就不要出主意

一般来说,只有那些从来不帮助别人的人,才会主动地出一些别人不需要的主意。当然,在人家真心实意向你请教的情况下,就要弄清楚对方到底要求你出什么样的主意。

10. 不要以沉默代替倾听

有的人在与他人交谈时，不管对方说了些什么，他总是一言不发。表面上看来他是在倾听，实际上他已经陷入沉思，对人家的话一句也没有听进去。当对方说完了话问他的看法时，他支支吾吾、不知所措，只好承认："对不起！刚才我失神了。"这样不利于双方的沟通。

沟通的礼仪

沟通是礼仪的首要功能，也是礼仪的首要目的。

——谈话的礼仪原则

1. 理智性原则

理智性原则，主要是针对社交活动的严肃性、复杂性和智力性等特点提出来的。简单来说，它是强调运用社交语言时要有很强的理性控制，排斥任何个人情感、情绪、信口开河和肆意发泄。

它的具体表现在：根据社交活动的总体目的，科学而谨慎地确定运用语言要达到的具体沟通目的。

慎重选择和界定，并严格控制所要交谈的内容。不谈不该谈的，或是偏离中心主旨的内容；不谈庸俗、低级、无聊及道听途说的内容。不谈涉及有国家和组织机密或有损于国家、政府和本组织利益及形象的内容；不谈他人的隐私和过失以及令人不愉快而影响相互关系的事等等。

要周密地设计安排并灵活地控制语言运用的过程，要理智地采取恰当的语气运用策略和方式。当然，也包括对社交活动中的突发情况，以及他人不恰当或过激的言行，能理智地运用语言灵活应对。

2. 适应性原则

就是运用社交语言时，要适应场合、时机、氛围、对象、相互关系基础和状态等。

最重要的是要适应社交对象，要认真研究掌握对象的性格、阅历、职业、地位、年龄、性别、知识水准、道德修养、心理素质和理解能力，以便

更有效地进行交流。

总的来说,双方沟通者不应以自我为中心,应该更多地从对方角度考虑说话的内容和方式,起码要先替对方着想。

俗语说:"莫对失意人,尽说得意事。"如果跟普通上班族大谈吃香喝辣,出门乘坐百万名车;跟未婚青年和离了婚的人畅谈夫妻生活的甜蜜;跟生了重病的人谈论死亡;跟因肥胖而发愁的人大谈自己身材如何健美,那么就会引起对方的不快,甚至厌恶和对立情绪,以至影响相互关系。

3. 得体性原则

得体性原则就是强调适度掌握好语言运用的分寸,控制并巧妙处理好主客、褒贬、软硬、曲直、轻重、深浅、大小等辩证关系,最低限度地降低社交对象对自己的心理防御和对抗,最大限度地增加社交对象对自己的好感和认同。

这不仅涉及语言内容的慎重选择问题,更需要慎重而精细地选词、用句、讲究策略方式方法。譬如,少自我夸耀,多赞美对方,夸耀、赞美时必须态度真诚,言之有据有理,特别是要适度、中肯,不要让对方感到你言而不当、虚而不实、阿谀奉承。

4. 平易性原则

平,一是指在和沟通对象进行言语交流时,平等待人,不卑不亢;二是指态度平和,喜怒不形于色,不急不躁,不锋芒毕露,不咄咄逼人,温文尔雅;三是指语气平缓,音量适当,速度恰宜,一般采用不强调褒贬色彩的中性词语,忌声色俱厉。易,指通俗易懂、简明扼要、清晰明了。

5. 综合性原则

就是综合考虑口语与肢体语言的运用,整体掌握,使其成为和谐一体。还应考虑到一些隐藏因素(音响、灯光、气氛、地点、室内陈设及色彩、座次安排等)对双方沟通交流的影响,并力求利用某些有利因素,增强语言传播沟通的效果。

例如在宴会时播放一些宜人的音乐,尤其是客方喜爱的乐曲,或者在会见场地摆放一些有特殊含意的鲜花,布置一些字画、工艺品等,为语言传播沟通创造一个最佳环境氛围。

——礼仪规范的要点

沟通是一种有来有往、相互交流、认识情感、交换信息的双边或多边活动。所有参与交谈的各方互为发言人和听众，平等参与、相互补益是交谈礼仪的核心和基础。交谈应注意的礼仪规范主要有以下5个要点：

1. 要持正确积极的态度

交谈，无论对别人了解自己，还是自己了解别人，以及加强沟通和理解，调整改善相互关系，都是很有好处的，因此要持积极的态度参加。

除了以真诚热情、不卑不亢、相互尊重、平等谦敬的正确态度参加交谈外，还应做一定的准备，具有一定自信心。否则，别人从你这里得不到所希望得到的信息，也得不到及时的回馈，看着你态度冷淡、语无伦次，手足无措，就会大失所望，认为你没有诚意，浪费了他的时间和精力，不愿与你再交谈和联系。

2. 准确掌握沟通的类型

沟通其实是个十分广泛的概念，有多种类型。下面专门要说的谈判，就是其中一种。除此以外，还有谈心、会谈、谈话、讨论等等形式。辩论是一种特殊的交谈，由于交谈的对象、内容、方式等不同，各类型交谈既有共同的、又有特定的礼仪规范需要遵守。

3. 选择恰当的话题

即使是随意、随机性很强的谈话，为了取得好效果，也应选择恰当的话题，而涉及工作的会谈、讨论、谈话等更应如此。

话题的选择应该注意下列规范：要选择双方感兴趣和有实在意义的话题，要考虑各种限定和忌讳。譬如，不应当涉及个人财产和隐私以及民族风俗中有关民族自尊心的话题；也不应当随意评价第三者；更应避免攻击、谩骂、中伤他人，不应当议论捕风捉影的"马路消息"等。

在交谈过程中，要努力保持话题的集中性、延续性，尽量让自己不要离题，还应擅于控制整个谈话的主题。

4. 倾听

要善于倾听和鼓励对方说话，不仅仅是因为要尊重别人，而且是因为可以从别人说话中得到自己想要的消息，或促进思考，加深理解和认识。倾听

的礼仪规范包括以下三点。

首先，倾听要全神贯注，不要随意打断对方的谈话，要细心体会对方话语中的含义和情绪，并积极做出相应的反应，理解对方，与对方同乐同愁。不要东张西望或做一些无关的下意识的小动作。要使对方感到你确实在听，感受到你的诚意和对他的尊重。

另外，不要以自我为中心、口若悬河、不给对方说话的机会；不要轻率地对对方观点意见妄加评论和批驳。要采用提问、赞同、简短评论、复述对方话头、重复对方要点、表示认同等方法，鼓励对方畅所欲言。

其次，倾听时，身体要稍微向对方倾斜，并温和地看着对方。这一方面向对方表示了自己的注意力；另一方面也有助于细致观察对方的表情与姿态，更好地体会对方的感情的心境。

5. 善于控制气氛

沟通气氛和沟通技巧对交谈效果影响极大。沟通时，要善于控制交谈气氛，巧妙制造有利于交谈、有利于融洽关系的气氛：一是要擅于察言观色，寻找对方情绪高、心情好、有兴趣的心理时机进行交谈；二是在交谈中，善于用对方感兴趣、有研究体会，又乐于谈论和发表看法的内容吸引对方；还要注意以轻松、平和、宽容、理解的态度和心情感染对方，语言要生动、活泼、平易，适度使用些幽默的方法。

交谈技巧，说到底是建立在对对方感情、人格、自尊心的尊重上，所以委婉、含蓄得体是最重要的交谈技巧。培根曾经说过："交谈时的含蓄和得体，比口若悬河更可贵。"委婉、含蓄、得体，也是交谈语言礼仪的规范。

——谈判礼仪

谈判是一种典型的社交活动，是谈判人员会同其他部门、单位、行业甚至国外的人士进行接洽商谈，为各自代表的部门、单位、行业或者国家的实际利益，乃至涉及根本利益的思想、观点等进行讨论，抒发己见，求同存异，从而达成某种范围和程度上的一致的工作形式。比较正规的工作洽谈，也可以称为谈判。

谈判之初，谈判双方接触的第一印象十分重要，言谈举止要尽可能地为创造友好、轻松的谈判气氛服务。由于谈判议题重要而严肃，因而谈判礼仪的作用和意义便显得十分突出。尤其是谈判语言礼仪问题，谈判语言礼仪规范与谈判规范应具有统一性和融合性。

除极少数恣意挑衅、无理取闹的人或事件外，不管对方与自己的分歧有多大——甚至带有偏见和对立情绪，我们都应承认对方维护自己利益、坚持自己观点的权利，并且尊重对方的人格、尽可能地维护对方的自尊、认真倾听对方的发言。否则，对方会产生不满、排斥情绪，甚至怀疑你的谈判诚意，在谈判学中，有句名言叫作"最廉价的让步，就是让对手清楚，你在全神贯注地倾听他的发言"，这是很有道理的。

因此，在谈判中倾听对方发言时，应当力戒注意力不集中、对对方发言的内容不感兴趣、自己抢着发言、不给对方充分发表意见的机会和时间，或是多次打断对方的发言等行为。

所以倾听对方发言时，要积极、主动、耐心，即使对方的发言烦琐冗长，甚至说出了自己不爱听的话，也不要感情用事，或不礼貌地指责对方、打断对方的发言。

不但要细心聆听，而且还应鼓励对方充分发表他的意见和看法。比如，有不甚明白之处，或是自己没有听清楚之处，可以有礼貌地请对方重复一下，或者是以"您说的是不是这个意思……""对不起！您刚才说的是不是这样……"这样的口气代替对方表述一下刚才的发言或发言的要点。

另外，对于对方发言的回馈要及时，而且要谨慎选择时机与方式，对关键性问题要慎重考虑，不宜轻易表态。有时面对对方的追问，可以采用估计、猜测、暗示、模糊、转移或推诿等方式委婉响应。

沟通与说服的原则

沟通是生活的一部分，懂得沟通并说服他人，才能在人际互动中赢得尊重与肯定。

——沟通与说服的原则

1. 态度要真挚诚恳

当你和他人讲话时，他人的傲慢无礼、敷衍推责、虚伪应付、嘻嘻哈

哈、东张西望、有问无答等表现，一定会引起你极大的反感。同样地，如果你采用这样的态度与人交谈，对方也会对你反感。

交谈时真挚诚恳的态度，是赢得对方信任的前提，态度真挚诚恳的表现是：

面带微笑，自然大方。

目光平视对方的眼睛，随对方说话内容的变化，不时点头表示听明白了或是同意对方的观点。

不清楚的地方应及时插话询问，以便正确理解对方的意思，把握对方的意图，并使自己答话不走题。

肢体语言要安静。千万不要不停地搓手挪脚，搔搔痒，拍大腿，一会儿站起来倒水，一会儿点支烟，上趟厕所，这都会使人误解为你已经听烦了，尽管你的内心可能不是这样想的。

2. 语言要准确生动

交谈的语言虽比不上演讲的语言要求严格，但准确、简捷、生动仍是不可忽视的。所谓准确，就是选择恰当的词语表情达意，假如用词不当，就会产生歧义，给对方以误解。

不仅用词，就是语调也能表现出一个人的态度、倾向，同一句话，语调不同，含义就会有很大不同。譬如你说："这篇文章是×××写的，写得真好。"对方听后一句："是他呀。"就可能有两种意思：如若声音上挑，表示的是意外、激动、惊喜、钦佩的意思；若是音调平走下滑，就可能是不屑、蔑视的意思。所以语调的选择也一定要十分注意。

所谓生动就是充满生机、趣味、幽默感，同时也使抽象的道理通俗化，深刻的道理浅显化，使交谈气氛轻松活跃。

譬如爱因斯坦关于什么是相对论的妙释。对于相对论，许多人感到不好理解。有人便去问爱因斯坦，爱因斯坦回答道："假如你和一位漂亮的姑娘在一起度过了一个小时，感觉起来就好像才过了一分钟；假如你在火炉旁边度过了一分钟，就好像过了一个小时，这就是相对论。"在这里，爱因斯坦以风趣的语言和形象的比喻，将一个深奥的道理讲得如此透彻简单，并创造了一种幽默的效果。

3. 共同感兴趣的话题

初次相识，交谈一定要小心翼翼，通过询问，选择双方感兴趣的话题。如果是你主动与对方攀谈，那就要选择对方感兴趣的话题进行交谈，这是迅速沟通事情、增进友谊的最好办法。

譬如你和一位中年人谈话，按道理你猜测他（她）该有小孩了，就试着问一句："孩子多大了？"如果对方说："对不起！我没有小孩"时，你一定要停止话头，转移话题，千万不要问"你还没有结婚"之类的问题，因为他（她）可能是没结婚，可能是不想要小孩，可能是身体有病无法生育……再问就是揭人家的伤疤，令人讨厌了。如果对方淡淡地、声音细微地说："上初中了。"并且眼看别处，你也一定不要再追问了，因为很可能其孩子学习成绩一般，或是离婚了孩子归给对方，自己不愿意多提孩子。

不要以为孩子是父母的心肝宝贝，谈论孩子一定就是最安全的话题。谈与不谈，一定要准确把握对方是否对此感兴趣，只有那一提孩子就精神振奋、声音激动、眼睛发亮的人，你从中读到了"我的孩子让我感到骄傲"的内涵，明确判断出这是一个令其感兴趣的话题，你才可以同对方继续交谈下去，并赢得对方的信任。

交谈时不要不懂装懂。也许对方提出的问题是你根本不懂的领域，你一定要坦白告之，对方绝对不会怪你孤陋寡闻的，而是会迅速改变话题。假如你想"我随便应付他一下吧"，这是很糟糕的事情，让对方以为你敷衍塞责，一直瞎扯胡说，那他就会产生一种被愚弄的感觉，这样反而更不好。

4. 适度恭维对方

查阅《现代汉语词典》，"恭维"的含义是"为讨好而赞美"，似乎恭维是个贬义词。但是你之所以在交谈中赞美对方，就是为了赢得对方的好感、信任，所以说在这里用"恭维"一词是很恰当的。

心理学研究显示，每个人都有得到赞美、表扬、承认的欲望，你的恭维之词使对方对自己充满自信，而自信又导致其心情格外愉快，交谈因而得以顺利进行。

譬如，"你看起来特别年轻"，"你今天的精神特别好"，"您的看法真是一针见血"，"这件衣服真漂亮，好像是专为你设计的"，"你真有福气，有

这样一个聪明的儿子"，"你真是年轻有为"等等，没有人听了这样的话会怒从心头起、恨向胆边生的。

传说纪晓岚要去外地做官，临行前向老师辞别。老师问他准备怎样去做好地方工作，处理好与当地乡绅的关系。纪晓岚说："我准备了一千顶帽子（恭维人的话）。"老师听后勃然大怒，呵斥纪晓岚怎能如此庸俗。纪晓岚说："那些人怎么能和老师相比……"老师这才转怒为喜地响应："那倒也是。"纪晓岚出门后笑着说："这一千顶帽子，我已经送出去一顶了。"由此可见，在交谈时适时适当地恭维，确实是使对方欣然满意的秘密武器。

但凡事都有限度，恭维过度就会适得其反，不仅不会赢得对方的欢心，反而会让人感到你虚情假意。

譬如你对一个30多岁的女性说："你看起来像是刚毕业的大学生。"对方爱听，因为你赞美她年轻而有朝气。如果说："你看上去像一个中学生。"则让她非常反感："我的样子那么不成熟？我很单纯幼稚吗？"你的恭维反而使她失去了自信，你也因此惹人讨厌了。

——与异性沟通的法则

和异性交往，是我们学习、工作中不可避免的事情。掌握与异性沟通的要领，有助于促进我们的学习和工作。和异性交谈，一定要掌握住一个"度"的问题，掌握住了这个"度"，才能给沟通带来积极的作用。

1. 热情适度

异性相吸，这是一个不争的事实，男女间因性别的不同而产生的种种不同，既是差距，又是互相弥补、互相吸引的前提。

异性交谈，除非你特别厌恶对方，否则交谈起来总是特别高兴。而且会伴随着情感的愉悦，越谈越兴奋，越谈越激动。但即使是再高兴，也要热情有度，可以说得神采飞扬、眉飞色舞、手舞足蹈，但绝不能因激动而拍对方肩膀、搂抱对方，言语失控。

男性说话要温文儒雅，女性则应端庄、自然大方。交头接耳或是发出使人莫名其妙的笑声，都可能给对方留下糟糕的印象，反而破坏了沟通的气氛。

2. 深浅适度

男女交谈，可以互相关心，但是关心的深浅要适度。如果是一般普通关系，对异性的隐私不要表现出强烈的求知欲望，否则容易给人留下有非分之想的感觉。可以一般性地询问一下对方的身体状况，最好是多谈谈对方的儿女。若未婚，可问问父母的情况，或是谈谈对方的学习、读书、嗜好等等，从而提高沟通的品质。

3. 褒贬适度

男女在一起，免不了要恭维对方，但一定要适度，不要给人以别有用心的感觉。男女恭维对方，着眼点应放在内在美上，不应放在外在美上。只有前者才能给人留下更长久的美好印象。

——与上司沟通的原则

有的人见了上司就脸红心跳，好像做了什么亏心事似的，别说沟通了，就连打招呼都是勉为其难，能装作没看见就装作没看见。这样的行为，实际上是一种自卑心理的表现。

你要知道：首先，上司是人不是神，你和他拥有平等的人格，完全具备沟通的条件；其次，只有通过沟通，你的思想观点才能被上司认识和了解，这是在工作中发挥你更大作用的前提。善于和上司沟通，主要是应把握好交谈的时间、地点和交谈方式。

1. 时间要适宜

交谈是需要时间的，而上司大多数很忙。在上司公务繁忙的时候打扰上司，除非有急事，否则他会三言两语把你打发出来，反而达不到沟通的目的。确定上司是否有时间，是与之谈话的前提。

在上司心绪繁杂的时候找上司谈话，也是极不明智的做法。不要说我不知道他高兴不高兴，一个人很难将情感掩饰得天衣无缝。一个人高兴时的神态语调和情绪低落时截然不同，你如果连这个都辨别不清，那就很难与上司深入沟通了。

2. 地点要适宜

不要以为除了上司的办公室以外无处可谈，只要上司有空而且心情又好。上下班的路上、体育活动时、开会的空档、甚至登门拜访，都可以进行交谈。当然登门拜访或办公室求见，都要有目的性、有议题，寒暄问候若只为了联络感情而随意交谈，就不必选择这么正式的场合了。

3. 交谈方式适宜

和上司交谈，不像和"狐朋狗友"们交谈可以称兄道弟，而是要严肃认真，在交谈时应注意：

言谈要庄重，要用准确的语言表达自己的想法，不能脏话连篇，低级下流，给人很不得体的印象。

举止要有礼貌，既落落大方，又谦虚谨慎，不可傲慢无礼、蔑视权威，否则不是沟通，而是挑衅。

——沟通的"忌讳"

1. 随便给人忠告

以家长、老师、上司的身份出现，忠告对方你该这样，不该那样，仿佛对方是几岁的孩子，而自己则是"万事皆通"的智者，这是最令人讨厌的。即使你觉得对方的做法不妥，亦应用婉转的方式表达。

2. 沟通唠叨不停

沟通是双方的事情，可是有的人一打开话匣子就唠叨不停。没有重点、海阔天空，似乎无所不知，占据整个讲话时间。在"时间就是金钱"的今天，有谁会对你的唠叨感兴趣呢？当发现对方已有不耐烦的行为—东张西望，东摸西摸，精神不集中时，一定要赶快知趣地控制你的舌头。

3. 沟通说长道短

沟通尽量交流一些有价值的信息，即使是零信息的聊天，也尽量避免对朋友说三道四。张家长，李家短，像一个多事的老妈子，最叫人讨厌。弄不好还搬弄了是非，让朋友、邻居不和睦，公司内部同仁产生心结。即使你知道的这类事情再多，也要信奉"少说为佳"的原则。

4. 冷嘲热讽

交谈是为了加强关系，冷嘲热讽则易使关系僵化。有人心胸狭窄，见别人各方面都比自己好，就不能宽容看待，或出言不逊，或冷嘲热讽，甚至以挖苦为能事，结果却是失去了一个又一个朋友。

第八章
如何让你的沟通更卓有成效

◎先说结论,再从容不迫地细说理由。
◎用数字说明比用文字说明更节省时间。
◎你要相信,说话的方式是可以改变的。

能力强、能力弱者的不同处

在一个铺满小石子的庭院，正在举行剑术教练任用考试。藩主大人坐在宅邸的走廊观看，左右两侧各站着一位负责保护藩主大人安全的武士，一个名叫甲之介，一个名叫乙兵卫。

突然，不知从哪儿发出一支箭，射向藩主大人。

这时，甲之介立刻往前踏一步，抽出腰间的武士刀，以迅雷不及掩耳的速度把箭砍落。周围的人看到这幕光景，爆出喝彩声："不愧是甲之介，反应敏捷，剑术高超，救了藩主大人一命！"对站在一旁动也不动的乙兵卫则没什么好评。

但是，有一位独具慧眼的人却持不同的看法。他说："乙兵卫真了不起。甲之介的修行还很不够。"他的理由是："以那支箭射的方向来看，根本伤不到包括藩主大人在内的任何人，因此没有必要将箭砍落。乙兵卫一眼就看穿这支箭不具危险性，所以一动也不动，当然是乙兵卫的修行较高。"这个独具慧眼的看法传开之后，获得大家的认同，乙兵卫的名誉得以恢复，并且超越甲之介。

这是往昔武术的一种观点，这种观点拿到现在，还管不管用呢？

举一个棒球的例子来说。击球者击出一个界外球，球飞到靠近三垒观众席与球场之间的上空后往下掉落。如果三垒手看到球的位置，判断应该会掉到观众席，因此丝毫不动，观众恐怕会对他的表现不满，报以嘘声，要求他更认真、积极地比赛！

在现代，为了让人认为你是能力强的人，就必须表现出认真、积极的姿态。即使认为界外球会掉落到观众席，也必须跑向球掉落的方向，展现出你要接杀的意图。换言之，甲之介这类型的人会受到高度评价。

说话也一样，尤其是跟工作有关的谈话。对任何事情经常保持正面态度的人，或倾向正面发言的人，较易获得高评价。相反地，常以负面的观点看事情，或倾向负面发言的人，则很难受到肯定。

表现自己的方法有两种，一种是语言，一种是行动。哪一种比较重要呢？一般来说，行动比较重要。因为再怎么能说会道，若光说不练，一点意义也没有。

所以有些人觉得"只要以行动表示就行了"。他们讨厌多话，宁愿尽量保持沉默。以前有一句令人印象深刻的广告语："沉默的男人，札幌啤酒。"这句话之所以会获得认可，正因为符合日本人的精神。

不过，时代已经不一样了。

在现代，默默行动的人已得不到高评价，因为他们经常只是等待上级的指示。以往，上级指示"做这个""做那个"，下面的人只要照着做就可以了。你沉默不语，自然有工作来找你，所以没必要多言。

那么，今日又是如何呢？你必须自己策划工作，得到上级的认可，然后自己完成。换言之，善于表达成为一种很重要的能力。有些公司虽然还没做到这个程度，但是一个口令一个动作的现象已不复存在，无法自我表现、说出自己主张的人，就要吃大亏了。不管从哪个角度来看，在工作场合"公开说话"已是必然的趋势。

在这样的时代，如果你一开口都是"没办法""我做不来""这太难了"之类的话，对方肯定会回你："算了，我请别人做好了！"你就等着被公司炒鱿鱼吧。就算不太有把握，你也得鼓起勇气说："我做得到！""做得到"固然重要，"被认为做得到"更重要。

现在流行"成果主义"，事实上，以前也注重成果——农家努力耕作，希望自己的稻米单位产量能胜过别人。有些人1亩地产8袋米，有些人1亩地产12袋米。不过，那时没人把这称为"成果主义"或"实力主义"。现在为什么强调成果主义、实力主义呢？理由有两个。

第一个理由是，我们思考、感觉的过程，都是在脑中进行的，别人从外面看不到。若要对此给予评价，必须先让人看见才行。成果主义就是"把你脑中的东西让人看得见，否则，什么都不算数！"

还有一个理由是，现在是知识经济的时代，个人的思考与感觉可能有很高的价值。换言之，现在已不是"量的差距"时代，而是"质的差距"时代。在这样的时代，你必须提供品质更好的成果，并且将你的成果展现给别人看，如此才能得到高评价。

第八章 如何让你的沟通更卓有成效

如何先说结论

以前日本有一位首相叫大平正芳,人称"啊嗯首相",因为他说话时有个习惯,一定会在每一句话前面加上"啊"或"嗯",而且声音拖得很长。

大平正芳曾经为他这个习惯辩解,说:"我在说'啊'的时候,是在考虑要说什么?在说'嗯'的时候,是在想要用什么词汇表达出来。"

由于这种独特的说话方式,听的人不知他接下来要说什么,所以尽管心里着急,也得耐心等待他的下一句话。

用这种方式说话,你无法在有限的时间内,把自己想说的话简洁地表达出来。要明确表达自己的意思,首先必须说出结论,若一边说话一边找结论,不可能简洁、明快。

大平正芳是堂堂首相,不管他怎么说,别人都必须洗耳恭听。但是,你我可不是大人物,如果说话也是那么拖泥带水,肯定有负面的影响。那么,该如何先说结论呢?

秘诀有几个,但最重要的是瞬间的判断力,这需要靠平常的训练。平常说话时就必须养成习惯,先说结论,然后再从容不迫地细说理由。如果后来的说明不怎么详细,但因已把结论传达清楚,起码是及格了。

有人会问:要是某件事无法简单地下结论,也必须先说结论吗?答案是肯定的,即使没有结论,也可以说类似结论的东西,这样才能把话说得简洁。你先说类似结论的东西,再以这个东西为前提,展开交流,这是比较理想的方式。否则,谈话没主题,如天马行空,不知要谈到什么时候。

而且,平常训练自己先说结论还有一个好处,就是锻炼自己的思考能力。

另一件重要的事是你必须有自己的想法。在价值观多样化的今天,你以什么样的价值观来判断事情,必须让人明白。

对方知道你在什么场合会有什么想法,事情很快就可以处理完毕。另一方面,你也应该预先知道对方是基于什么样的价值观来判断的。

有人会认为一开始就说结论，万一说错了怎么办？

《孙子兵法》说："兵贵拙速，未闻巧迟。"意思是说用兵与其灵巧却缓慢，不如笨拙却快速。也就是说，快的话，即使发现有错误，也还有时间改弦更张。

当你要从两个或两个以上的选项中选择一个时，基本上，无论选择哪一个都没太大的差别。一个人花了很多心思想出来的几个选项，不可能一无是处。假如有3个选项，那么它们可能只是80分、70分和60分之间的差别。

或许80分是最好的选项，但即使是60分的选项，努力地做也能够达到80分，甚至90分的效果。如果选择了80分的选项，却马马虎虎地实行，结果最后可能只有60分的成效。因此，与其迟疑、蹉跎而坐失良机，倒不如迅速选择，然后努力实行，求得最后的高分，这才是聪明的做法。

如何被人信任

我们和别人说话，得到的反应却很冷漠，这时我们必须探讨为什么会这样。

对方反应冷漠的原因大致分成3种：

第一，你说的事情很难令对方相信。就算你说的是事实，但若超越一般常识的范围，对方也很难相信。若是这种情形，你最好在事前准备一些能说服对方的相关信息。

第二，对方无法理解你说的内容。有时，对方因为知识或信息的欠缺，无法理解你在说什么。这时候，你必须以对方能听得懂的话语来陈述，虽然这不是一件容易的事。

第三，对方对你说的事情没兴趣。你很热心地解说，对方却没有很认真地听。这时候，你必须有一套技巧让对方对你说的事情感兴趣。这也不是容易的事。

不过，有一个方法可以一举解决这3个问题。那就是获得对方极大的信任。若能如此，则无论你说什么，对方都会有正面的响应。

不管你说的话多么令人难以相信,对方也会认为既然是你说的,必然可信。即使是对方无法理解的事,也因为是你说的而愿意接受。当你得到对方的信任后,要说服对方就容易多了。

那么,要如何才能得到对方的信任呢?答案是,你要随时准备好有充分证据的话题。例如你说:

"人类现在能够在极小的、像一根头发直径那么小的空间,制造出咖啡杯,里面还可以装咖啡。"

一般人很难相信有这种事,因此很可能会说:

"你是吹牛的吧!"

对方不知道现在先进的纳米技术已经可以轻易办到。于是,你拿出以纳米技术做成的咖啡杯照片或影像给他看,证明你不是胡编乱诌。像这样,你可以拿出明确证据的话题,然后再详细解说,让对方心服口服,对方自然会觉得你是个值得信任的人。

此外,你也可以抬出大家都信任的权威人士说:"××人这么说。"这也颇有效果。总之,你要让别人信任你,就得让对方有"这个人讲话不会很主观,而是有凭有据"的印象。

一旦获得对方的信任,除非你说话荒谬无稽或敷衍搪塞,否则对方会一直信任你。你要诚实对待对方,以保持对方对你的信任。由于有这层信任关系,与双方谈话时速度便可以更快些。

如果周围有很多人信任你,做起事来一定更顺畅。

能力强的人有两种:一种是技术能力强,一种是人际关系能力强。如果你的技术能力不够,那么,何不加强你的人际关系能力,以这个能力取胜呢?

口才好的人会先搜集信息

有些写得很好的专栏,虽然文章短,内容却是原汁原味,值得细细品尝,读后回味无穷。800~1000字的短文,为什么会让人感觉内容非常丰富呢?理由有两个:

一个是专栏作家大量搜集信息，从中挑选出适合的材料，巧妙地放进专栏里。据说，报纸专栏作家为了写好专栏，时时刻刻都得注意全世界的信息。

另一个理由是视野广阔。好的专栏作家不仅随时观察社会现象，还不断充实自己在历史、艺术、宗教、哲学等领域的知识。由于有这样的努力，才能写出有深度的文章。

我们要把话说好，也得如此。要拥有很多信息，具备许多领域的知识，说的话才会有趣。说话有趣的人，听的人不知不觉就被他吸引，进而信任他。因此，若要工作顺利，不仅要提升专门领域的技巧，还得做这方面的努力。

信息要如何搜集呢？现代人都知道，要大量搜集信息并不困难，就算你坐在客厅不动，电视也会告诉你一些信息。你可以在许多地方看到报纸、杂志，也可以上网，很容易就查到某个特定主题的信息。

但是，这只能说我们生活在信息的洪流中，这些信息真的对我们有帮助吗？其实帮助不大。仅搜集信息是不够的，重要的是，平常就必须培养自己的敏锐性，以判断信息的价值。

所谓信息的价值，是指对自己有用的信息才具有价值。如果自己没有培养出敏锐性，就无法对信息做出价值判断。例如，一般人认为报纸上标题越大的新闻越有价值，但是新闻标题的大小是报社编辑下的判断，不一定和你我的看法一致。

敏锐性高的人会从报纸角落小小的一则新闻，读取到巨大变化的前兆。

你必须根据自己的兴趣或需要，搜集属于自己的信息，在这过程中，便可以逐渐培养出敏锐性。

说话带数字可增添客观性

说话的时候，若能适时加上一些数字，会让对方更容易懂并且增加了内容的客观性，而且还有一个优点——用数字说明比用文字说明更节省时间。因此，要在短时间内说有意义的话，就必须善于用数字说话。

"25 年前，有 52% 的人信任银行，现在只有 11% 的人信任银行。"

这样的说法让人很容易理解"和以前相比，如今银行的信用非常不好"。如果不使用数字，会怎么说呢？

"以前的银行相当有信用，现在的银行信用度下降。"

谁都知道银行的信用低落，因此这样的说法对既有的理解没有什么加分效果。若适度使用数字说明："现在 10 个人中只有 1 个人信任银行。"则可加深理解。

对于经济景气情况也是如此。谁都知道经济景气不好，但到底有多不好呢？确实很少人知道。

如果加入一些数字来说明，效果如何呢？

"30 年前，有 7 成公司是盈余，3 成公司是亏损。现在刚好相反，盈余的公司只有 3 成，亏损的公司占了 7 成。"

以这样的方式说明，可让听的人清楚地知道日本经济的处境多么艰难。

我们要利用数字，就得先正确地了解那些数字代表的意义。例如，在谈现在日元对美元的汇率是多少之前，必须先了解日元升值和贬值各代表什么意义，以及过去日元对美元的汇率走势。

同理，失业率、GDP（国内生产总值）、首相的支持率、股价、电视的收视率等，都不能只知道现在的数字，而必须了解这些数字所代表的含义。若不如此，则无法把数字加入到你的话里。

还有，使用数字的时候，必须非常小心的是不能弄错位数，明明是 1000，不能说成 10000 或 100，如果弄错了，就失去使用数字的意义。相反地，若小心谨慎，不弄错位数，则尾数可省略。

会说话的人擅长做摘要

所谓做摘要，就是把文章或说的话浓缩成几个重点。会说话的人，毫无例外都擅长此道。做摘要的好处是可以节省时间。我们来看看下面这段文章：

世界的历史大致可分成4个时代：每个人确信自己知道每件事的时代；每个人认为自己什么都不知道的时代；只有知识分子以自己的知识为傲，一般世俗大众发觉自己很无知的时代；最后一个是，一般世俗大众以知识为傲，知识分子却怀疑自己的知识价值的时代。（罗素，《关于人生的断章》）

这段文章之后，罗素还对各个时代作了较详尽的说明。令人惊叹的是，前面的这段摘要，把长达600万年的人类历史，以某个观点作了精辟的解说。

这样的摘要，若是由作者以外的其他人来做，恐怕必须读好几百本书才行，无法想象要花多少时间。

要将话说得好，一定得学会做摘要的方法。

那么，要如何学会做摘要呢？如果你想边吸收知识边训练，可以阅读报纸的社论，然后试着把社论的内容写在一张纸上。有些人或许认为社论枯燥无味，不过在我看来，要知道事情的全貌，阅读社论是最有效的。

例如，某报纸有一篇社论在谈"京都议定书"（1997年12月，149个国家和地区的代表在日本召开《联合国气候变化框架公约》会议，所通过的限制温室排放量以抑制全球气候变暖的协议）。你若读了那篇社论，就会对"京都议定书"的发起、经过到现状以及问题所在，有一定程度的理解。你可在一张纸上，把读到的东西以文字、图式、图解标记下来。或者，你可以挑一本有兴趣的长篇小说来看，把故事的情节和书中的人物，以文字、图式、图解的方式写在一张纸上。

你若常常做这样的练习，自然能学会如何选择信息、理解信息、掌握事情的全貌，以及预测未来。

使用"比喻"可让对方更容易明白

另一个让话说得更好的方法是善用比喻。比喻就是在说明事物时，借用类似的东西来表现。比喻若用得巧，你要说明的事情对方一下子就能了解。

例如，别人问你："克隆人是什么？"你若正经八百以专业术语回答：

"从一个细胞产生无性生殖……"对方能否理解不得而知。但你若这么回答:

"孙悟空拔自己身上的毛,用嘴一吹,就可变出几百个同样的孙悟空。遗传学也有可能做出同样的事。"

就算是小学生,听到这样的说明也会立即明白。

本来很复杂的事情,或本来需要详尽说明的事情,有时简简单单的一个比喻就让对方理解,这正是比喻的威力。这招若能学会,便可以增进表达的效果。

那么,要如何学会使用比喻呢?

这需要敏锐的观察力、丰富的想象力和多角度的观点等各种能力综合运用,所以很难说"只要这么做,就会使用比喻"。不过,可以肯定的是,擅长比喻的人,他们的比喻材料多半来自书籍。

你可以阅读一些名言集的书,其中有很多的比喻十分巧妙,值得参考:

得不到回报的爱恋,好比被霜雪凌迟而枯萎的树。

——维加(Lope de Vega)

结婚就是没有携带罗盘,在从未有人航行过的大海航行。

——海涅(Heine)

你阅读这些名言,把它记在脑中,将来在某个谈话的场合可能灵光一闪,于适当的时候脱口而出。

擅长比喻的人,不会在事前准备太多谈话的内容。他的比喻是即兴的,在自然的情况下说出。当比喻自然地从口中说出时,通常是最妙的比喻。

谈话中适度加入流行语

说话时,要使用多少流行语呢?有些人会有这样的疑问。这点见仁见智,不过,为了让别人知道你是个能干的人,最好在谈话中适度加入流行语。

为什么呢?因为这样可以间接地显示你对社会的动向很敏感,视野很宽广。媒体界每年都会公布"十大流行语",你不妨注意这方面的信息。

不过，到达一定的年龄之后，使用流行语的频率应稍作节制，否则会让人觉得你的用语和年龄不匹配。还有，流行语衰退得快，若你使用不当，反而会让人觉得你跟不上时代。这一点也必须小心。

有一些用语，虽称不上是流行语，但在媒体上常使用，例如，"无障碍空间""两性平等""性骚扰"等。建议你把这些词语记在脑海中，适度使用。

有些人觉得使用流行语不太庄重。其实，语言会跟随时代而变化，每当变化的时候，新用语常常遭受批评。但我认为生活在当代的人，不妨用些当代特有的语言！

语言越被使用，越有价值。随着时间的流逝，没有价值的语言自然消失，有价值的语言会被继续使用，新的表达方式则取代旧的表达方式。

我们应该对新出现的语言抱宽容的态度。不能因为与自己的语言感觉不合，就否定、批评新语言，这样似乎气量小了些。"时下的年轻人……"这样的批评，好几百年以前就有了，一直持续到现在。同理，几百年前也一定早就有人批评语言被乱用的现象。话说回来，有哪个时代没有这样的现象？哪个时代的人总是规规矩矩地使用正确的语言？

用自己的话说

有些人有一个缺点，当别人问他意见时，他的回答常常是平淡无奇、不痛不痒。

在美国，一般市民都能理直气壮地说出自己的意见。例如，发生悲惨的犯罪事件时，面对电视台记者的采访，当地的市民会说一些大胆的意见：

"为了维护治安，应该加强警察的武力与装备。"

这时候，或许有其他人会持反对意见。就这样，你有你的看法，我有我的看法。这样的景象，表现出当地的社会活力。

同样的事若发生在日本，市民多半会这么回答："真可怕！""真令人吃惊！"好像这事件与自己完全无关。

不论自己的意见多么幼稚,美国人也会明确表示:"我是这么认为的……"日本人则不敢大胆说出自己的想法。

例如有一家报纸的读者向报社反映他居住的地区有小学,因此道路上设有"注意学童,慢行"的交通标志。但是因为道路颇宽,来往的汽车甚至重型卡车无视于"慢行"的警告,都以很快的速度通过,非常危险。

针对这样的情况,投书者最后写道:"有没有什么好的方法呢?"

这不是意见,也不是主张,只是叹气,希望别人帮他解决问题。这样的读者来信常常出现。他们不愿用自己的话明确地说出自己的看法。

以往,这种遮遮掩掩、欲语还休的态度,大家习以为常,不认为有什么不好。"报纸这么写""××人这么说",大家喜欢拿别人的意见当自己的意见。可是时代不同了,你不说出自己的意见,就得不到好的评价。

有一次,我和某公司的董事长见面,我问他:"贵公司喜欢招什么样的人才?"他回答说:

"有礼貌、有个人风格、往前看,以及能说出自己意见的人。"

就算是幼稚的意见也好,请用自己的话说出自己的想法。

知道自己的声音特质与说话习惯

每个人在众人面前讲话的机会可能越来越多。因此,有必要先了解自己说话的样子。家庭录音机很普遍,你可以利用录音机客观地认识自己的声音特质和说话习惯。你可以一边听录音内容,一边研究自己的缺点。

说话是否有说服力,声音的特质是一个关键。有一位电视购物频道的主持人,声音很洪亮,据说,家庭主妇边以吸尘器打扫,边听那位主持人介绍商品。由于这个缘故,那位主持人的销售业绩遥遥领先同业者。

另外,有一位男演员常被请去做旁白录音,因为他的声音非常柔和而有磁性,据说有治疗病痛的效果。既然世上有这么优美的声音,也一定有听来令人不悦的声音。你应该好好认识自己声音的特征,如果发现有什么明显的缺点,就要尽量改善。

除了声音的特质，方言也可能是个问题。不过，没有必要非得矫正成标准普通话。方言不能算是缺点，地方上独特的腔调反而会让人有亲近感。

你的说话方式，除非有很明显的缺点，否则与其矫正不得其法，越矫正越糟糕，不如把它当成个人独特的风格，坦然接受。

为了写这本书，我做了一份问卷调查，问题是："你不喜欢什么样的说话方式？"答案大致有下列几项：

· 发音含糊不清。

· 声音有气无力。

· 声音太小，听不清楚。

· 说话太快，语尾声调上扬。

· 说话喋喋不休。

· 声音过大。

· 该停顿的时候不停。

这几项中，有没有哪一项是你的缺点？如果有，最好小心点。因为你可能因为那项缺点而损失很多东西。声音的特质很难改变，但说话的习惯是只要肯努力就可大为改善。

好的说话方式有哪些？不好的说话方式又有哪些？你可以认真地研究一下，说不定会有意想不到的收获。

时机的重要性

有个人在家里刚吃完晚餐，突然想起当天晚上有个朋友邀请他去共进晚餐。他匆匆忙忙地赶到那位朋友家赴宴，但由于已经在家里吃得很饱了，后来他对别人说，那顿晚宴吃得很痛苦。

当我们肚子很饱的时候，却被人请去吃饭，而且不能拒绝，那的确很痛苦，心里不但不会心存感谢，恐怕还心存怨恨。这种经历大家可能都有过。

从这件事可以知道时机的重要性。有时候，自己再怎么诚心诚意说话，对方却一点也不领情。这时，有问题的可能不是说话的内容，而是说话的

时机。

说不定，你说的那些话，对方已经听得太多了。就像你请对方吃饭，对方却已吃饱一样。若是如此，你说的话就算再怎么有益于对方，对方也听不进去。

因此，当你和别人说话的时候，要判断清楚你即将说的话，对方是否处于容易接受的状况。必须要换位思考，站在对方的立场来想，你讲的话对方能否接受。

愿意站在别人的立场讲话的人，令人喜欢和信任。你若平时四处散播信任的种子，未来总有收获的一天。

最不应该的是以自己为中心，讲自己想讲的话，完全不考虑对方的立场、对方的想法。

除了时机之外，你还得考虑对方的个性。若能考虑对方的个性，选择适当的话，最后通常能达到你想要的结果。

《奥赛罗》是莎士比亚创作的四大悲剧之一。这出剧作里有一位名叫伊阿古的奸臣，很会利用别人的个性。伊阿古向奥赛罗打小报告说，奥赛罗的妻子苔丝狄蒙娜红杏出墙。奥赛罗信以为真。为何伊阿古会选择奥赛罗，而奥赛罗会上伊阿古的当呢？

因为奥赛罗人格高尚、为人正派，他以自己的标准去看别人，绝不说谎，也以为别人不会说谎。

我们当然不是要向伊阿古学习如何害人，而是伊阿古这种能够洞察别人个性的能力，有值得我们参考的地方。

第九章
沟通中的语言使用策略

语言是沟通中的重要工具，漫无边际或是人云亦云的谈话往往会将沟通带入一种混沌的状态，这不但无法弥合一些在根本问题上的认知偏差，而且容易因为不畅通的沟通导致更多的误解，引发更为严重的人际关系危机。为避免出现双方沟通上的认知偏差，我们要充分发挥语言的魅力，通过策略性的语言引导对方的认知，以达成交流双方的心理共识。

围绕兴趣点巧妙布局

引起对方的谈话兴趣,最有效的方法莫过于和对方交流他最熟悉的、最感兴趣的事情。那些能引起对方兴趣的话题,可以使整个沟通过程充满生机。而现实生活中,很多人与他人交谈时,总是觉得无话可说,好不容易找到一个话题,说不上几句,又陷入沉默。

这种沟通短路的现象随处可见:

我极力说明这个产品对他那么有用,他怎么不太有兴趣呢?

我在见她之前想了那么多话,怎么见了面每一句话都不对路呢?

我的每一句话都在为他着想,他怎么还冷冰冰的?

一旦出现这种状况,沟通者一定要牢记这不是对方的原因,而是你没有找到对方的兴趣点。就如我们观看电视的时候,每个人都有自己喜欢的电视节目,想收看哪个节目,就必须找到该频道,才能提起观看的兴趣。

与人沟通时,只有进入了他认可或者感兴趣的那个"频道",才能走进他的心理世界,进而激发出对方的交流兴趣和热情,让交谈继续下去。

进入对方的兴趣点

就如戴尔·卡耐基的建议:"寻找他人的兴趣点,并表露你自己的,这样交谈就很容易继续。"发掘对方的和自己的兴趣点越快,双方的交谈就越积极,就更容易达到"交谈甚欢"的沟通境界。这也是我们使用语言引导策略的最终目标。

心理学上有一个相似性原理,即人们往往更喜欢那些与自己相似的人。譬如双方的经历、爱好、想法,甚至籍贯、年龄等,总会有类似的时候,这些恰恰就是我们发掘对方兴趣点的"鱼饵"。

1. 察言观色

只要你善于观察,对方的发型、服饰、随身携带的物品(烟盒、提包等),甚至办公室的布置、橱柜里摆设的物品(书、奖状)、台板下的照片等,都会自然地向你展示对方的兴趣点。

一位销售人员去一家公司销售一套电脑软件的时候,偶然看到这位公司老总的书柜中摆放着一个精美的奖杯,而且是高尔夫球界非常有分量的一个奖项。他也刚好对高尔夫比较感兴趣,就和这位老总聊起了高尔夫的话题。结果两个人聊得兴高采烈,老总从他开始打球到训练,再到参赛,整整谈论了两个小时,老总才问起销售人员的产品,最后成功签单。

此外,善听弦外之音是"察言"的关键所在,善观对方的"脸色",是"观色"的精髓。我们不仅要观察沟通对象本身及其周围的静态信息,更要从与对方的言谈中观察其言语和身体语言等动态信息,并善于从中挖掘其兴趣点。

2. 有效提问

如果从外界条件中无法判断对方的兴趣点,那就创造条件,问一些相关的问题,对对方的兴趣、动机、爱好等加以有意识的启发和引导,这也是搜索对方兴趣点的一个有效方法。

*探索式提问

如"你喜欢什么样的消遣","双休日的时候,你都做些什么","你喜欢什么娱乐活动"等。

*直接式提问

如"你对什么感兴趣","你有什么爱好"等。

*引导式提问

如"你参加过什么项目","你有什么长远目标"等。

有时,人们采用"冰山"陈述表露自己的兴趣点,即他们只说了问题的一个"尖角",等待他人询问详细内容。这时,你就要表达出对这个话题的浓厚兴趣(即使你不是真的感兴趣),认真倾听附加信息,保持适度的或者轻微的好奇心,问一些开放性的追踪问题,鼓励对方继续说下去。不论采用何种方法,只要在短时间内发掘出对方的兴趣点,就意味着你们的交流已经成功了一半。

制造热点话题

当我们通过以上方法还是无法发掘对方的兴趣点,沟通气氛还是处于"低温"状态时,怎么办?那我们就自己制造相关的兴趣点。

通常人们最感兴趣的是与他切身利益密切相关的,他非常珍重、关心的一些人或事。我们完全可以利用这些制造出兴趣点,也就是我们常说的"没话找话"。所谓"找话"就是"找话题",只有找到好的话题,才能沟通自如。好话题至少应达到以下要求。

1. 能谈——至少有一方熟悉

谈论的话题是你自己熟悉或对方熟悉的事物，能通过对话、提问等方式谈论下去。俗话说"话不投机半句多"，所以切勿扯到对方讨厌和没兴趣的话题。

2. 爱谈——双方都感兴趣

你是否有过这样的经验：与人沟通时，当你与对方拥有同一观点、立场，或者发现相同的兴趣、爱好，或有相似经历时，两人的思想就很快能产生共鸣。心理学上将这种现象称之为相似相惜定律。所以要尽量引出双方都感兴趣的话题。

3. 好谈——有展开探讨的余地

最好能达到让对方将他原本不想说的话或者最私密的事情都告诉你的境界。避免讨论的话题太深奥，以致无法深入下去。同时，话题也不可太浅显，没有深入交谈的必要。

与人沟通中，我们要学会诸如"即景出题""借事生题""由情入题"等，巧妙地从某景、某事、某种情感引出话题，类似"抽线头""插路标"，重点在引，直至引出对方的交谈兴趣为止。

某业务员去一家服装厂推销客户关系管理软件，尽管做了产品演示，客户仍然无动于衷。业务员合上电脑，看似随便地问："我前天上网，网上说，服装界刮起了一股服装网络直销的风潮，'像 PPG 一样卖衣服'成为众多服装企业的梦想。这个 PPG 公司有这么神吗？"

一句话，马上引起了客户的兴趣，客户立刻侃侃而谈："是啊，PPG 公司的确不同凡响，它……"客户饶有兴趣地讲了差不多半个小时后，业务员巧妙地将话题引到了公司的产品上，客户开始询问相关细节，并约定下周让这个业务员做规范的产品演示。

这个业务员的聪明之处就在于他利用了客户关心竞争对手的心理，向客户提出了他感兴趣的话题。

表露自我兴趣

沟通是双向的，任何事都要讲求平衡。如果一时找不到对方感兴趣的事，那么就向对方表露自己的兴趣点，通过让对方谈论自己也可打破僵局。

表露自己的兴趣点，不是说自顾自地大说特说，应想方设法引起对方的共鸣。假如你滔滔不绝地讲，口沫横飞，完全不顾对方的感受，那是非常可怕的。

1. 表露兴趣点尽可能详细

尽可能详细地描述你的兴趣点，做到有实例、有地点、有时间，以便让对方获得更多的信息，切勿蜻蜓点水。

2. 用你的激情感染他人

一旦你谈论的话题是对方不熟悉的，那么就用你的激情点燃对方的热情。你可以在见对方之前，准备好自己感兴趣的话题或者愿意与他人分享的、比较热门的话题。为了显示出你的超凡口才，你还可以事先查找一些资料，将那些新颖、独特的观点化为己有。当你与对方沟通时，一旦确定对方对你的兴趣点感兴趣，那你就成功了。

3. 表露兴趣点的语言要适宜

过多的行话或专业术语只会让对方"打呵欠"，因为，这是他不熟悉的事物。或者一些时髦的，比如流行网络用语，千万不要带到日常沟通中来，因为大多数人听后，只会觉得莫名其妙。

4. 留出让对方发问的空间

我们表露自己的兴趣点的目的是引起对方的兴趣，让对方参与进来。你需要做的仅仅是透露让你感兴趣的事情，引导对方，让对方知道你的兴趣点。所以，这时候你要随时留意对方的反应，如果你得到对方的鼓励信号（如几个追踪问题、点头等），方可继续下去。

5. 不要诉苦、发牢骚

不要像"祥林嫂"那样逢人就诉苦或者"阿Q式"到处发牢骚。人们只关心自己的事情，你应该尽量迎合对方的兴趣，而不是让对方迎合你的兴趣。

日常沟通中，常用的向对方表露你的兴趣点的语言如下：

＊最近，我打算……（用自己的想法激起对方对某些事情的讨论）。

＊我刚刚完成了……（用自己的经历引发对方的兴趣）。

＊今天晚上有NBA篮球赛……（用自己的爱好引发对方的爱好）。

＊我们单位要举办一个……晚会（用实物吸引对方的注意）。

＊我对……很感兴趣（直接说出自己的兴趣所在）。

在沟通中，如果我们能找到对方的兴趣点，适宜地表露自己的兴趣点，就等于找到了打开对方心扉的一把金钥匙。那么，不论何时，你都能轻易地让自己"有话可说"。

沟通时说对第一句话

与人沟通时，前3分钟就能决定你的命运，而最初的45秒尤为重要。心理学上称之为首因效应。在首因效应的影响下，人们根据最初接触到的信息形成的第一印象对以后的行为活动和评价具有重要作用。

第一印象一旦形成，就很难改变。因此，首因效应作用下的第一印象常常左右着对方日后对我们的看法。

你的第一句话说对了吗

初次沟通形象上的第一印象固然重要，但语言上的第一印象更不能忽视——说对第一句话。第一句话往往决定着整个沟通的结果和基调。为此，不同情况下，利用首因效应的影响，说对第一句话，就成为我们进行有效沟通的"滑板"。要牢记，你永远无法给别人留下第二个第一印象。说对第一句话，直接影响着整个沟通过程。

小赵是广东某家服装公司的销售主管，一次到包头出差，拜访几个非常重要的客户，恰逢沙尘暴。刚下飞机，他就对前来接他的客户抱怨说："老天，怎么赶上沙尘暴了，早知这样，我就不来了。"客户是地道的包头人，听完他的话，接机热情瞬时变得和"沙尘暴"一般。客户虽然还是很有礼貌地附和他，但是接下来，小赵无论怎么说，都丝毫得不到客户的认同。

我们可以看出，小赵的第一句话，导致了他整个沟通的失败。如果他下飞机后对客户的第一句话是"刮这么大的沙尘暴，您还来接机，您真的太好了"，可能就是"皆大欢喜"的结局了。

这是为什么呢？

心理学研究表明，外界信息输入大脑时的顺序决定着认知效果。先输入的信息作用最大，后输入的信息相对次要。因此，当各种各样的信息一起呈现时，人们总是倾向于重视前面的信息。大脑处理信息的这种特点是形成首因效应的内在原因。

从人的思维惯性上讲，人们习惯于按照前面的信息解释后面的信息，哪怕后面的信息与前面的信息不一致，也会屈从于前面的信息，以形成整体一致的印象。

没有人愿意花时间了解一个给他留下恶劣印象的人。如果你无法给对方留下很好的第一印象，那你就被列入了对方的"黑名单"。因此，与人沟通开口说的第一句话或几句话，一定要本着亲热、贴心、消除陌生感的原则，紧紧抓住对方的心理展开。

在最恰当的时间引入话题

从兴趣点出发，引入话题，更容易打动人心，也就是我们上面提到的：人们在沟通中，只要遇到自己感兴趣的话题，常常会投入200％的热情。如何抓住对方的这种心理，引入话题，是打好沟通的基础。

沟通中，我们会发现社交高手就犹如一名领舞者，提出话题，却把发言权交给对方，并且在适当的时候能转移话题，使内容有所节制。反之，自己喋喋不休，毫无重点，只会让人昏昏欲睡，甚至花费了很长时间，也没有引出实质问题。这也是从兴趣点引入话题的一个弊端——遗忘了正题。为避免这种情况的发生，与人沟通中，一定要看准时机，把握火候。

1. 看准时机，引入话题

沟通中人的心理是渐进式的。交流中，对方的表情、动作等，都在显示他的心理变化，这就要掌握对方的心理规律，在关键时刻引入问题。

*在对方兴趣正浓时引入

引起对方兴趣时，或对方兴趣正浓时，引入你的目标话题，此时不容易引起对方的反感，而且更容易成功。

*在回应对方后引入

在与人沟通中，应适时对对方的话做出积极回应，"确实是这样"，"我也这样认为"，用心理安抚表示对他的话感兴趣，同时，话锋稍转，用"而且……"引入自己的目标话题。

2. 把握火候，适时转移话题

如果沟通过程中，发现对方明显地对你的话题参与不多、言语不多的时候，他可能是对你的话题漠不关心，也可能是因为害羞或者是不感兴趣。此时，要巧妙转移话题，最好发掘出双方都感兴趣的话题，然后再设法慢慢将话题引入自己的谈话范围。

*接过话头

谈谈你最近读过的一篇有趣的文章，或说说你刚刚看过的一部精彩的电影，也可以描述一件你正在做的事情或者正在思考的问题。如果谈话出现短暂停顿，不要着急，不必无话找话谈，沉默片刻也无妨。

* 虚实相生

为了达到一定的目的，可以以假乱真，真真假假，虚虚实实，巧妙地转换话题。例如，假设你与林总谈论很长时间，预定时间就要到了，这时候你可以说："林总，既然您这么喜欢打高尔夫，不如周末我们一起去切磋切磋，我知道有一个地方……不过，今天呢，我还是有件事情要麻烦您……"这样一下就能够把话题再次转移到你的目标上来。

转移的话题必须视具体情况和对象而定，就近转移，不能不着边际，随心所欲。话题主旨要尽量为正题做铺垫，不管绕多少圈子，"牛鼻子"始终不能放，做到"形散神不散"。

话题引入的4种方式

大多数人在沟通中可能都清楚第一句话的重要性，实际沟通中却往往忽略了这一点，或者引入的话题不合情况要求，导致沟通的失败。所以，最佳的沟通应该是随着沟通环境或沟通情境的不同，采用不同的话题引入方式。

1. 以问候语开始

与对方沟通时，要微笑着问候对方。最常用的问候语就是"您好"。如果能根据对象、时间的不同而使用不同的问候语，效果则更好。

* 早晨说"您早""早上好"，则比"您好"更得体。

* 对德高望重的长者，宜说"您老人家好"，以示敬意。

* 对年龄跟自己相仿者，称"××（直呼其名），你好"，显得亲切。

* 对方是上司、教授，说"孙经理，您好""李教授，您好"，表示尊重。

* 节日期间，不妨说"节日好""新年好"，给人以祝贺节日之感。

2. 以闲聊开始

从心理学的角度看，一个非常正式的问候或是极为恭敬的态度的背后，往往是对方有求于你或是和你有着某种利益的纠结而不得不为之。这时候，对方就会提高一些警惕或是把你们的交谈提升为"利益谈判"，这就在无形中拉开了你们的心理距离。因而，并不是越正式的问候越能引起对方对你的好感，闲聊有时候更能发挥独特的"敲门砖"作用。

李梅乘车去参加招聘会，看着旁边的一个30多岁的妇女也拿着那个招聘会的票，便主动与其闲聊起来。

李×：您也去××吗？

妇女：嗯，去看看。

李×：也不知道时间来不来得及，我第一次去，没想到路会这么堵。

妇女：是啊，平时不这么堵的。

李×：估计是去找工作的人太多了吧，车都拉不动了，呵呵！

妇女：呵呵，你说话挺有意思啊！去找工作？

李×：嗯，我刚毕业，谁知赶上金融危机了。今年工作特别不好找，我们那儿的公司都不怎么招聘了，我只好跑北京来了，还不知道情况怎么样呢。

妇女：你学什么的啊？

李×：会计，本来这专业还行，但是今年金融都不行，而且我毕业的学校不是名牌，所以，不太好找。

妇女：哦，那你愿不愿意来我们公司试试？

李×：你们公司？你不是去找工作的啊！

妇女：呵呵，我是公司人力资源部的，我是去招人的。本来是要去招电话销售的，我看你的性格挺适合做这个的，还能帮着做做账。我们公司比较小，就喜欢招你这样的复合型人才。

李×：真的啊？那真是太感谢您了。呵呵，不好意思，刚才把您也当成去找工作的了。

妇女：没关系，一会儿到站，你和我一起去我们公司的展台那儿吧！

李×：好的，遇到您真是太幸运了！

闲聊给人的感觉是发生在两个没有太多利益关系的个体之间，往往能营造出一种轻松的谈话氛围，在这个氛围中，人们的心理防御力一般不会很高，因而可能会让对方更快产生谈话欲望。

3. 攀认关系，拉近距离

任何两个人，只要彼此留意，你们之间总会有或明或隐，或远或近的亲缘关系。与人交谈中，我们完全可以利用这种关系，拉近彼此的距离。

＊你是南京人，我是西安人。原来，我们都来自古都啊！

＊你是记者，我是作家，说起来我们还是"近亲"呢！

日常的沟通中，这种攀认式的方法非常普遍。这样一句话，拉近了双方的关系，沟通也就更加顺利。

4. 表示敬慕

对对方表示敬重、仰慕，特别是初次交流中，能够引起对方的好感，也是热情有礼的表现。

＊您的故事我听过很多，受益匪浅，没想到今日在这目睹您的风采。

企业操作实务方略：商务谈判与沟通技巧

＊我拜读过您的大作，很高兴见到您。

但用这种方式要注意分寸，恰到好处。一般表示敬慕的内容应因时、因地、因人而异。

说对第一句话的关键是要根据对方的心理和场合，选择合适的方式，学会随机应变。如果讲话时我们能做到松弛有度，适可而止，能从兴趣点中找到契机，因势利导，言归正传，外加有特色的"第一句话"，在以后的交谈中你将战无不胜。

主导对方的注意力

无论你在什么时间采用什么方式与对方进行沟通，你首先必须保证的是对方保持对你的注意力。然而，鉴于大脑对信息加工的方式，人们的注意力经常会被外界繁复的信息所分散。所以，我们必须要尽可能排除干扰信息，使对方的注意力集中在我们向他传达的关键信息上。

在正常情况下，注意力使我们的心理活动朝向某一事物，有选择地接受某些信息，而抑制其他活动和其他信息，并集中全部的心理能量用于所指向的事物。保持良好的注意力，是大脑进行感知、记忆、思维等认识活动的基本条件。在人际交往过程中，注意力是打开我们心灵的一个门户，这个门开得越大，我们感知到的信息就越多。但同时，这种被感知的信息是庞杂的，总会有很多因素干扰对方的注意力，而对方的注意力一旦分散，你所想要传达的信息就无法准确完整地被对方接纳，同时，你也无法给对方留下深刻的印象。

谁干扰了人们的注意力

如果你想捕住一头浣熊，你可以用一个有吸引力的目标来分散其注意力。人也像浣熊一样，极容易受到各种干扰因素的影响。

琳，31岁，单身，坦率直言，性格开朗，哲学系毕业。当她还是一名学生的时候，她就非常关注歧视和社会公平问题，同时参加了反对核武器的活动。

请从下面的选项中选出可能性更高的选项：

A. 琳是一个银行出纳。
B. 琳是一个银行出纳，同时是一个活跃的女权主义者。

这是国外管理人员于 1982 年进行的一个关于直觉的心理试验。在这项试验中，绝大多数人认为琳达不仅仅是一个银行出纳，同时也是一个活跃的女权主义者。当年参加试验的 86 个人中，超过 90% 的试验参加者都是这样认为的。

尽管你也有可能这样认为，但是概率的基本原理告诉我们：两个独立事件（"银行出纳"与"女权主义者"）同时发生的概率是要远远低于单独事件发生的概率的。这个从图 9-1 中可以很容易看出来。

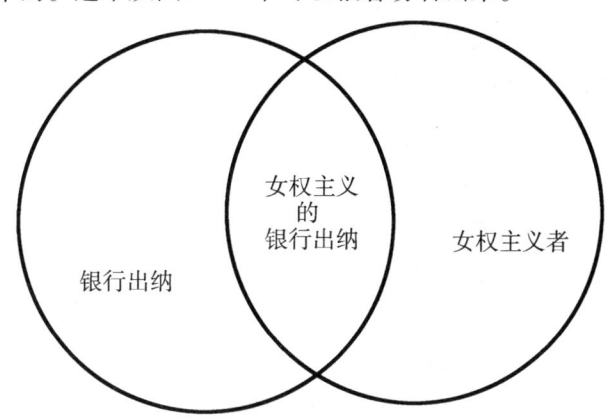

图 9-1　银行出纳与女权主义的交集

左面的圆圈代表所有银行出纳，右面的圆圈代表所有女权主义者，中间重合的部分代表既是银行出纳又是女权主义者的人。所以，"琳是银行出纳"的可能性要远远大于"琳是银行出纳，同时是一个活跃的女权主义者"的概率。

根据上面的试验，管理得出一个重要的结论：随着情境中细节数量的增加，该情境发生的概率只会降低。但是人们却倾向于认为细节数量越多的事情越容易发生。鉴于此，心理学家指出：情境中的细节使整个情境看起来更加生动和具有代表性，然而，也正是它们带来了很多迷惑性信息，使得人的注意力发生分散。这就是心理学中的"细节迷惑效应"。

注意力为什么容易被干扰

"细节迷惑效应"发生的心理基础是人们的注意力无法长时间集中在较多的信息上。关于这方面的心理学解释有很多，最有代表性的就是心理学家布罗德本特和特瑞斯曼的注意力过滤衰减理论。

布罗德本特和特瑞斯曼认为：人的神经系统在加工外界传人的信息时是

有限度的，不可能对所有的外界输入大脑的信息都进行加工。当信息进入神经系统时，要首先经过一个过滤机制，能通过这个过滤机制的信息只占输入信息中很小的一部分，这部分信息得以最终被神经系统注意，这就是注意力的选择性。

在人与人的交往中，为了保证你想传递给对方的关键信息被选择，除了尽量让你这个关键信息具有其自身主导对方注意力的显著特点之外，也要注意不要让其与过多的信息一同呈现。因为在"细节迷惑效应"的作用下，对方关注的信息越多，他选择到关键信息的概率就越小。

因此，在和对方的交往过程中，你一定要排除一切可能干扰对方注意力的内外因素。

1. 内在因素

干扰注意力的内在因素是指由于你的原因导致对方注意力被其他信息吸引而受到干扰的因素，主要包括以下几点。

*不当的语气、语调

你可能想不到语气、语调、语速也是吸引对方注意的关键。试想如果你的声音懒洋洋的，让对方听了就有想睡觉的感觉，注意力自然也就发散了。

*呆板的身体语言

如果你在路上遇到这样两个人，哪一个会更加吸引你：

一个微笑着向你挥手并热情地向你说："你好！很高兴在这里遇到你。"

另一个拘束着手脚，犹豫着，低声对你说："你好，没想到在这里遇到你。"显而易见，比起第二个人，人们更愿意为第一个人停下脚步。道理很简单，任何人都喜欢生动的人，呆板的身体语言对于对方的神经系统并没有多大的冲击力。

*没有主旨的谈话内容

前两种行为是根本无法吸引到对方的注意力，而没有主旨的谈话内容则极有可能让对方原本集中在你身上的注意力因为你不得要领的谈话内容而分散。虽然说闲聊可以拉近和对方的距离，但过多偏离主旨内容的谈话内容，则容易使对方的注意力发生疲劳性转移。

以上这些内在因素是可以通过你的主观努力进行调整的，只要你在与人沟通时多加注意，这些干扰对方注意力的因素是完全可控的。

2. 外在因素

当然，有时候对方注意力分散的原因并不全在你身上。除了这些可控的内在因素之外，外在因素也会对对方的注意力产生影响。

* 对方的注意力特点

每个人的注意力持续时间是不一样的，有的人可以在很长时间内对一件事物保持高度的注意力，而有些人则是天生的神经敏感，只要周围有些风吹草动，其注意力马上就会被吸引过去。

* 环境因素的干扰

人与人的沟通是需要在一定的环境中进行的，因此，环境中的一些不可知因素就难免会对对方产生吸引，从而导致对方对你的注意力的分散。比如，你约了一位客户到某展会观看你们的产品，但是对方却是一个车迷，他对楼下展厅里汽车的关注就可能导致他对你及你们产品的注意力分散。

* 交往目的的干扰

沟通有的时候不是一对一的，在很多社交场合中，每个人都有自己的目的，你想结识他，他却想结识别人，所以有时候他的注意力完全只在他的目标身上，很难分散到你那里。

这些对注意力产生分散影响的因素并不是我们自身原因造成的，但却仍然会对我们与他人的沟通产生负面效果。因此，我们必须采用一些心理策略来主导对方的注意力，不然你很难引起他对你持续关注。

掌控主导权的心理法则

你是否注意到这样一种情况：几个人在一起交谈时，总有一个人主导着谈话主题，也主导着其他人的注意力。

也就是说，主导对方的注意力，就是主导信息交流的吸引力。那么，这类心理策略有哪些呢？

1. 吸引力法则

"你好，很高兴见到你！"如果你在与别人沟通时还在使用这样千篇一律的开场白，你就已经输在了起跑线上。我们给你的建议是，尽快用类似下面的方式替换掉那个已经没有任何吸引力的说法吧！

你的胸针好漂亮，在什么地方买的？

你身上的香水味真特别，我很喜欢这个味道。

2. 提纲挈领法则

一般情况下，沟通双方会给彼此十秒钟的注意时间，所以，在这个短暂的时间里，你必须先把你最想传达的信息传达给对方，这样别人会先对你产生重视，不那么容易走神。比如，你是谁，你找他有什么事。

3. 兴趣转移法则

当你正请求别人帮你办一件事情的时候,一个人忽然开口说:"知道吗,后天午夜是《赤壁》的首映。"然后,本来是两个人的谈话就变成三个人谈论电影《赤壁》了。

你看,本来应该是主导着对方注意力的你,在无形中却把注意力集中到了另一个人的身上。其实,你可以效仿这些懂得主导别人注意力的人,先说一件对方感兴趣的事情,一旦引起对方的注意力,你就要三言两语地让对方听明白,然后把话题牵引到你的目标上来。

既然你这么喜欢,我们周末一起去看那部电影吧。不过话又说回来,我有件事要麻烦你……

掌握了这些技巧,无论环境有多么复杂,有多少干扰你和对方建交的细节干扰,你都可以顺利主导别人的注意力。

问对问题才能达成目标

心理学家进行过一项这样的试验,让一名助手去一家面馆里假扮"服务员"。当有客人点面时,"服务员"会向顾客推荐在面里加鸡蛋,心理学家为"服务员"准备了3种说法:

您的面要不要加鸡蛋?

您的面是加一个鸡蛋还是两个?

您的面是加煎鸡蛋还是煮鸡蛋?

通过统计,心理学家发现:在被问到"您的面要不要加鸡蛋"的客人中,只有少部分人选择了"加蛋",而在被问到"您的面是加一个鸡蛋还是两个"的客人中,大部分人选择了加一个蛋,还有少部分人选择了加两个蛋,选择不加蛋的客人很少;而在被问到"您的面是加煎鸡蛋还是煮鸡蛋"的顾客中,很多人选择了煎鸡蛋。由此,心理学家发现:答案很容易受到问题或选项顺序的影响,不同的提问顺序可能就会让对方选择不同的答案。因此,当我们在与人交往时,一定要掌握提问的技巧,实现自己的目的。

提问顺序影响答案

人们的答案容易受到问题或选项顺序的影响，那么为什么提问的顺序会影响结果呢？

这与人类的思维特点有关，是"顺序效应"和"对比效应"的交互作用的影响。举一个最简单的例子：给你一瓶蜂蜜绿茶和一块奶糖。如果你先喝微甜的绿茶，后吃很甜的奶糖，你会觉得绿茶甜，奶糖更甜；反之，先吃奶糖，后喝绿茶，则会感到绿茶毫无甜味甚至还有点微苦的茶涩之味。这种两个选项出现顺序的不同导致认知对象反应不同的现象就是"顺序效应"。

那么在前面的试验中，为什么在被问到"您的面要不要加鸡蛋"的客人中，只有少部分人选择了"加蛋"呢？

如果按照"顺序效应"所阐述的，那么应该是大部分人都选择"加蛋"，而试验结果却是相反的。这是由于一种"选项对比"的影响。在"加蛋与不加蛋中"，顾客是在"加"与"不加"中做出选择，而在"加一个还是加两个中"，顾客则是在"一个"与"两个"之间做出选择，所以一般人不会想到选择不加蛋。即使是那些原本不想加蛋的人，听到这样的问法，也不自觉地选择了"加一个"。

由此可见，提问的方法和问题选项的顺序对问题的结果有着很大的影响。那么，在实际交往中，我们到底应该怎样提问来达到自己的目的呢？

在交往过程中，为了获得良好的提问效果，我们需掌握以下3种提问的要诀。

1. 预设问题

根据你面对的人的类型，预先准备一些问题。有时，还要出其不意地提出一些不能够迅速想出适当答案的问题，以期收到意想不到的效果。这样才可能做到心中有数，有的放矢。

假如你是一位适龄单身男子，在朋友的介绍下，你要和一个女孩去"相亲"，在见面以前，请你列出一些既能让你们彼此了解，又不会引起对方反感的问题：

_____

2. 注意提问顺序

提问时，先提一些对方比较容易回答的问题，以及比较感兴趣的问题。待对方被你引导到谈话情境中后，再循序渐进，步步为营。

接着上面的情境，你觉得你该如何安排这些问题的顺序，让谈话显得既自然又有条理：

_____

3. 避免"雷区"问题

"雷区问题"指可能会引起对方反感的问题，这类问题往往会给交往的结局带来麻烦。例如，不要问女士的年龄，不要问对方的薪水问题等。

从你的感受出发，你不愿意被问到的问题有哪些，这些问题也很有可能是对方不想被问到的。

_____

此外，除了性格和宗教信仰等不同，你觉得会引起对方反感的问题还可能有哪些？

_____

掌握提问的要诀，着重强调了我们在提问时应注意的一些问题。在这个基础上，如果再灵活运用一些提问的技巧，那就更是如虎添翼了。

怎样答，就看你如何问

从上面的描述中我们不难发现，不同的提问顺序和表述方式，能得到不同的答案。灵活运用这些提问技巧，能帮助我们尽快进入交往佳境。

1. 单刀直入法

单刀直入法是利用对方的无准备心理直接提问。这种提问方式缩短了对方的思考时间，有时候可以收到让对方措手不及的奇效。

推销员：先生，您家有能加热的豆浆机吗？

男主人：哦，等我问问我太太啊？

推销员：好的。

男主人：我太太说我们家有一个豆浆机，不过不能加热。

推销员：那您看看我这个能加热的吧！

……

最后，男主人买下了能加热的豆浆机。假如这个推销员一开口就说："我是×公司推销员，请问您需要一台能加热的豆浆机吗？"我想他多半得到的是否定的回答。

2. 旁敲侧击达到目的

当然，中国人比较含蓄，在很多情况下，单刀直入的方法并不符合中国人的沟通习惯，特别是在涉及一些敏感或隐私的问题上，这种时候，旁敲侧击要比单刀直入更容易达到目的。

例如，一个保险推销员向一名女士询问她的年龄，如果问："您是哪一年生的？"有些对自己年龄很在乎的女士可能会恼怒不已。所以，很多保险推销员都是这样问："在这份登记表中，要填写您的年龄，您愿意怎么填呢？"

3. 精心安排选项顺序

即使你说的是两件并列的事情，但是选项放置顺序的不同，可能就会得到不同的答案。

很多人喜欢在工作时间听音乐，有两个员工就此事是否被公司允许而请示主管，但却得到了不同的答复。

甲："我可以一边工作一边听音乐吗？"

主管："可以，适当听听音乐有助于缓解工作疲劳。"

乙："我可以一边听音乐一边工作吗？"

主管："你能保证你不影响工作吗？"

由此可见，问题选项的顺序不同会给对方带来不同的心理感受，因此，在我们向别人提出选择性问题之前，一定要仔细斟酌一下选项顺序。

4. "二选一"法则

与上面的情况类似，有的时候，问"哪一个"比问"是否"更容易让对方做出肯定回答。这就是"二选一"法则，二选一法则给对方一定的选择机会，使他感到结果不是你强加的，而是他自己选择的，满足了他的自尊心，因此，更容易得到对方肯定的回答。

比如，在谈判桌上，当对手因存在多种选择而举棋不定时，你可以采用故意缩小选择范围直至余下两个选择的办法，促使对方做出预期的选择。

掌握了这些提问的要诀和技巧，巧妙地安排问题的表述方式和顺序，不但会让你如愿以偿获得期望的目标，还可以避免触及对方的"沟通禁区"。

让别人更容易听清听懂

说话没有条理是沟通中的重大忌讳，这样的言语会破坏逻辑和美感，让对方感到迷惑和厌倦，进而很快忘记你所表达的信息。

假设有人用下面两种方式做自我介绍，哪种方式会让你记住关于他的更多信息？

您好，我是××大学管理学院人力资源管理专业的应届本科生张×，很高兴认识您！

您好，我叫张×，人力资源管理专业毕业，在××大学管理学院读的本科，今年刚刚毕业。很高兴认识您！

答案很显然，前者的表述条理清晰，主次分明，而后者虽然说的内容和前者一致，但条理紊乱，因此，你很容易记住前者并因为他的有条理而对他产生一个良好的印象。

即使是同样有过一面之缘，再次相见，对使用第一种方式表达的人，你很容易回忆起关于他的大部分个人信息；相反的是，采取第二种方式表达的人，对你来讲可能已经是一个陌生人了。这就语言条理性在沟通中所起的神奇作用！

鉴于此，在与人沟通的时，我们必须保证语言的条理性，让自己有条理的谈吐给对方留下深刻的印象。

神奇的数字：7±2

为什么有条理的谈话更容易被人们记住呢？这神奇的数字7±2有关。

在一个关于数字广度的研究中，心理学家米勒让被试者听到的数字是顺序呈现的7个数字"2、7、8、3、6、5、9"，结果，几乎所有的被试者都可以准确无误地把它们按照这一顺序复述出来。但如果把复述的数字增加到7个以上，被试者复述出来的数字一般也不会超过7个。

此后，通过一系列相关试验的验证，米勒发表了著名的《神奇的数字7±2：我们信息加工能力的限制》，在文章中米勒提到：我们的大脑在短时记忆中很难一次接纳"信息块"在5~9个之间。

"信息块"是由较小的信息单元（如字母）组合起来形成的具有意义的较大的信息单元（如单词）。语言的条理性很大一部分取决于人对信息块的组织能力。

心理学家默克多在1961年用试验验证了虽然人的大脑能接受的信息块在5~9个之间，但对于不同的人，每个信息块中的容量是不同的。他的试验是这样进行的：

让被试者听三组材料。第一组是普通的3个英文字母，如PTK；第二组是由3个英文字母组成的单词，如HAT（帽子）；第三组是三个英文单词，

如EAR（耳朵）、MAN（男人）、BED（床），然后让他们回忆。

结果发现：第一组和第三组被试的回忆成绩差不多，而第二组的回忆成绩要明显好于其他两组。原因在于，对于大多数人来说，第一组和第三组被试记忆的都是三个信息块，而第二组被试记忆的只是一个信息块。

此外，由于人的知识经验不同，对同一材料组成的信息块也可能有不同的记忆能力。比如"人力资源管理"，对于刚识字的小学生来说，它可能是六个信息块，每个字是一个信息块；对于一般的成人来讲，它可能是两个信息块，"人力资源"和"管理"；对于从事管理等相关职业的人来说，它仅仅是一个信息块，专有名词"人力资源管理"。

通过7±2法则和信息块的有关规律，我们不难得出：在与人沟通时，为了让我们所传达的信息尽可能被对方记住，要尽力将自己表述中的信息块控制在7±2的范围内，这样是最便于对方记忆的。

把复杂的信息简单化

人的大脑所能接受的信息块数量是有限的，但是每个信息块内所包含的信息却是无限的。如果你想要在一席简短的谈话中传递很多信息给对方，那就必须将信息条理化，构造有效的信息块，尽可能用最少的信息块表达最多的信息。

关于信息块的构造，必须注意以下几个方面的问题。

1. 尽可能少用信息块

虽然我们的极限是9个信息块，但请你不要挑战对方的极限，将自己话语中的信息块放在7个以下。请记住，越是简单的有条理的东西越容易被人记住。

2. 整合信息块

由于人类对信息块的接受能力在7±2个的范围里，如果你要表达的信息大于这个范围，就必须通过将信息条理化，把更多的信息整合在同一个信息块里，从而减少整体的信息块数量。

3. 因人而异构造信息块

由于知识经验和专业背景等方面的不同，刚才我们谈到，"人力资源管理"这个词可能会被不同人的人分别当成一、二、六个信息块。因为小孩子是将单个字当成一个信息块的，而普通人则将人力管理和管理当成两个信息块，但对于那些从事管理等相关职业的人来说，这只是一个信息块。这就是说，我们与不同的人进行沟通时，尽量考虑到他们的知识经验和专业背景等

方面的信息去构造你的信息块。

4. 把最重要的信息块放在最前面

虽然组块信息能够传达更多的信息并且有助于人们的记忆，但是它们一样要受到首因效应的影响。所以，你必须把最重要的信息块放在最前面，这样才不至于让被其他信息块内的信息所冲淡。

这些构造信息块和输出信息块的规则，阐述了信息块构造的基本要求，在与人沟通的时候，你应该尽量按照这些原则去构造信息块，以期通过条理化的语言让对方记住更多关于你的信息。

分清谈话的层次要点

除了上面所讲的通过构造信息块来条理化你要表达的信息，你还应该注意以下方面。

1. 层次清晰

如果你要表达的内容很复杂，层次又很多，你最好用"第一、第二"或"首先、其次"这类词将层次划分开来。

如果你觉得这样的词语太生硬，也可以用口语化的"一来、二来"等，总之，你一定要在谈话中体现条理。

2. 指代明确

我们先来看一段话：

人要善于找出自己的缺点，如果原来的我没有这方面的意识的话，那么今后就要注意。表达清楚是一件很重要的事情，关系着人与人之间的相处，虽然现在有人说我表达不清楚而已，或许真正的原因并不是我，但是无论怎么样，都应该找一下自己的原因，不能不把事情当作事情。

这段话本想表达的意思是：有人说我说话没条理，不管是不是真的，我都必须反省一下。毕竟，在人际交往中，说话的条理性很重要。但是由于条理上的不清，导致了整段话语的凌乱不堪，让人不知所云。所以，在与人沟通时，要想让你的语言更富有条理，除了要分清层次之外，也要注意指代的明确性。

此外，没经过思考贸然说话有时候会影响条理和逻辑，因此，在开口前务必三思而后言，这样才能够将你要表达的信息表达得更清楚到位。

语商测试与提升训练

能说话就代表具有语言能力吗？

美国医药学会的前会长大卫·奥门博士曾经说过，我们应该尽力培养出一种能力，让别人能够进入我们的脑海和心灵，能够在别人面前、在人群当中、在大众之前清晰地把自己的思想和意念传递给别人。在我们这样努力去做而不断进步时，便会发觉，真正的自我正在人们心目中塑造一种独一无二的形象，产生前所未有的冲击。这种能力才是真正意义上的语言能力。

心理学家发现，语言能力并不是与生俱来的，而是人们通过后天学习获得的技能。虽然有遗传基因或脑部构造异常而存在着语能优势或语能残缺，但在现实生活中，由于每个人的主客观条件、花费时间和学习需求的不同，我们获得语言能力的快慢和高低也是不同的。这就表明人的语言能力主要还是从后天的语言训练和语言交流中得到的强化和提升。

在心理学上，语言能力的高低一般用语商（LQ）来衡量。语商是指一个人学习、认识和掌握运用语言能力的商数。具体地说，它是指一个人语言的表达能力和交流中的应变能力。

在进行这些能力的训练之前，我们先来测一测自己的语商处于什么水平。

语言表达方式训练

良好的沟通意愿和情感需要正确的语言表达才能被有效地传递给对方。语言表达能力是指用语言来表达自己的思想、情感，以达到与人交流的目的的一种能力。相同的意思采用不同的表达方式，沟通的效果可能截然不同。

比如，很多人都苦于如何拒绝别人。从语言的表达来看，单纯地说一个硬生生地"不"或"不行"，不能称其为拒绝。这样的拒绝多半会遭到对方的再次"逼宫"或是双方关系的僵化。那么，该如何采用恰当的方式表达拒绝的意思呢？

张×和李×是大学时的室友，毕业后两人进了同一座城市的两家公司，从事网站开发工作。一天，李×请张×到一家高级饭店吃饭，酒过三巡，道出了真正目的：李×想借用一些张×公司的保密数据作为自己公司新网站开

发的参考。如果你是张×,你会拒绝李铁吗?

1. 澄清危害

"这可是我们公司保密级数很高的文件,你肯定不愿意看我丢掉饭碗吧!"

还可以这样澄清危害:
_____
_____

2. 分散责任

"这个网站我并没有直接参与开发,只是一起和他们讨论了,所以,我手里也没有相应的数据。"

还可以这样分散责任:
_____
_____

3. 利用环境

"你知道我们公司有门禁制度的,什么资料都带不出来,那么多,我也记不住啊!"

还可以这样利用环境:
_____
_____

4. 反问法

"你能保证不说出去吗?"

"能。"

"你能,我也能。"

还可以这样反问:
_____
_____

5. 寻找托词

"我明天给你问问我们主管,看看这个文件的保密程度有多高。要是不高,我就给你拿来看看;要是高度保密的,我可就爱莫能助了。"

还可以这样寻找托词:
_____
_____

假如你的朋友知道你小有存款，要向你借 3 万元钱，但你并不想借，你该如何体面地拒绝他？

6. 澄清危害

_____

7. 分散责任

_____

8. 利用环境

_____

9. 反问法

_____

10. 寻找托词

_____

语言应变能力训练

语言应变能力是交际过程中遇到障碍时能灵活机动地跨越障碍，成功地了解对方的信息，使交际得以继续下去的能力。我们每天都要进行语言沟通，良好的语言应变力是促成事情完美解决至关重要的一环。

我们假设这样一种情境：你的话说到一半，有人打断你的话，并转移话题，你会怎么办？

1. 沉默：不再说话了

你可能的表现或心理活动：

_____

心理学家对你的应变评价：

话说到一半就被人打断，可能会让你觉得这是非常不尊重你的表现。你感到受这样的"待遇"很没面子，但是，你也不会立刻与他争辩，你尽可能地把没有说完的话吞下去，并且希望大家不要注意到你，就当做你没讲。

这可能带来的结果和影响是：

_____

2. 对抗：跟对方抢着说

你可能的表现或心理活动：

_____

心理学家对你的应变评价：

你的性格比较急躁，不能容忍别人在这个时候打断你的话，一旦受到不公正的待遇，你会马上"以牙还牙"。这种个性在人际交往中，似乎不会吃亏，但是总会给人锋芒毕露的感觉，别人会对你敬而远之。另外，这种个生在与人交谈中也容易引起不必要的争执。

这可能带来的结果和影响是：

_____

3. 警示：请对方不要插话

你可能的表现或心理活动：

_____

心理学家对你的应变评价：

你说话的时候所表现的气势凌人，不允许别人插嘴或打断，否则你绝对不会坐视不管，你会当面警告对方，让对方尊重你的发言权。你是一个以自我为中心的人，你会按照自己的意志去做任何事情，不许别人干涉。一旦有人干涉你，你会毫不客气地纠正。你这种语言行为表明你很自信，也有十足的勇气和实力，但是却很容易和对方发生冲突，你应对此多加留意。

这可能带来的结果和影响是：

_____

4. 等待：等对方说完，再接下去说

你可能的表现或心理活动：

_____

心理学家对你的应变评价：

你会很好地处理你与别人之间的任何冲突。你属于那种话不说完，心里就不舒服的人。如果有人不尊重你，并打断你的话，你也不会生气，你会耐心地等对方把话说完，再接着说。看得出，你是一个很沉得住气的人，既可以避免话没讲完的尴尬，还能给对方一个教训。

这可能带来的结果和影响是：

_____

软化自己的语言

假设现在有这样两个人，你更愿意选择和哪一个交往？

沉默寡言、木讷呆板、枯燥无趣的人

活泼健谈、身体语言丰富、旁征博引的人

相对枯燥无趣的人，人们会更喜欢生动有趣的人。生动的身体语言和生动的话语，都是打动沟通对象的"最佳武器"。

生动，我们从字面上可以理解为有活力、有感染力。事实上，这个词一点也不抽象，因为一看到它，你总会想起一些人的面孔，想起他们热情洋溢的笑容、幽默风趣的话语。让自己生动起来对人际交往非常重要，生动虽然只是一个小小的细节，但它却是调节人际关系无往不利的润滑剂。

仔细回想一下，当你和一群人打交道时，那些生动的人是不是更容易被你记住，而且你也更喜欢他们？出现这样的情况，一来是情绪效应在起作用，二来是我们的大脑对生动的信息加工得比较快，因此容易记住。所以，你需要充分理解生动效应的作用，通过掌握各种技巧，让自己变得生动起来。

生动的话不是嘴上功夫

沟通中，只要语言本身清晰明了就可以很好地传递你要表达的信息，达到良好的沟通效果并实现你的沟通目的吗？

如果真的是这样，那每个能说话的人都能与人良好的沟通。但是我们实际看到的情况是，很多人正在被各种沟通问题所困扰。这就充分证明，沟通的效果不仅仅取决于语言'，语言的效果也不仅仅取决于语言本身。

沟通是对一个人的全部综合信息及其所处的环境的综合感知，它借助于触觉、嗅觉、视觉和听觉以及身体的动作、姿势等来表达感情和愿望。

人有多种感官，一般说来，它们各有任务，职责分明。例如眼睛管视觉，耳朵管听觉，鼻子管嗅觉，大脑管意识等等，似乎各不干扰。但心理学

家研究发现，人的视觉、听觉、嗅觉、触觉等多种感觉可以互相沟通，相互转化。诸如不同的色彩在人的心里会产生冷暖、远近、轻重、大小感：绿蓝白使人产生冷、远、轻、大的感觉而被称为冷色调，红橙黄使人产生暖、近、重、小的感觉而被称为暖色调。

心理学家将这种由一种感觉引发，并超越了这种感觉的局限，从而领会到另一种感觉的心理现象称为"通感效应"。这种感觉的相互挪移，感官的交相为用，是一种高级的感受事物的能力。人们常常利用这种超感性的能力，创造生动的语言去形象地反映事物。

心理学家特瑞赤拉的试验表明，人类的记忆有这样的规律：从听觉获取的信息中，3小时保持70%，3天后保持10%；从视觉获取的信息中，3小时保持72%，3天后保持2%；如果听觉和视觉共同作用，3小时保持85%，3天后保持65%。可见，视觉功能和听觉功能的结合强化了两者独自作用的效果。

钱钟书先生也说："在日常经验里，视觉、听觉、触觉、嗅觉、味觉往往可以彼此打通或交通，眼、耳、舌、鼻、身各个官能的领域，可以不分界线。"

在沟通中，当你感受到的东西很难描述得让别人理解的时候，就可以将自己的感受转化成别人易于理解的感觉形式进行转换描述，即将人的一种感觉器官的感觉通过交感与另一种感觉器官的感觉联系起来，互相转移感染，得到共鸣。这种通感技巧的运用，能突破语言的局限，丰富表情达意的沟通效果。

让话更生动的4大技巧

你有没有遇到这样的困惑：同样的内容的话，不同的人来说，或者是同一段话，不同的人朗读却有不同的效果。比如，说同样的话，别人说就能赢得满堂喝彩，你却会造成冷场？

这就与语言的生动性有关，生动的语言可以调动听者的多种感官去感知，从而达到一种通感的效果。运用下面的小技巧，你就可以做到和他们一样。

1. 语气：温和轻柔

相较于那些粗鲁的人的大呼小叫，有修养的人说话总是很温和的。柔和的语气能让对方觉得很放松，能给人美的享受。同时，娓娓道来也不会激起对方的逆反心理，使他们更容易接受你的观点。

2. 音量：适度适中

说话的音量也是控制我们给别人印象的关键点。从心理学上看，用过小的声音说话，传达的信息就显得不确定或者缺乏自信，也容易造成对方听觉的疲劳。

3. 语速：不紧不慢

你可能会发现这样一种现象：说话方的语速越来越快，而倾听方的眼睛也越睁越大。此时，千万不要以为倾听方已陶醉在说话方的语言中，其实，倾听方已经忽略了对方在说些什么，他的注意力完全集中在对方如何做到像机关枪一样说话上来了。

相反，太慢条斯理讲话，往往让那些急性子的人歇斯底里。语速决定对方是不是有耐心继续听你说话和是否能听懂你说话。因此，要让自己的语言生动有活力，必须要调整自己的语速，做到不紧不慢。

4. 语调：抑扬顿挫

不要以为高亢的语调很有气势，其实不然，不论是高亢或是低缓的语调，如果被一直应用，都会让人的听觉系统产生疲劳感。从这个角度来讲，抑扬顿挫的语调将会让声音更富有韵律感，是沟通中最宜采用的。

软化语言的4大技巧

当然，仅仅通过语气、音量、语速、语调来提高语言的生动性是远远不够的。你还需要掌握一些软化语言的技巧。

1. 用通俗易懂的口语表达

与人沟通千万不要咬文嚼字，托尔斯泰曾说："真正的艺术永远是朴素的、明白如画的、几乎可以用手触摸到的。"不是说朴素的语言就不生动，相反，往往越通俗的语言，越能把事情说得很生动。一些生涩难懂的语言反而会增加沟通的困难。

2. 用简单形象的类比表达

有的时候，过于复杂的问题可能需要用很多附加语言的解释才能让对方明白，并且在这个解释的过程中，还有可能因为文化差异、教育背景、地域

差异等因素引发出新的问题。这个时候,不妨采用简单形象的类比来表达你的意思。

在纽约国际笔会第48届年会上,有人问著名作家陆文夫:"陆先生,您对性文学怎么看?"

面对来自40多个国家的600多名文坛代表,陆文夫深知,这个问题不便在这样的场合回答,况且无论怎样回答,都会引起与会人员的一番争论。于是,陆文夫不慌不忙地告诉提问的人:"这和送礼的道理一样,西方朋友收到一盒礼物时,往往喜欢当着客人的面就打开来看,在中国则恰恰相反,一般都要等到客人离开以后才打开盒子。"

3. 用方言俚语表达

当然,这种方法是有一定局限性的,要在保证双方都能够听懂的情况下,才可以使用这种方法。

关于方言的作用,台湾著名人际关系专家詹晓明这样认为:

喜欢对人家说他的方言,这是人之常情。如果你对广东人说广东话,对福建人说福建话,对上海人说上海话,如果你是他们的同乡,当然产生同乡的好感,如果你不是他们的同乡,而能说很纯熟流利的对方方言,他一定会觉得你特别聪明,虽然初次相见,印象却可能很好。对于你的请求,本来不答应,或许会因此而通融些;你的交际本来不为人注意,或许会因此而使人乐于与你接近。

4. 用大众熟知的成语和谚语

我们的祖先在几千年的生活中,为我们留下了许多简单精练的成语或雅俗共赏的谚语,有的时候,加入这些大众所熟知的成语和谚语会让我们的语言变得生动而形象。

比如,你的部门主管让你接手一项你根本无法完成的任务,你觉得采用下面哪种说辞来推托比较好呢?

＊解释一系列理由

"我调到这个部门刚刚半年……所以,我是真的不太懂。"

＊用简练的成语

唉,我也是黔驴技穷了,这事情还得指望您了。

仔细领悟上述的技巧并恰当运用,让自己生动起来,你的社交生涯也将会生动起来。

你会用身体说话吗

在我们生活工作的过程中，很多障碍使思想和情感无法得到一个很好的沟通。事实上我们在沟通过程中，更多的是传递彼此之间的思想，而资讯的内容并不是主要的内容。

今天几点钟起床？

现在几点了？

几点钟开会？

往前走多少米？

这样的资讯是非常容易沟通的，而思想和情感是不太容易沟通的，身体语言作为表达思想和情感的重要手段，如果得以恰当运用，能够很好地传达我们在与人沟通时的心理状态。

心理学家认为，身体语言指经由身体的各种动作，从而代替语言借以达到表情达意的沟通目的。人们难以掩饰身体语言的自然流露，传递的信息可靠性程度很高，显示出来的意思较为清晰。心理学的研究也表明，身体语言传递出的交际效果是有声语言的5倍。因此，恰当地运用生动的身体语言可以很生动地传达你的内心情感，可以让你的形象锦上添花。

破译身体语言的情感密码

一个人可以通过语言来否定自己内心的意思，比如明明不喜欢一个人，嘴上却可以说"非常高兴认识你"。但身体语言就不同，一个人的真实意思很容易被身体语言出卖。

著名的精神分析学家弗洛伊德曾发觉，有个病人在有声有色地讲述她的婚姻是如何如何幸福时，却下意识地将订婚戒指在手指上滑上滑下，于是根据她的体语耐心询问，病人终于讲出了自己生活中的苦闷和种种的不如意。很显然，行为透露了这个病人无声的体语与有声语之间的矛盾。

那么，为什么身体语言更能传递出一个人的情感呢？

心理学家认为身体语言的产生源于大脑，当一个人的大脑进行某种思维活动时，大脑会支配身体的各个部位发出各种细微信号，这是人们不能控制

而且也是难以意识到的。因此,身体语言大都发自内心深处,极难压抑和掩盖。

弗洛伊德认为,人没有可以隐藏的秘密。如果他做了亏心事或偷了东西,总显得六神无主或鬼头鬼脑;听到好消息时,脸上总要露出笑容;听到批评时脸色总会显得很不自然;说谎时总怕看着对话者的眼睛;激动时总要手舞足蹈;发怒时总要青筋暴起或双拳紧握、咬牙切齿。

一位丈夫深夜才回家,进门后,他就向妻子解释今晚有一个重要客户要陪,所以回来这么晚。但是善于观察的妻子还是从丈夫说话时下意识地摸了摸自己的嘴唇判断出了:丈夫在说谎。

这个说谎的条件反射动作来源于我们的童年,一个小孩子向父母说谎后,通常会用小手紧紧捂住自己的嘴巴。随着孩子的成长变化,这个说谎时的典型身体语言也在发展变化。最终,阅历的增加和经验的积累让人们将这个用整个手掌捂嘴的动作演化为用手指轻轻碰一下嘴和鼻子周围的部分。虽然动作不同,但其心理意图和童年时的并无太大差异,都是阻止谎言从嘴里溜出来。

心理学家通过研究发现:在语言的表达中,一种渠道的可靠性与对它的自觉控制力的大小是成反比变化的。在所有的语言表达之中书面语言是经得起时间推敲和修改的,因而也就可能是可信度最低的一种渠道,也是人们撒谎时最常选择的一种方式。口语可斟酌和修改的时间要少一些,因为自觉控制的机会相对少一些,因而可靠程度就可能比书面语高一些。当然,口语也有足够的余地让人撒谎。至于身体语言,往往最不易有意识控制,甚至完全在无意之中就露出了真相,因而可靠性也就最大。

心理学家发现:当你的体语与有声语言二者不一致的时候,人们往往注重于无声信息,而对有声信息就不那么理会了。因为,只有肢体信号才能显露出一个人的真实思想。

传递身体语言的 4 个途径

心理学家的研究表明,以下是传递身体语言的 4 个关键途径。

1. 姿势体态传递

姿势体态语主要指我们与人交流时身体摆放的方式,是通过坐、立等姿势的变化表达语言信息的"体语"。人的姿态体态是人的思想感情和文化教养的外在体现。它可表达自信、乐观、豁达、庄重、矜持、积极向上、感兴趣、尊敬等或与其相反的语义。

2. 微观动作传递

微观动作主要指手指、鼻子等微观部位做出来的动作，甚至包括瞳孔的放大与收缩。比如，通过手和手指活动来传递信息，能直观地表现人们的心理状态，它包括握手、招手、摇手、挥手和手指动作等，可以表达友好、祝贺、欢迎、惜别、不同意、为难等多种语义。

3. 面部表情传递

面部表情是指人脸上各部位动作构成的表情语言，如目光语言、微笑语言等。在人际交往中，目光语言、微笑语言都能传递大量信息。人的面部表情是人的内心世界的"荧光屏"，人的复杂心理活动无不从面部显现出来。面部的眉毛、眼睛、嘴巴、鼻子、舌头和面部肌肉的综合运用，可以向对方传递自己丰富的心理活动。

以微笑语言为例，微笑是一种令人愉悦的表情，它可以和有声语言及行动互相配合，起到互补作用，在交际中表达深刻的内涵。有魅力的笑能够拨动人的心弦，架起友谊的桥梁。笑与举止应当协调，以姿助笑，以笑促姿，形成完整、统一、和谐的美，使人感受到愉悦、安详、融洽和温暖。

4. 空间距离传递

空间语言，是一种空间范围圈，指的是各种场合中人与人身体之间所保持的距离间隔。人们都是用空间语言来表明对他人的态度和与他人的关系的。心理学家爱德华·霍尔博士在"人际空间理论"中指出了空间距离与人际关系的一个比较标准。

* 私人距离

私人距离即我们常说的"亲密无间"，身体上的接触可能表现为挽臂执手或促膝谈心，彼此间可能肌肤相触、耳鬓厮磨，以至相互能感受到对方的体温、气味和气息。这是人际交往中的最小的间隔甚至是几无间隔，主要适用于恋人、爱人和至亲之间。

近范围：6 英寸（约 15 厘米）之内

远范围：6 英寸到 18 英寸（15 厘米~44 厘米）之间

* 常规距离

这是与熟人交往的空间，朋友和熟人可以自由地进入这个空间，但陌生人进入这个距离会构成对别人的侵犯。这是人际间隔上稍有分寸感的距离，正好能相互亲切握手，友好交谈，又少有直接的身体接触。

近范围：1.5~2.5 英尺（46~76 厘米）之间

远范围：2.5~4 英尺（76~122 厘米）之间

＊社交距离

这种距离已经超出了朋友式的人际关系，更多体现出一种社交性或礼节上的较正式关系。一般在工作环境和社交聚会上，人们都保持这种程度的距离，显示着一种更加正式的交往关系，象征着一种庄重的气氛。

近范围：4~7 英尺（1.2~2.1 米）之间

远范围：7~12 英尺（2.1~3.7 米）之间

＊公共距离

这是陌生人之间或是演说者与听众所保持的距离，是一个几乎能容纳一切人的"门户开放"的空间，人们完全可以对处于空间的其他人"视而不见"，不予交往，因为相互之间未必发生一定联系。从严格意义上来讲，处于公共距离之间的两个人之间并不存在着人际关系的交集。

近范围：12~25 英尺（约3.7~7.6米）之间

远范围：25 英尺之外

让身体语言生动起来

在沟通中，除了语言的交谈，还有身体语言的互动。因此，要让对方觉得你是一个生动的人，你首先要做的就是让自己的身体语言生动起来。

1. 模仿：适度仿效对方

专家建议，如果要博得对方的好感，就尝试去模仿对方的表情或姿态，假如他向后仰了仰，那么你也不妨向后仰；如果他去搔后脑勺，你也不妨搔搔自己的后脑勺。这种模仿的依据是：适度地仿效对方的某些动作，不仅是对对方的一种积极回应，而且会让你的身体语言在无形中生动起来。

2. 触碰：身体的接触

初次见面的人都会握手，如果对方是同性，除了握手，你还可以拍拍对方的肩膀。人们都喜欢用这种轻微的身体接触来表示友好，但要注意的是，这种方式的使用要因人而异，千万不要让对方觉得你是在对他进行身体侵犯。

3. 倾斜：身体自然前倾

身体的前倾会展现出你的尊重，头部微倾可以充分证明你在认真地关注着对方……这些倾斜虽然看起来动作变化幅度不大，但带来的生动效果却并不比大幅度的身体语言差。

4. 交错：身体语言变化

变化的信息总是能够吸引人的更多注意力。身体语言的变化往往会让你显得更加生动，微笑、点头等常用的身体语言如果得以很好的交错运用，将会收到意想不到的效果。

有意识地按照上述方法进行身体语言训练，你生动的身体语言将可以传递出很多正面信息，让别人更愿意靠近你，从而取得更好的沟通效果。

进入别人的内心世界

与人沟通最重要的问题就是，如何引起对方的"感情共鸣"，因为一旦对方对你产生感情共鸣就会卸下心防，积极回应你的感受。而要做到这点，我们必须先运用"移情效应"走进对方的内心世界，通过表达自我同感来获得对方的认可。

你是否有过这样的经历：当你观看一部电影的时候，你会随着里面的人物悲喜变化而哭笑。

这种体验到了对方的情感状态，并被其感染的现象就是一种"移情"。心理学将这种设身处地地站在别人的位置上，从对方的角度去体验其情绪和情感状态的现象称为"移情效应"。

心理学家费希贝奇认为，移情包括辨别他人情感状态的能力、采择他人观点的能力和移情反应能力。从这个层面上说，移情有点类似于我们常说的"将心比心，换位思考"。

为对方多考虑一些

我们常说这样一句话："你对别人怎样，别人就对你怎样。"同样，与人交往时，如果我们能设身处地地为对方考虑，那么，对方也会考虑到你的感受。

1. 多察言观色，收集对方信息

要体验对方感受，首先要学会察言观色，例如，通过观察对方的坐姿、站姿、服装、说话语气等，判断对方的情绪、态度，然后再把自己融入对方，体验对方的感受。

一些著名的世界500强企业在招聘员工的过程中，经常会让十多个应聘

者在一个空荡的会议室，一起做一个小游戏，很多应聘者在这个时候都感到不知所措。在一起做游戏的时候主考官就在旁边看，这样能收集最多的信息。

如果一个人要表现自己，他的话会非常的多，始终在喋喋不休地说，可想而知，这个人将是第一个被请出考场或者淘汰的。

如果一个人坐在那儿只是听，不说也不问，那么也将很快被淘汰。

只有在游戏的过程中会说、会听，同时会问的人，才有可能会被录取。

如果你是面试官，在这个游戏的过程中，你还会暗中观察这些参加面试的人的哪些方面的能力和表现？

2. 将自己放在对方的位置上

我们面对某一问题时，如果仅从自己的角度去考虑而不顾对方的感受，往往会失之偏颇，甚至做错事情，伤害到对方。相反，如果我们站在对方的角度看问题，将心比心，找到与对方的相似点，自然就能体验到对方的感受，从而理解他，告诉自己：他这样做，一定有他的道理。

因此，只要你真诚相待，多替对方考虑，体验对方的感受，你就不怕交不到真正的朋友，办不成事情。

消除自我的心理局限

由于心理定式的作用，即一个人在已有经验的影响下，看待别人时，往往带有一定的偏见，影响对对方的正确认识。因此，只有消除自己的成见，你才能走近对方。

1. 正确看待"第一印象"

"第一印象"具有先入为主的特点，初次接触所获得信息也往往具有一定的虚假性。"第一印象"一旦形成，以后的信息常常只扮演补充和解释的角色。因此，它具有积极和消极两个方面的作用。在与人沟通时，必须客观冷静地看待"第一印象"。

2. 避免"投射心理"

心理学上，"投射心理"是指人在与他人交往时，对他人的知觉往往不自觉地包含着自己的东西，也就是说人在反映别人的时候其实也在反映着自己，即"以小人之心度君子之腹"。

如果你对自己的"投射心理"不加注意，不能清醒、理智地经常进行自我反思，就很可能对对方产生各种偏见。

3. 走出"循环论证"误区

"智子疑邻"的故事大家都不陌生，一个人看邻居像小偷，就连其走路的姿态也被此人看作是行窃步伐。这种对他人存在偏见，常会找各种理由去"证实"的现象就是"循环论证"。如此循环论证，势必陷入越来越深的偏见中去。因此，当你与人交往时，要丢掉你的成见，理智地检讨一下自己对对方的认知是否客观。

4. 规避"刻板印象"

前文提过，刻板印象是一种消极的心理偏见，比如，类似于"无商不奸"这样的言论就是有失偏颇的。我们要认识到人个性的多样性，多角度看待问题，及时规避刻板印象造成的假象。

作家刘墉说过："世上没有沟通不了的事！"但沟通的前提是，放下自己的成见，不然所做的沟通将会是争吵斗气的代名词。

唤起对方的心理感应

有时，我们可以通过语言或行为，引导对方说出自己的真实感受，在这个基础上，你再认真剖析自己，将自己置于对方的立场上去考虑。

一位白领女士很想将娘家的电脑升级一下，好方便父母使用，便这样劝说妈妈：

我们公司正有一些员工优惠活动，妈，不如趁着这个好时候，把咱家那个电脑换一换，既能省点钱，又能得到专业技术支持……

虽然这位女士劝说多次，依然没能打动她的妈妈，她的妈妈总是这样批评她：

你就知道乱花钱，大街上打折的东西多了，难不成你还都买回来？不买！我就爱用旧的，顺手。

女士觉得自己的好心遭到了误解，本想给父母改善一下生活，却落得个"乱花钱"的名声，便把一肚子委屈向丈夫倾诉。丈夫听完妻子的话，给岳母打了个电话，岳母竟同意把那台用着顺手的老电脑升升级。妻子不解，便问丈夫是如何说服了一向节俭的妈妈，丈夫是这样说的：

妈一向节俭惯了，你让她把能用的东西换掉，又要添那么多钱，她当然舍不得了。我就对妈说，趁这台机器现在还拿得出手，到二手市场还能卖几个钱，赶紧发挥余热，多少收回些投资再补贴点钱，即可更新。要是再过几年，就只能放在家里当古董沉灰了，都没有人愿意收购了。妈听我这么一说，赶紧同意了。

通过上面的例子,我们可以发现:沟通时,我们常常将自己的见解灌输给对方。双方都自认为客观、自认为全面、自认为正确地互相灌输着。这时,我们就会想,那个人为什么如此顽固呢?我把自己的想法都和盘托出了,我也做了这么多的让步和牺牲,怎么如此地不领情?到底要我怎样?长此以往,我们开始一根筋转到底。算了,对方就是这样的人,我不管了。沟通失败!在这里,我们恰恰忽略了一些重要的问题:仔细地分析,认真地换位,灵活地迂回。我们需要认真考虑的是:

我真正需要的是什么?

对方真正需要的又是什么?

我做出的让步和牺牲是对方真正需要的吗?

既然这条路走不通,那我尝试过其他的方法吗?

如何进入别人的内心世界呢?把别人的感觉和观念与自己的感觉和观念置于相同的位置,并把它表现出来,这样谈话的气氛就会融洽起来。当你在听别人谈话时,要根据对方的意思来准备自己将要说的话,那样,由于你已理解和认同了他的观点,他也就会理解和认同你的观点。

用真诚打开对方心扉

"真诚是一种心灵的开放。"拉罗什福科的这句话道出了真诚的内涵。一个人只有首先开放自己的心灵,展示出真诚,才能感受到对方的真诚。

当一个人以一种虚伪的态度去对待别人时,即使对方再真诚,虚情假意的一方也是感受不到的。道理很简单,推己及人,因为自己不够真诚,所以往往觉得对方也不可能真诚。一直戴着墨镜的人是永远不会知道阳光是金黄色的,不是太阳没有发出灿烂的光芒,而是墨镜后的人看惯了灰暗的世界,便以为整个世界都是这样昏暗的。人际交往也是一样,如果缺乏应有的"真诚",怀着纯粹"功利"的心态,不仅感受不到一丝真诚,最终还会让原本真诚待你的人,也停止了与你的真诚互动。

一个不真诚的人要时时背负着"谎言"的压力,其所受的精神煎熬是不可避免的。人的心理规律就是这样,即使是一些无伤大雅的"不真诚",也会令人产生心理上的负罪感。所以,"不真诚"言行的最大受害者,并不是被其欺骗了的人，却恰恰是发出"不真诚"信息者本人。

还有一些人，喜欢把别人当傻瓜，以为自己可以虚情假意、随心所欲地利用别人而不被发觉。只是，"傻瓜"毕竟只是极少数，大多数人都是很聪明的，之所以不点破是因为这可能对他们也是有利可图的，抑或是由于某种关系不便于点破。但可以肯定的是，一旦对方发觉了这种"不真诚"的交际味道，就会铸一道严密的心理防线来防止"不真诚者"的进犯。

按照奥地利心理学家阿尔·阿德勒的观点，一个对别人不真诚的人，他一生中困难最多，对别人的伤害也最大。因为真诚是每个人在人际交往中都渴望达到的一种境界，也是人与人之间的心灵桥梁。在人际交往中缺乏真诚的人是难以构建与他人的交际关系的。

安德森心理试验

1968 年，美国心理学家安德森展开了一个颇有趣味的试验调查。安德森筛选出了 500 个描述人的个性品质的形容词组成了一张调查表。所有参加调查的人需要在这张类似"菜谱"一样的调查表上选出自己最喜欢的品质，之后再选出其最厌恶的德行。

所有的调查数据经过统计分析后显示：在被调查者最喜欢的 8 个形容词中，有 6 个是直接与"真诚"相关的，分别为真诚的、诚实的、忠实的、真实的、信得过的、可靠的，而撒谎、虚伪、作假和不老实是他们最厌恶的品质。也就是说，真诚最受人欢迎，不真诚最令人生厌。

由此可见，作为人际交往中百里挑一的"招牌菜"，真诚具有一种巨大的人格力量，毫无疑问，一个人要想吸引别人，赢得别人的尊重，与别人保持良好的交往，真诚是必须有的品质和交往方式。那么，为什么人们如此看重真诚在人际交往中的价值，而对于不真诚高度拒绝呢？

从深层心理分析中，我们可以找到一些端倪。每个人在潜意识中都需要一种安全感，这种安全感不仅体现在生活环境的安定和职业收入的稳定，更体现在与他人互动关系的"软环境"的安全，这种无形的安全感的建立来自于其对未来事件和动作的掌控程度。

从理论角度讲，最使人感到恐惧的，不是一件不幸事件的发生，而是要随时担心一件事情的发生。所以，在人与人的互动中，当一个人感受到对方的真诚时，就会对对方以后的行为产生一定的预见性，这种预见性可以平复其心中对未知事物的不安，带来自我心理上的安全感和舒适感。在其自我心灵舒适的同时，就会产生对对方的信任，这种信任感的增加也会让其心灵安

全感更强烈,从而引发一个信任感和安全感的良性循环。在这个循环中,双方的关系自然也随之加深。

相反,如果交往一方感受到的是虚伪和欺骗,那么随时担心某事发生的不安定感就会激增。这种担心会使人长期处于高度自我防卫状态,并使人在主观上感到焦虑和不安。而这种紧张的情绪又会加强其不安定感,由此陷入一个恶性的情感循环。面对这种心理防卫压力,人们就会选择拒绝和逃避。最终,双方的交往也就无疾而终。于是,便有了很多人常挂在嘴边的"人情淡漠""人心不古""没有真心朋友"。也正是鉴于此,奥列利斯要说:"亲切不可抗拒,但它应该是真诚的,而不是虚假的微笑或伪装的面具。"无论是谁,如果经常发出没有真心朋友的感叹,那可能首先要从自己的身上找问题了。

可见,唯有真诚,才能进行有效的沟通;唯有真诚,人际关系才可能持久。

真诚是打动人的最好方式

人际交往的心理规则告诉我们,打动人的最好方式就是真诚。但真诚不是写在脸上的,而是发自内心的。伪装出来的真诚往往比尔虞我诈的欺骗和虚伪的敷衍更令人反感。

魔术师可以说是靠"欺骗"观众来谋生的,世界著名的魔术师斯瑟顿也是靠着在40年的魔术表演生涯中"欺骗"了超过600万的观众而成为一位大富豪的。当有人把斯瑟顿的成功归于他高超的"骗术"时,斯瑟顿却发表了一番让人深有感触的谈话。他说,世界上有不少魔术师在表演时,把台下的观众当成"傻瓜""笨蛋""乡巴佬",因此观众不买他的账。而自己的成功秘诀是真诚地"行骗",在演出中时时想着观众,把观众当作衣食父母,"我爱我的观众"是舞台上的斯瑟顿提醒自己最多的一句话。在斯瑟顿的表演中,没有轻蔑的戏谑,更多的是尽心尽力的技术表演。

斯瑟顿这种"真诚的欺骗"在赢得众多观众的同时也为自己赢得了数百万美元的财富,这是对戴尔·卡耐基的交友秘诀"一个人只要对别人真诚,在两个月内就能比一个要别人对他真诚的人在两年之内所交的朋友还要多"的完美演绎。

即便是不好的事情,人们也更愿意听到真话而不是经过粉饰的虚情假意。很多时候,比起那些耍心眼、绕弯子,当面一套、背后一套的人,敢于开诚布公、实事求是的人往往是最后的赢家。

表达真诚的3大心理策略

要让别人喜欢你，愿意多了解你，真诚亦是最可靠的办法，是你能够使出的最大的力量，也是赢得人心的上上之策。但如果没有得到巧妙地运用，真诚的力量将大打折扣。所以，在人际交往中，有必要熟知一些输出真诚的法则。

1. 情感真实，言语适度

真诚强调的第一层含义就是"真"，"真"就是"真实"，但真实并不意味着口不择言。特别需要注意的是，在表达对他人的看法和评价时，要能让人体会到你是真心为别人好，在情感上表达出关怀与重视，这样才容易让人接受。

在与人交往中，如果我们发现对方的缺点和错误，不应该掩盖和隐瞒，但将这个问题指出来的时候，是需要一定技巧的。从人的心理规律出发，每个人的心理都有一个承受力极限，超过了会适得其反。虽然"诤友"难得，但被人说到自己的短处，谁的心里都会不太舒服。所以，在指出别人的不足时，应注意讲明自己希望帮助对方的初衷，并指出缺点，提出有助于对方改正的建议。当对方通过你的谏言，认识了缺点，改正了不足，有了进步之后，就会理解你的良苦用心了。对于批评与帮助过自己的人，每个人都会心存感激，彼此之间的关系自然而然会在这种互动中得到加深和巩固。

2. 恪守微小承诺

真诚的另一层含义就是"诚信"。"人无信不立"，可以说，诚实守信是做人的基本原则。而造成信用缺失的并不是曾经许下的"大承诺"，反而是言谈中应承的"小事情"。就是因为这个诺言"小"，所以更容易被忽视、被遗忘，甚至有人会把这种应承"小诺言"当成一种无意识的行为。但说者无心，听者有意，当这种无心的小诺言一次次地被忽略之后，许诺者的人心也就跟着散了。所以，即使是在笑谈中许下的诺言，也要当成很严肃的事去完成。如果在答应后因为情况变化而一时不能办到，也应如实讲清原因。

3. 举止中流露真诚

除了上面提到的两点之外，真诚也是可以从身体语言中表达出来的。举止中流露出的真诚，可以被人迅速地感知，并为交往关系加深添加砝码。下面这几个方面就是特别值得注意的。

* 眼神

左顾右盼和游离的眼神最容易出卖你心不在焉的态度，切记：你的目光

一定要直视对方的眼睛,但不是盯着看,而是笑意盈盈。

*身姿

交谈中,没有人喜欢面对一个左右摇摆、肢体抖动、一副玩世不恭样子的人。所以,无论是坐姿还是站姿,都要端正。

*语气词

诸如"好像""挺""是不是有点儿""很""特""我感觉你有点儿……""我的看法和你的不太一样,我的观点是……"等词语和句子将会让你的话柔和很多。

*语言要素本身

语音、语调、语速、语气上的变化也可以表现出关心和重视对方的情感与态度。譬如,在表达看法、建议或要求时,语速要尽量慢一些,过快的语速,容易使人产生压迫感。

真诚换来的是别人或者对方对于我们的信任、欣赏和帮助,带给别人的是温暖和传递这份真诚的勇气。这对于每一个人来说,都是一种隐形财富。如同人际关系大师卡耐基说的,输出真诚就如同输出微笑一般简单,如果你做了,你很快就能相信自己,而后由衷的真诚感觉将随之而至。

反馈是沟通的生命力所在

没有人愿意对着一根柱子或是一个只会说"不错"的"玩偶"产生持续的倾诉欲望,"好好先生"纵然不会得罪人,但也难以得到他人的真心相待,因为两者间缺少了沟通交流必备的有效反馈机制。

当他人特别是你的朋友的某些行为或语言欠妥时,当他做出了让你不高兴或是伤害你的事情,你该怎么办?奉行"沉默是金"的交际信条,当作什么也没发生,当作你什么也没看见?如果你这样做的话,一个很可能的结果就是,你与他们之间的关系很可能在沉默中越走越远,成为一只离群的"羔羊",抑或是某一天你无法再忍耐,愤怒和抱怨在瞬间爆发。这结果就像鲁迅先生那句名言所描述的那样"不在沉默中爆发,就在沉默中灭亡"。无论如何,这都是一种人脉资源的损失。

早在几千年前,孔子就教育他的弟子,结交朋友不要交"有酒有肉好兄弟，无酒无肉不相识"的酒肉朋友，更不能交不仁不义的坏人做朋友，要结交具有仁义道德、能够帮助自己进步的正人君子为朋友，结交发现自己的错误能够直言相劝的诤友。"一个人结交了直言相劝的诤友，那自己就会有美好的名声。"

生活中你会发现：有些人中肯的批评不仅没有使他失去与对方再次沟通的机会，反而是那些什么都不说的人，在沉默中与别人越走越远。这正好符合了一条心理规律：批评比不给予任何评价更有利于促进人际交往的效果。

为什么人们愿意接受批评

如果摆在你面前的有两个选择——受到表扬和遭到批评，你会选择哪一种？在正常状态下，大多数人都会选择前者。那么，如果是在遭到批评和没人搭理两者中选一种，你会选什么呢？在我们的传统印象里，避免被批评应该是人们的首选，但是心理学家赫洛克却通过试验颠覆了人们的这个传统印象。

这个被称之为"经典反馈试验"的被试者是106名小学中年级学生。他们被心理学家分成了四组，四组被试者的任务相同，都是每天练习15分钟难度相同的加法，一共要练习5天。但是每次练习后，心理学家对四组被试者的评价方式却是完全不同的。

第一组的被试者每次练习后都会受到表扬，所以称之为受表扬组；

第二组的被试者每次练习后都会受到批评，所以称之为受批评组；

第三组的被试者每次练习后都不会给予任何评价，只是让其静听其他两组受表扬和挨批评，所以称之为被忽视组；

第四组的被试者每次练习后不但不会给予任何评价，而且连听一下其他两组受表扬和挨批评的机会都没有，所以被称为隔离组。

五天过后，心理学家对他们的学习效果进行了测验。测验结果表明：前三组的成绩均优于隔离组，并且受表扬组的成绩是最高的。但令人感到不解的是：与被忽视组和隔离组相比，受批评组的成绩居然更为优异。

赫洛克解释说，出现这样的结果是因为心理学家及时对练习的结果进行了评价，这个评价就是对练习的一种反馈。表扬和批评对于试验中的小学生来讲都是一种反馈，而不给予任何评价和隔离都是没有反馈。这种行为者对自己行为结果有所了解，而这种了解又起到了强化他先前的行为的作用，从而促进了行为者出现更多的类似行为的心理现象被称之为"反馈效应"。

在赫洛克试验中，给予了反馈的小学生的练习效果要比没有给予反馈的

小学生的练习效果好得多。我们可以发现：表扬的效果明显优于批评，但适度的批评却比不给予任何评价要好。这个结论推广到人际关系中即为：成功的沟通是一个互动反馈的过程，即使是批评也比默不作声要好。

有效反馈的4大原则

成功的交际离不开有效的人际反馈，建立有效的交际反馈机制是交际目标达成的必要条件。当你和他人进行人际交往时，你对他的称赞表扬或反对批评，都说明你的交际反馈机制是有效的。但是，如果你不给予任何意见，你的交际反馈机制没有运行，也就是无效的。

作为交际反馈机制的重要组成部分，批评建立在以下几个心理条件之上。

1. 尊重事实，避免责备

批评不等于语无伦次的责备，批评的目的是使一个不正确的情形正确起来，而不是责备某个人。任何批评都要尊重事实，以理服人，这是进行批评最基本的条件。不尊重事实的批评，纵使你有再充分的理由，做出再精辟的分析，都只能是"无源之水"。所以在你批评他人的时候，千万不要使他觉得正在受到责备。

2. 尊重对方人格

谦恭的态度会让你的学识与经验在人际交往中自动放出光芒。你的批评应该是只对事不对人，即使你的身份、学识或经验非凡，也不要用它施加压力给别人，这会让对方感到反感和压抑。如果在话语间有轻视对方、故意嘲弄的言辞和行为，不仅达不到以批评促进感情的目的，可能还会因此伤害到已经建立的友谊。

3. 选择好批评的氛围

不同的语言情境，不同的场合，可以造就不同的交际效果。当你在谈话中提及了对方的不足或与对方在谈话中发生了争执时，最好保证在友好的气氛中结束你们的谈话。当然，你也可以先批评对方一些不痛不痒的小问题，这样有利于创设一个好的谈话氛围。在这种氛围中，随着问题的不断加深，自然而然就会触及到实质性问题。这种剥洋葱式的方法，会使对方在情绪上比较容易接受，进而接受你的意见。

4. 要正确运用表扬和批评

作为交际反馈机制重要组成部分的积极赞扬和中肯的批评都是你建立良好人际关系的法宝。人际交往中，真诚的赞美很重要，但不能夸大其词。对他人的错误和问题要及时批评提醒，但不能讥笑和嘲讽。要使表扬和批评收到实效，关键是理解和尊重对方，凭敏锐的感觉和沟通的智慧对症下药。

积极反馈的6大实用技巧

有效的反馈机制能否真的发挥它的功能，帮助你增加人脉，还取决于你运用反馈的技巧。

1. 选择恰当的反馈媒介

反馈媒介是你向对方传达反馈的中介，根据实际情况的不同，你可以选择的方式有：

灵活快速、可以进行双向交流的电话沟通；

及时反馈并且能利用身体语言进行辅助反馈的当面沟通；

比较正式，具有永久记录性的书面沟通；

采取速度快、效率高，可进行多方位、大跨度的电子沟通。

2. 以称赞开始你的谈话

对于他人的批评，开始时，人们总会做出本能的反抗，甚至会是强烈的反感。如果你的慷慨陈词丝毫没有改变他的时候，不妨尝试着改变一下方法，先称赞他做得对的地方，让他有一个愉快的情绪状态。在真诚赞美和好心情的光芒下，你的批评看起来就不像批评，也不会被认为是批评。没有人不喜欢被表扬，用赞扬对方来稳定他的情绪，引起心灵上的共鸣，然后再委婉地提出批评。这种方法既能使对方品味出你的言下之意、弦外之音，又不会感到难堪。

你这个方案的设计思想很不错，但是有的细节部分还不够完美。

这件事情的难度确实很大，你能做到这样已经实属不易，我觉得如果能再……效果会更好。

3. 称赞要对人，批评要对事

如果你友好的话语充满情感而且积极向上，对方深入交谈的愿望就会得到提升。你准备称赞他的时候，要尽量赞美他这个人本身，这会让对方觉得自己更优秀。而当你要将他的不足表达出来的时候，切记不要针对他本人，而要针对不足的这个事情的本身。这样你传达给他的信息就是：我认为你这个人还是很优秀的，只不过没做好这件事。他在情感上就比较容易接受你的批评。

你一向是个很认真的人，是不是有什么其他原因，让你疏忽了这个方案的关键步骤啊？

4. 批评在私下里进行

批评毕竟是要针对令对方感到不舒服或是羞愧的一些地方，因此，不是每个人都能够马上接受别人的批评，这主要是人难以马上卸掉自尊心的束缚。心理学家马斯洛在需要层次理论曾指出，自尊是人的一种重要的内在需要。特别是在公开场合，你对他的批评可能会因为他在公众面前的强烈的自尊需要而遭到排斥，甚至会因此排斥你这个人。所以，即使是善意的批评和忠告，也最好选在私下的场合。

小张，今天中午我们一起吃午饭吧，我想和你聊点事情。

小李，一会儿开完会后你留一下，我想与你再深入交流一下刚才那个问题。

5. 正面不通，另辟蹊径

有些场合，对方明明已经意识到自己的错误了，却碍于面子死不承认。对于这种心知肚明就是嘴上不肯认错的人，我们不必非要逼他承认"自己错了"，运用下面的方式，往往能收到意想不到的效果。

顺水推舟地给他个台阶下，他通常就不会再固执己见了。通过第三者"漫不经心"地向他转述你的意见，或者创造条件让他"无意中"听到你的意见。

6. 以积极的方式结束谈话

人际交往中要确保每次谈话都在友好的气氛中结束，特别是当你在谈话中提及了对方的不足或与对方在谈话中发生了争执时，你更应该注意：尽量在谈话的最后一句是对对方的赞扬；

尽量在沟通完你们要沟通的问题后谈一些轻松的话题；

尽量在讨论完你们有分歧的地方后谈谈你们能够达成共识的问题。

"好好先生"只能平庸地游走在交际圈的边缘。虚伪的迎合是友谊的毒剂，诚恳的批评是友爱的厚礼。无论是表扬还是批评，只要恰当地运用，都会让你在人际圈中如鱼得水。